《玉枢宝经》图像学研究

著者略历

金 勋(김 훈)

北京大学外国语学院教授、北京大学博雅特聘教授。北京大学日本文化研究所所长、北京大学宗教文化研究院副院长、《世界宗教评论》主编。

主要研究方向：佛教哲学、世界新宗教、东亚文明史

主要研究成果：《元晓佛学思想研究》(日文版、2002)、《现代日本的新宗教》(2003)、《韩国新宗教的源流与嬗变》(2006)、《信息化时代的宗教》(2015)、《东亚文明史新论》(2025)　等学术专门著作、此外80余篇学术论文。

아시아종교연구원 총서 09

《玉枢宝经》图像学研究

초판인쇄 2026년 03월 23일
초판발행 2026년 03월 31일

저　　자 金勋(김훈)
발 행 인 윤석현
발 행 처 박문사
책임편집 최인노
등록번호 제2009-11호

우편주소 서울시 도봉구 우이천로 353
대표전화 02) 992 / 3253
전　　송 02) 991 / 1285
전자우편 bakmunsa@hanmail.net

ISBN 979-11-7390-044-0　93200　　정가 45,000원

아시아종교연구원 총서 09

《玉枢宝经》图像学研究

金勋 著

박문사

序

道教是东亚代表性宗教之一，对东亚文明的历史形成与发展给予深远的影响。《玉枢宝经》(全名：《九天应元雷声普化天尊玉枢宝经》)，作为道教雷法体系中的核心经典，上承古代的雷神信仰，下启道教神霄派信仰与雷法思想。《玉枢宝经》在中国宋代末期形成以来以其深奥的义理与丰富的仪轨传统备受重视，渗入民间信仰之中，影响深远。其图像传统虽在道门秘传与民间信仰中具有极为重要的影响，但近现代以来伴随道教影响式微，再加上未得学界的足够重视，在学术上始终没有得到系统性梳理与阐释。本书作者长期从事东亚文明史研究，精通三国语言，熟悉三国的历史文化，作者长期以来系统搜集散落于中日韩三国的道教图像相关历史文献，并以其深厚的道教学养和图像学相关知识为基础，对《玉枢宝经》的不同版本全面加以整理，特别围绕其图像体系进行了全面、深入的专题探究，为进一步深入系统研究道教文化在东亚文明史上的历史地位与影响做出了重要的学术贡献。

作者不仅努力对《玉枢宝经》的文本源流、思想主旨与宗教功能进行了细致考辨，从跨国跨学科的学术与文化视野挖掘经本所关联的视觉传统与图像表达，其突出之处在于将经典文本分析与图像志、图像学阐释有机结合，既注重图像形态与风格的辨析，亦深入探讨图像背后的宗教象征、仪式语境与文化隐喻，从而清晰揭示出“以图释经”、“象以载道”的道教视觉叙事逻辑。作者还系统分析了历代道书、壁画、刻本、及民间绘符中所见的玉枢经变相、雷神谱系、符咒图式等，从iconography(图像学)层面辨识神真形象与法器仪轨，进而从iconology(象征手法)层面阐释其背后的宇宙观、修行哲学与伦理意图。这种“图—文—义”互证的研究方法，不仅拓展了道经研究的路径，也为东亚宗教艺术史与视觉文化研究提供了重要的理论参照。

尤为可贵的是，本书附录收录了《玉枢宝经》代表性版本的原始图像文献，其中不乏稀见版本与珍本插图，极大地方便了读者的进一步深入比对与深究。这种重视原始材料、强调实证基础的学术态度，体现出作者严谨的学风与深厚的文献功底。更为难能可贵的是，将《玉枢宝经》译成现代文本，以飨道教入门的信徒和社会广泛读者。

总而言之，在东亚文明急剧崛起的时代背景下，本书不仅是道教经典研究领域的一项前沿成果，也是道经图像学建构的重要里程碑意义的宗教学研究成果。该成果的出版必将深化东亚文明史研究领域，特别是国际学界对道教视觉传统与仪轨实践的进一步重新认识，并对相关跨学科研究——如宗教艺术史、民间信仰研究、符号学研究等领域产生广泛而积极的影响。亚洲宗教研究院得到作者承诺将这一优秀的研究成果收录于本研究院的世界宗教研究丛书之中，深感荣幸。为扩大这一成果的学术和社会影响，决定同时资助出版韩文版和中文版，以飨韩中两国读者，为韩中两国学术文化交流尽绵薄之力。

韩国 亚洲宗教研究院 院长

尹龙福

2025年11月于首尔

目录

图像篇

前言

古代亚洲是人类文明的重要发祥地，在数千年的历史进程中，亚洲各民族比邻而居，和睦相处共同创造了璀璨的东亚文明。在东亚，史前的人类发祥、前“轴心时代”文明铸就了化石般的东亚文明的古层。东亚的精神文化较早萌发于古代中国社会，并逐渐形成了富于人文情怀和深奥哲理的思想文化体系。中国的这一精神文化逐渐向周边传播，其影响广泛而深远，特别是与朝鲜半岛、日本列岛等地域的固有的民族文化和地域风土相交融，培植了东亚文化的深厚而坚实的精神根脉，绵延至今。代表东亚文明主干的中国文明、朝鲜半岛文明、日本文明长期相互交往，文明互鉴，整合型塑，越发显示出东亚统一的精神气质和文化风貌，呈现出独特的精神文化魅力，道教成为其代表性的文明形态之一。

《玉枢宝经》，全称《九天应元雷声普化天尊玉枢宝经》，是道教雷法体系中的核心经典之一，自宋代以来便广泛流传于中国的道教宫观与民间信仰领域。其内容融摄道教哲学、仪轨、修炼与劝善思想，不仅承载着深厚的教义内涵，更在传播过程中形成了丰富的图像表达系统。这些图像既是诠释经文的重要媒介手段，也是道教视觉文化与信仰实践的深度交融与表达，具有极高的宗教文化功能与艺术价值。

长期以来，学界对《玉枢宝经》的研究多集中于文本校勘、义理阐发与仪轨复原等方面，而对其图像传统则关注不够。事实上，《玉枢宝经》在道藏文献、民间刊本、宫观壁画、水陆画册乃至法器符箓中，形成了大量系统性的图像遗存。这些图像并非仅是经文的附属说明，而是以视觉语言重构经典教义、塑造神圣叙事、引导信仰实践的重要媒介。它们既反映出不同时代、地域和流派对《玉枢宝经》的理解方式，也体现出道教图像在“象以载道”“图以通真”传统中的独特功能。

有鉴于此，本研究试图打破以往文本与图像分离的研究局限，首次从图像学的视角对这一经典进行跨学科系统考察。全书以《玉枢宝经》的文本结构与核心观念为经，以历代相关图像遗存为纬，综合运用宗教学、艺术史(图像学)、文献学与物质文化的研究方法，深入探讨图像如何参与并重构宗教经典的内在意涵与社会传播。

本书主要内容分为五大部分：

一、《玉枢宝经》文本源流与宗教思想背景梳理，确立图像阐释的义理基础。

二、探讨《玉枢宝经》中所涉道教雷霄派主神(如九天应元雷声普化天尊)、雷部将班、法物仪轨等核心元素的思想主张与修行实践。

三、在系统探讨道经图像生成的宗教意义的同时，通过与佛经图像的系统比较，凸显道经图像的特征及其功能。

四、通过《玉枢宝经》中韩日的不同版本、不同地域的图像比较，揭示其艺术风格演变与信仰实践之间的互动，如《玉枢宝经》日本天理大学所藏彩色版的艺术特色；朝鲜半岛刊刻版的跨文化嬗变。

五、为全面呈现图像系统与文本结构的对应与转译关系，对《玉枢宝经》经文全面加注，并通过今译方便读者理解。

最后，本书附录了《玉枢宝经》重要版本的原始文献图像，包括《玉枢宝经》(天理大学所藏彩色版本)和《玉枢宝经》(北大所藏朝鲜刊刻版)，力求图文互证，为后续研究提供丰富而扎实的历史文献基础。本研究通过以上系统考察，今后将进一步系统全面开展图像在道教仪式、劝善教化与民间信仰中的传播与功能的研究。

本书愿成为引玉之砖，推动道经研究从“文本中心”走向“图文共生”的新阶段，也希望为道教艺术史、民间信仰与视觉文化研究提供新的研究视角和有益启示。

研究篇

第一章

道教的历史演进与神霄派的形成

一、道教发展简史

道教是根植于中华文化土壤的本土宗教，其发展历程与中国历史紧密交织，要理解中国文化，道教是一个不可或缺的维度，而离开中国文化则无从谈及道教。道教是中国本土宗教，其形成并非一蹴而就，而是经历了漫长的孕育与整合过程。道教的渊源可追溯至远古的鬼神与巫术崇拜。道教思想主要源自先秦的道家哲学，以《道德经》和《庄子》为核心经典，倡导“道法自然”、“清静无为”。同时大量吸收了东汉以前的鬼神崇拜、巫术、神仙方术等民间文化与信仰要素，积极寻求人生的长生不老和成仙之道。

东汉顺帝时期，张道陵在四川创立五斗米道(即天师道)，奉老子为教主，广受信徒，标志着道教雏形的出现。东汉末年，张角创立太平道，以《太平经》为主要经典，并发动了黄巾起义。这两大早期宗教修炼性质组织的出现，标志着道教正式以宗教实体的形态登上历史舞台。

魏晋南北朝时期，道教从民间信仰向上层社会发展，许多世家大族信奉道教，走向士族化与理论化。葛洪著《抱朴子》，系统总结了神仙理论与炼丹术，为道教构建了理论体系。北魏寇谦之改革天师道(北天师道)，摒弃了那些被统治者认为有威胁的内容，使其更符合官方要求。陶弘景构建神仙谱系，发展了上清派，使道教教义和仪式日趋完备。北魏寇谦之改革天师道，创立“北天师道”；南朝陆修静整理道教经典，编制斋戒仪范，并系统整理三洞经典，建立灵宝斋法体系。陶弘景则通过完善神仙谱系，进一步巩固了茅山宗的基础。至此，道教完成了从原始民间信仰到成熟正统宗教的历史过渡。

隋唐时期是道教发展史上的黄金时代。它从南北朝时期的整合中走出来，在皇权的大力扶植下，跃升为地位显赫的官方宗教，并实现了从山林向都市、从民间向上层的彻底转型。

首先，在政治上，道教攀附皇室，得以确立为国教。也就是说，道教在隋唐的腾飞，最关键的因素在于皇权的大力扶持。隋文帝虽“于道士蔑如也”，但仍利用道教符谶为其政权合法性服务，并修建了玄都观等道观。隋炀帝则更重视道教，曾向茅山宗师王远知执弟子礼。隋代完成了南北道教的初步整合，为唐朝的鼎盛铺平了道路。进入唐代，李唐皇室为抬高门第，尊道家始祖老子(李耳)为祖先，将道教事实上推至国教地位。高宗追封老子为“太上玄元皇帝”。玄宗更是狂热崇道，亲自为《道德经》作注，将《老子》等道家经典升格为“真经”，并设立道举制度，将道教纳入科举体系。虽然武则天时期曾一度“以佛压道”，但崇道始终是唐朝的主流国策。

隋唐时期，原先个性鲜明的各道派走向深度融合，其中茅山宗成为绝对的主流。隋朝统一打破地域隔阂，南方注重经法和义理的道派(如上清、灵宝)与北方注重实践的道派(如楼观)加速融合，最终形成以南方茅山宗为主流的格局。茅山宗之所以兴盛，得益于其既能兼容并蓄，又有严密的传承体系，还培养了一大批深受皇室信任的高道。如王远知就是其代表性人物之一，他作为隋唐两朝的“政治道士”，曾为唐高祖李渊和太宗李世民密传符命，预告其“作太平天子”，为茅山宗在唐代的尊崇地位奠定了基础。司马承祯深受唐玄宗礼遇，其道教思想融合儒释，对后世影响深远。

思想理论方面，从重玄学到内丹道，隋唐道教在教理教义上取得了突破性进展，哲学思辨色彩浓厚。以成玄英、李荣为代表的重玄学派，吸收佛教中观思想，以“双遣”的方法诠释老庄，将道教哲学提升到了新的高度。由于外丹服食常致人死亡，修炼理论开始发生转向。隋代道士苏玄朗首次明确提出“内丹”概念，将外丹术语转化为对人体精、气、神的修炼解释。唐末五代，钟离权、吕洞宾所倡导的内丹道逐渐盛行，成为后世道教修炼的主流。

制度规范上，宫观、科仪与道藏趋于定型。这一时期，道教的物质形态和组织形式也走向成熟和规范。道教从山林走向都市，长安、洛阳等大城市中宫观林立，据统计唐代宫观多达1900余座。这些宫观规模宏大，如长安的玄都观、太清宫等，不仅是宗教活动中心，也成为了城市的文化地标。科仪日趋完备，如张万福、杜光庭等道士对道教的斋醮科仪进行了系统的整理和规范。杜光庭所著的《道门科范大全集》，集前代大成，为后世道教仪式确立了基本范式。

唐玄宗下令编纂的《开元道藏》，是中国历史上第一部正式刊行的《道藏》，虽已佚失，但标志着道教经典的体系化建设达到顶峰。总而言之，隋唐时期的道教不再是山林中的隐修者，而是深度参与了国家政治和文化建构的主流力量。这一时期形成的道教形态，深刻地影响了宋元以后道教的发展走向。

宋元时期(960~1368年)是道教发展史上一个承前启后的关键转折期。它既延续了隋唐道教的鼎盛余绪，又在新的历史条件下发生了深刻变革，最终奠定了后世道教“全真”与“正一”两大宗派分庭抗礼的基本格局。北宋末年金兵南下，北方社会动荡。在此背景下，王重阳于金代创立了全真道。它主张儒、释、道“三教合一”，以“明心见性”、“性命双修”的全新内丹学说为核心。其弟子“全真七子”各开派别，将全真道推广至北方各地。特别是丘处机，他不顾年迈，远赴西域觐见成吉思汗，以其见识和魅力被委以“掌管天下道教”的重任，使全真道在元代达到鼎盛。

在南方的南宋境内，传统的符箓派也发生了重大整合。此前地位显赫的茅山宗逐渐衰落，而江西龙虎山(天师道)的影响日益增长。入元以后，历代张天师被元室封为“真人”，命其“主领江南道教”，获得了统领江南所有符箓道派的权力。最终，龙虎山、茅山、阁皂山等“三山符箓”派在组织上归并，形成了以张天师为共同首领的正一道。与全真道不同，正一道道士可以居家、可以有妻室，以符箓斋醮、召神劾鬼为主要宗教活动。

这一时期道教的理论核心，从对物质“丹”的追求，彻底转向了对精神"心性"的探求。隋唐时期盛行的外丹术因屡屡致人死亡而备受质疑，修炼理论由此发生根本转向。内丹道借鉴了佛教的"心性"理论和儒家的伦理思想，将人体作为鼎炉，以体内的"精、气、神"为药物进行修炼。其最终目标不再是肉体飞升，而是通过性命双修，炼成内在的、永恒的"阳神"(即真性、元神)。除了全真道，流传于南宋的金丹派南宗(尊张伯端为祖师)也是内丹道的重要代表。全真道创始人王重阳要求弟子兼习儒家的《孝经》、佛教的《般若心经》和道家的《道德经》。而兴起于南宋、在元代成书的净明道，更是将儒家的"忠孝"伦理置于教义核心，认为"忠孝"是修道成仙的根基，主张"以忠孝为本"来净化心灵、践行大道。这标志着道教在哲学思想和伦理规范层面，与儒家、佛教的融合达到了前所未有的深度。总的来说，宋元时期的道教完成了从贵族化的、追求肉体长生的方术，向平民化的、追求精神超越的宗教的深刻转型。全真与正一两大宗派的形成，不仅确立了后世道教的基本格局，也让道教的影响前所未有地深入到中国社会的各个角落。

进入明清时期，道教的发展轨迹呈现出与隋唐、宋元时期截然不同的面貌。如果用一句话来概括，这是一个官方地位上"由盛转衰"，但组织结构与民间影响却日益深化的复杂时期。明朝建立后，朱元璋出于政治考量，选择了同在江南的正一道作为合作对象，认为其符箓斋醮有助于"益人伦，厚风俗"。这使得正一道的政治地位远高于全真道，历代张天师被封为"真人"，掌天下道教事。明代道教在嘉靖皇帝时期达到顶峰。他本人狂热崇道，尤其喜爱斋醮仪式中献给天神的奏章"青词"，甚至因此提拔官员，出现了史上著名的"青词宰相"(如严嵩)。与此同时，明朝也加强了对道教的管理，于洪武十五年(1382年)设立道录司，将道教事务完全纳入行政序列，从中央到地方建立起一套严密的官僚化管理体系，实现了对道教组织的强力掌控。在明朝，全真道因与元室关系密切而失势，主要活动于民间，表面上看似沉寂。但这期间也出现了张三丰这样充满传奇色彩的高道，其内丹思想和隐仙风范对后世影响深远。

入清以后，统治者尊藏传佛教，对道教缺乏信仰，道教的官方地位急剧下降。从乾隆皇帝开始，清廷对道教严加限制，将正一真人的品秩从二品降至五品，到了道光年间，更是直接停止了传统的张天师朝觐，正一道从此与朝廷失去了直接联系。与正一道的衰落相反，沉寂已久的全真道在清初迎来了转机。第七代律师王常月应运而出，他改革教制，以公开传授"戒律"为核心，在北京白云观登坛说戒，度弟子千余人，使龙门派迅速复兴，势力遍布大江南北，史称"龙门中兴"。明清两代，道教在教义和组织上虽无重大创新，但在社会层面却经历了深刻的"民间化"过程。它的信仰、仪式与民间风俗、娱乐活动紧密结合，深刻影响了普通民众的日常生活。同时，道教也与明清时期兴起的各种民间宗教(如红阳教、黄天教)相互渗透，为其提供了丰富的思想素材和组织形式。这一时期，道教虽然从宫廷走向了街巷，但其生命力却以另一种方式在广袤的乡土社会中延续下来。近代以来，道教在社会变革进程中面临各种挑战，但仍作为中国文化的底蕴和核心组成部分之一延续至今。

道教对中国文化历史影响不可低估，具有极为重要的文化意义。从哲学层面而言，道家的"无为而治"、"顺应自然"深刻影响了中国的政治智慧、艺术审美(如山水画、园林)和人生观。从科技层面而言，道士们在追求长生智慧过程中，客观上推动了化学(炼丹术)、医学(本草、养生)、天文、地理等古代科技的发展。从民俗层面而言，道教的神仙谱系(如灶神、财神、城隍)、节日(如元宵节、中元节)、风水算命等已无缝融入百姓日常生活中。从艺术层面讲，道教促进了建筑(道观)、音乐(斋醮音乐)、文学(神魔小说如《西游记》)、武术(太极拳)等文化形式的繁荣和普及。总而言之，道教从古老的哲学和巫术传统中得以孕育，在不断制度化、理论化和世俗化的过程中，深刻地塑造了中华民族的精神世界和生活方式，是理解中国文化的关键密码所在。

二、神霄派形成及其基本特点

道教神霄派作为北宋末年兴起的符箓道派，在道教发展史上处于承前启后的关键阶段。神霄派其名取自《灵宝无量度人上品妙经》"天有九霄，神霄最高"之说，以"高上神霄，去地百万"的宇宙观构建了独具特色的宗教体系。神霄派肇始时间众说纷纭，尚无定论。通常认为始于12世纪初北宋徽宗时期，以王文卿、林灵素为实际创始人，以雷法为修行核心，将内丹修炼与符箓咒术创新性融合，形成了"内炼金丹，外用符法"的修道路径。神霄派的形成对道教信仰的弘布产生了广泛的影响，该派不仅深刻影响了宋元明清的道教格局，其独特的天人感应思想和科仪实践更成为研究中国宗教与社会互动共振的重要内容。下面依据神霄派宗教特色，系统解析神霄派在道教发展中的独特历史地位和贡献。

1. 雷法为核心的道术体系

神霄派区别于其他道派的核心标志在于其完整的雷法理论与实践体系。所谓“五雷法”，即通过存思、符咒、罡步等仪式召请五方雷神，实现“役鬼神，致雷雨，除害免灾”的超自然能力。在神霄派观念中，雷不仅是自然现象，更是阴阳二气激荡的宇宙本源力量的外显。王文卿在《高上神霄玉枢斩勘五雷大法》中阐明：“运雷霆于掌上，包天地于身中，曰旸而旸，曰雨而雨”[1]，强调修道者通过内在修炼可掌控天地造化之力。

雷法的理论基础建立在天人同构的元气论上。萨守坚在《雷说》中有精辟论述：“夫人，固其精，养其气，保其神……会此之道，则二气不在二气，而在吾身，五行不在五行，亦在吾身。吹而为风，运而为雷，嘘而为云，呵而为雨”。[2] 这种将宇宙运行机制内化于人体的认知，使神霄道士相信通过修炼自身精气神，便可与天地雷神感应道交。值得注意的是，神霄派将雷法功效分为三重境界：最高为“脱壳朝元”成仙，其次“长生久视”，最后才是“兴云致雨，役电鞭霆”，反映出其超越世俗宗教功能的终极追求。具体而言，神霄派雷法修炼分三层级，即上乘、中乘、下乘。上乘的修炼目标脱壳朝元，修行方法是内丹胎息，元神炼化(《家话》《雷法秘旨》)；中乘修炼目标是长生久视，修行方法是精气混凝，三宫升降(《雷说》《内天罡诀法》)；下

1 王文卿：《高上神霄玉枢斩勘五雷大法》，《道法会元》卷六十一，《正统道藏》正一部。
2 萨守坚：《雷说》，《道法会元》卷六十七，《正统道藏》正一部。

乘修炼目标是召雷祈雨，修行方法是符咒罡步，存神遣将(《五雷玉书》《先天雷晶隐书》)。

2. 内丹与符箓的双重修持

神霄派最显著的创新在于打破传统符箓派与丹鼎派的界限，提出“内炼成丹，外用成法”的修道原则。王文卿强调：“斩勘五雷法者，以道为体，以法为用。内而修之，斩灭尸鬼，勘合玄机……外而用之，则斩除妖孽，勘合雷霆”。[3] 这一理论将内丹修炼作为符箓灵验的根本保障，形成内外互济的修行体系这在道教修行实践上具有里程碑意义。

不仅如此，神霄派在内炼法门上，发展出独特的存思术与丹功，元神本体论为其核心。王文卿在《家话》中以“人之初性譬犹明月，一点圆明，湛然不动”比喻先天元神[4]；莫月鼎更将元神等同于“中黄先天混元祖气”，融汇三教理念，称“佛曰摩尼珠，儒曰浩然气，道曰金丹”[5]，并继承钟吕丹法，精气神修炼法，强调“固精养气保神，三宫往来不息”[6]；邹铁壁进一步提出“凝神定息，舌柱上腭，心目内注”的丹田养胎法。[7] 神霄派的存想技术独具特色值得关注，萨守坚《内天罡诀法》载“两眼对两眼，看教十分端”的目诀，通过左眼存日、右眼存月，交光于泥丸的观想达成“精气上泥丸”的效验。

3 王文卿：《高上神霄玉枢斩勘五雷大法》，《道法会元》卷六十一，《正统道藏》正一部。
4 王文卿：《冲虚通妙侍宸王先生家话》一卷，《正统道藏》正一部。
5 王惟一：《道法心传》，《正统道藏》正一部。
6 张善渊述：《雷霆玄论》，《道法会元》卷六十七，《正统道藏》正一部。
7 邹铁壁注：《雷霆妙契》，《道法会元》卷七十七，《正统道藏》正一部。

神霄派亦构筑戒律规范，强调清心寡欲的基础修行。王惟一在《道法心传》中规定：“行雷之士须当断淫绝欲，保养元神”，萨守坚更以自身实践垂范——当其焚烧狞神庙后，庙神尾随十二年欲寻过失报复，终因萨真人戒行精严而无隙可乘，最终皈依为其护法。这种将道德修为与法术效力直接挂钩的理念，不仅确立了戒律规范的权威，极大提升了符箓道派的精神品格。

3. 神仙谱系与斋醮科仪

神霄派建构了等级森严而又体系完备的神灵谱系。其核心信仰围绕“神霄九宸大帝”展开，包括神霄玉清真王长生大帝(宋徽宗被附会为其化身)、东极青华大帝、九天应元雷声普化天尊等九位尊神。在神系组织结构上，设立九司(玉府、玉枢、五雷等)、三省(泰玄、天枢、天机)、四府(天枢、天机、泰玄、雷霆)等拟官僚机构，各由特定神真执掌。其中北极四圣(天蓬、天猷、翊圣、真武)作为雷部统帅，五雷都司专司阴阳升降与善恶报应，九天监生司则主责生育超度，形成功能完备的“神界政府”。

在宗教实践层面，神霄派发展出与神仙谱系配套的斋醮科仪。林灵素在宋徽宗支持下，将全国400余座宫观改制为神霄宫，统一奉祀长生大帝君(徽宗)与青华大帝君。他更确立《黄帝内经》《道德经》为大经，《庄子》《列子》为小经的经典体系，制定规范斋仪节日，使“神霄大教”在宣和元年(1119年)成为官方定称。这种将皇权神格化与道教国教化同步推进的实践，彰显了神霄派独特的政教关系理念与构想。

4. 神霄派的历史地位与贡献

如上所述，神霄派的兴起直接促成了北宋晚期政教合一的特殊格局。林灵素于政和六年(1116年)觐见宋徽宗时，创造性地提出："天有九霄，神霄最高……神霄玉清王者，上帝之长子，号长生大帝，陛下是也"。[8] 这一神学命题将徽宗塑造成神霄真王化身，为君主专制提供了神圣合法性。徽宗为此下诏改福宁殿东侧玉清和阳宫为"玉清神霄宫"，命天下诸州天宁观更名"神霄玉清万寿宫"，中祀长生大帝君(徽宗)与青华大帝君像。

这种神权政治实践达到顶峰时，徽宗自称"教主道君皇帝"，通过道教神权强化世俗统治。然而，神霄派的过度政治化也带来消极后果。大兴宫观耗费国力，"神霄大教"的国教化挤压佛教等其他宗教的生存空间，加剧社会矛盾。靖康之变后，史家对神霄派的乱政进行了深刻反思，《宋史》直指林灵素"妄议迁都，妖惑圣听，改除释教，毁谤大臣"[9]，揭示了神霄派国教化与北宋灭亡的内在关联。

在道教道法发展史上，神霄派完成了符箓道术向内修的转型。传统符箓派多注重外在科仪与符咒形式，而神霄派开创性地将内丹修炼作为道法灵验的基础。王文卿直言："损神日日谈虚空，不如归命胎息中，绵绵不绝神自通，烟升云降雨蒙蒙"[10]，强调胎息内炼远胜空谈玄理。这种内炼为本的思想被后世符箓派广泛继承，推动宋元道教形成"内丹外用"的共识。

---

8 脱脱等撰：《宋史》卷四百六十二·列传第二百二十一《方技下·林灵素传》，中华书局，1977年。

9 同上。

10 邓楠纂图、章希贤衍义：《道法宗旨图衍义》卷下，《正统道藏》正一部。此诗被神霄派奉为王文卿传授之核心口诀，亦有学者考证其化用自唐代古诗。

在哲学层面，神霄派深化了天人感应学说。邹铁壁在《雷法秘旨》中阐述："有心感神，神反不应，无心之感，其应如响……但无妄念，一片真心，心与雷神混然如一，我即雷神，雷神即我"。[11] 这种消弭主客界限的"天人无二"思想，既承袭董仲舒天人感应论，又融入道教存神传统，为雷法实践提供理论支撑。此外，神霄派还促进三教融合，莫月鼎直言佛家摩尼珠、儒家浩然气与道家金丹"其实一也"，体现宋元道教开放包容的特质。

5. 社会功能与民间影响

神霄派不仅在宗教信仰领域大显身手，在民间展现出强大的济世功能。据《冲虚通妙侍宸王先生家语》记载，王文卿早年游历中便以雷法"除旱治疾，济人甚众"；萨守坚则以咒枣术疗疾、宝扇法伸冤，被尊为"萨真人"，民间流传"道法于身不等闲，寻思戒行彻心寒"的赞诗。这种宗教实践使雷法成为宋元时期禳灾祈福的重要手段。洪迈《夷坚丙志》记载王文卿弟子郑道士"往来筠、抚诸州，为人请雨治祟，召呼雷霆，若响若答"。[12] 就法脉传承而言，王文卿系的萨守坚、邹铁壁主要活跃在江西和四川，以召雷祈雨，咒枣治病为主，后形成"西河派"和"萨祖派"。咒枣治病法(简称"咒枣术")是道教体系中一种通过咒语赋予枣子祛邪治病功能的法术，核心为道士或方士对枣子施加咒语、符箓及呼吸法门，使其转化为"法器"用于治疗疾病。该法根植于道教方术体系，与"咒水""符咒"等法术同源，在《太上正

11 邹铁壁注：《雷霆妙契》，《道法会元》卷七十七，《正统道藏》正一部。
12 洪迈撰、何卓点校：《夷坚志》丙志卷十四《郑道士》，中华书局，1981年。

一咒鬼经》《万法密藏》等典籍中有明确记载。林灵素系张如晦、陈道一等主要活跃在浙江、江苏，以宫观斋醮、符法治祟为主要济世方式，传至刘玉后逐渐式微。南宗融合系由白玉蟾、金善信以福建、广东为主要活动基地，以内丹雷法、济世度人，积极促进南宗符箓化。元代法脉以莫月鼎、周玄真领导下苏州、湖州一带活跃，在玄妙观传法、伏魔斋仪，后形成开穹窿山支派。

神霄雷法在驱邪治祟方面影响尤为深远。《夷坚志》多载神霄道士收妖故事，如卷十四记谭悟真"以雷法击狐妖"等，这类实践既满足民众心理需求，又将教伦理融入社会生活，强化"积善成仙，作恶遭谴"的价值观。萨守坚强调："子当利物济人积功累行，庶得诸天拥护"，将宗教修行与世俗道德相结合。

神霄派还展现出强大的融合力，与多个道派深度交融。南宗四祖陈楠(号翠虚)兼修神霄雷法，常"以符咒配泥丸治病"，人称"陈泥丸"；其徒白玉蟾更在《道法九要》中系统吸收神霄戒律思想。三十代天师张继先著《明真破妄章颂》阐发雷法，被张宇初列入神霄宗师谱系。这种交融使神霄法脉在宋元之际衍生出多个支派：邹铁壁传莫月鼎形成"铁壁派"；萨守坚一脉演化为"萨祖派"；李清叔开创"神霄忠孝法脉"。

明清时期，神霄派虽归入正一道体系，仍保持法脉传承。苏州玄妙观作为传法中心，汇集王文卿、莫月鼎、周玄真等历代宗师。明永乐年间，道士周思德称得王灵官(萨守坚弟子)传法，促使明成祖封萨守坚为"崇恩真君"，王灵官为"隆恩真君"。清代施道渊(铁竹道人)开穹窿山支派，将神霄法传入台湾。直至清末，《诸真宗派总薄》仍记载"萨祖派"谱系从陕西传至北京白云观，见证其持久生命力。

总之，道教神霄派作为宋元变革期的产物，其兴衰轨迹折射出中国宗教发展的内在规律。在宗教思想上，它以“内炼成丹，外用成法”的革新理念，弥合符箓与丹鼎的千年分野，推动道教向心性修养与实用功能并重转型；在政教关系上，通过神化皇权获得鼎盛发展，却也因过度依附政治权力而随王朝更迭起伏；在社会功能上，以雷法为媒介将道教修行融入民生疾苦的疗愈，实现宗教伦理的世俗转化。

神霄派的历史意义远超一个道派的存在时限。它促进的三教融合趋势为全真道兴起铺路；其内丹外法的修炼模式成为明清符箓派的共同遗产；而“天人合一，役使雷霆”的宗教想象，至今仍活跃于民间道教实践与文艺创作中。重审神霄派这座连天接地的“九霄宫阙”，不仅为理解宋元道教转型提供关键视角，更启示我们思考：宗教传统如何在保持精神超越性的同时，实现与世俗社会的良性互动。

正如王文卿临终偈所言：“我身是假，松板非真，牢笼俗眼，跳出红尘”。[13] 神霄派的真正价值，或许不在其役使雷霆的神异叙事，而在于揭示修道者当以超越境界为体，以济世利民为用。这种即世间而出世间、融神圣于日用的智慧，恰是中国宗教精神最璀璨的结晶。

13 赵道一：《历世真仙体道通鉴》卷五十三《王文卿》，《正统道藏》洞真部。

第二章

《玉枢宝经》的思想特征

一、北宋雷法思潮与《玉枢宝经》的形成

四川大学知名道教学者卿希泰主张："神霄派，道门中的一种依托，实际可能是在两宋之际由天师道衍化而来，其中有的分支与上清派的关系亦甚密切，并吸收了东南沿海地区的雷神信仰及其相关的法术再加以系统化、理论化而形成的。北宋末，王文卿与林灵素俱传雷法。"[14]在雷霆诸派中，正如卿希泰所说，东南海岸各地区存在以雷神为基础的多种信仰。在试图以道教为中心合并这些信仰的过程中，开始出现了使用雷法的神霄派。

日本道教学者松本浩一认为《道法会元》等咒法书中解释的有关雷法的咒法，大部分起源于唐末五代时期。他依据多方民

14 卿希泰主编：《中国道教史》第三卷，四川人民出版社，1996年。

间信仰调查认为，这些咒法通过民间的宗教人士得到传播和发展。神霄派随着北宋徽宗的崇尚道教的风气，以及在林灵素的积极活动下登上了历史舞台，此后被正一教逐渐接受。并且，召唤雷部的神将、神兵等的雷法在道教化的过程中，加以理论体系化和经典化，成为了道教重要的呪法。[15]

如上卿希泰和松本浩一均认为，神霄派的雷法与民间雷法信仰有着密切的关系。唐末五代，新兴道派纷纷兴起，各种雷法盛行于天下，而且以崇拜雷神的信仰为中心，出现了各种经典和新的神灵。北宋政和年间的《高上神霄玉清真王紫书大法》记载了雷霆尊神。徽宗推崇道教，在全国范围大力扶植和推行道教。他宠信道士，推崇神霄派道法。又命天下皆建神霄万寿宫，于京师开神霄箓坛，传箓散符，宣神霄法于天下。[16]

北宋末期(1100~1127年)是《玉枢宝经》形成的关键历史语境。这一时期，宋徽宗(1100~1126年在位)大力推崇道教，自封“教主道君皇帝”，推动道教与国家祭祀体系的深度融合。政和七年(1117年)，徽宗亲受神霄秘箓，命全国建“神霄玉清万寿宫”，使神霄派获得国教地位。这一政治背景催生了以雷法为核心的新型道教范式——雷法将内丹修炼与符咒召劾结合，宣称能通过调动人身精气感应天地雷霆，实现“祈雨禳灾”、“驱邪治病”的社会功能，契合了朝廷对道教“护国济民”的期待。

神霄派的兴起直接依托于宋代重构的道教神学宇宙观。据《无上九霄玉清大梵紫微玄都雷霆玉经》记载，宇宙最高处为“高上神霄之天”，居三十六天之上，中有五殿(青华、碧玉、蕊

15 [日]松本浩一：《宋代の道教と民间信仰》，汲古书院，2006年。
16 脱脱等撰：《宋史》卷四百六十二《林灵素传》，中华书局，1977年。

珠、凝神、长生)、四府(九霄玉清府、东极青玄府、九天应元府、洞渊玉府)、六院(太一内院、玉枢院、五雷院等)，统辖三十六天及三十六垒。在这一体系中，九天应元雷声普化天尊作为神霄九宸大帝之一，被赋予"总司五雷，普化群生，赏善罚恶"的职能，其居所"神霄玉府"设有玉枢五雷使院与玉府五雷使院，门前三十六雷鼓象征对三界万灵的监察权。"玉枢"之名即源于此："玉者，宝中之尊贵；枢者，天之枢纽也。雷霆者，天地之枢机"。

《九天应元雷声普化天尊玉枢宝经》(以下简称《玉枢宝经》)作为道教神霄派的根本经典之一，约成书于北宋末至南宋初期(12世纪)，与神霄派雷法传统关系密切。该经在《正统道藏》中归入洞真部本文类，全经以雷部最高神"九天应元雷声普化天尊"宣说教法为形式，系统阐述了神霄派的宇宙观、心性论及实践仪轨，被后世奉为"雷霆玉枢之秘典"。自14世纪起，该经逐渐衍生出插图本、集注本、忏法本等多种形态，在明清时期成为道教、儒教及三教合一思潮下自我修炼的重要文本，至今仍在道教科仪中广泛使用。

当前学界对《玉枢宝经》的研究主要集中在三个领域：一是版本考证，如三浦国雄对经文流传版本的梳理；二是文本图像学分析，尹翠琪对大英图书馆藏元至顺本的研究，刘晋对东亚插图本的比较；三是社会史考察，李远国、朴钟春等探讨了其在民间信仰中的功能。然而，现有成果多聚焦单一维度，缺乏对经典形成的政治背景、思想整合及视觉建构的综合考察。本文立足跨学科视角，结合道教学、图像学、文献学方法，力图揭示《玉枢宝经》如何通过文本与图像的互动，完成神霄派经教体系的建构，并分析其在东亚文化圈中的传播机制。

《玉枢宝经》何时形成？学界一致认为应源于民间雷神信仰的发展，该信仰在某个时间逐渐成形被道教吸收了。虽然无法准确知道其特定时间，但可以考虑经典成立的各种条件。首先，应该具备对道教友好的氛围和与道教相关的经典，这是进行研究的社会条件。第二，要有新的经典或思想萌发的契机和条件。第三，应该有构成《玉枢宝经》的民间信仰要素，且具有在重玄学完备的时期形成的思想理论基础。第四，应该在以最高神为中心的道教神谱系形成之后。第五，要形成与雷神相关的雷法风气。韩国学者崔致凤认为，符合上述这些条件的时期大致为唐末五代时期，《玉枢宝经》最晚是在北宋初登场。[17] 这推翻了《玉枢宝经》最快是从北宋末形成的现有主张，此观点认为此经比北宋末徽宗时期神霄派正式活动的时间更早产生。崔致凤进一步明确指出，《玉枢宝经》是在唐末五代时期产生的，在民间流传的过程中被修改补充，因此有多个版本流行，该经之后被神霄派和正一派吸收。

现存的《玉枢宝经》版本中最为基础的是《玉枢宝经集注》(也称四注本)。其中包括"海琼白真人注"、"祖天师张真君解义"、"五雷使者张天君释"、"纯阳孚佑帝君赞"，并合称为《九天应元雷声普化天尊玉枢宝经集注》。这被收录在《道藏》洞真部玉诀类中。《玉枢宝经》的经文至少形成于唐末五代，在北宋就已为人所知，尽管尚未发现可以证明的版本或资料，但四注本中的"注"是被称为"海琼白真人"的南宋时期的白玉蟾亲自撰写。撰

17 [韩]崔致凤：《〈玉枢宝经〉研究》，北京大学哲学系博士学位论文，2004年。

写“赞”的纯阳孚佑帝君(吕洞宾)是唐朝末期的人物。在韩国普贤寺本认为《玉枢宝经》的经文是吕洞宾写的，但没有可靠的证据。如果把《玉枢宝经》的成立时期看作是唐末，吕洞宾撰写赞是有可能的。但是写作“解议”的祖天师张真君(张道陵)是后汉末的人物，另外作“释”的五雷使者张天君是雷部的神灵，因此，不能作为可靠的史料接受。

《玉枢宝经》“正经”的作者、著述时期和“四注本”四位注释的注释者虽尚无法确定，但有关收集四注本的过程可以通过现存版本的序言可详细了解。《道藏》中只记载了39代天师张嗣成的序文，但天理大学收藏本和大英博物馆的收藏本中，同时存留了张嗣成序、“北极玄天玉虚上相谨序”和“吴越司命三茅主者谨叙”三篇序。由此，《玉枢宝经》形成的过程及整体轮廓大体清晰可见。

二、《玉枢宝经》结构与核心教义

《玉枢宝经》的文本结构可分为两大部分：前半部分阐述宇宙人生哲理(“至道”与“气数”)，后半部分详述消灾解厄之法。这种结构安排体现了神霄派“由理入事”、“以事显理”的传法逻辑。至道观构成全经的哲学根基。雷声普化天尊开示中，“道者以诚而入，以默而守，以柔而用。用诚似愚，用默似讷，用柔似拙。夫如是，则可与忘形，可与忘我，可与忘忘”。[18] 这段论

18 《九天应元雷声普化天尊玉枢宝经》，《正统道藏》洞真部。

述揭示了体认至道的三重工夫：即“以诚而入”指向修持者的心理状态，要求如《中庸》所言“至诚无息”[19]，以纯一不杂之心契合天道；“以默而守”强调内在精神的凝聚，避免言语思虑的耗散；“以柔而用”则主张效法水德，以柔弱不争的方式运用道力。三者共同导向“忘”的境界——超越形躯局限(忘形)、破除我执(忘我)、乃至消解对“忘”的执着(忘忘)，最终臻于“忘无所忘，无可忘者，即是至道”[20]的绝对境界。这种思想明显融合了《庄子・大宗师》“坐忘”论[21]与禅宗“无念为宗”的宗旨。[22]

气数说则试图解决命运与自由的哲学难题：“人禀受不同谓之气，智愚清浊谓之数；数系乎命，气系乎天”。[23] 此处“气”指个体先天禀赋的差异性，“数”则决定智愚清浊的生命轨迹。二者共同构成对人性的双重制约：“学道之士若为气数所囿，天命所梏，则不得真道”。[24] 但经文并未导向宿命论，而是宣称通过体证“至道”，可突破气数限定：“若得真道，愚可以智，浊可以清”。[25] 这一思想与张载“变化气质”说[26]、二程“复性”论[27]形成跨宗教的思想呼应，折射出儒道心性论的深度交融。

---

19 郑玄注、孔颖达疏：《礼记正义》十三经注疏本，中华书局，1980年。

20 前引《玉枢宝经》。

21 郭庆藩：《庄子集释》卷三《大宗师》，中华书局，1961年。坐忘之论见颜回对孔子所述：“堕肢体，黜聪明，离形去知，同于大通，此谓坐忘。”

22 郭朋：《坛经校释》，中华书局，1983年。“无念为宗”出自《坛经・定慧品》，与“无相为体、无住为本”并列为该法门三大纲宗。

23 前引《玉枢宝经》。

24 前引《玉枢宝经》。

25 前引《玉枢宝经》。

26 张载撰写、章锡琛点校：《张载集・经学理窟》，中华书局，1978年。“变化气质”一语见《经学理窟・义理》等篇，后为《近思录》所引录，成为宋代理学工夫论之重要命题。

27 程颢、程颐撰、王孝鱼点校：《二程集》，中华书局，1981年。二程以“复其性”为工夫归宿，程颐尤重“存养”与“克己复礼”以还归天命之性。

《玉枢宝经》的后半部分系统构建了以雷声普化天尊为本尊的修行仪轨，其核心功能是化解人世间的“三灾九厄”。所谓“三灾”，指劫末所起的大火、大风、大水；“九厄”则涵盖更具体的生命困境：疾病缠身(身中不适)、五行冲突(五行奇蹇)、星曜冲犯(九曜嵚巇)、流年不利(年逢刑冲)、运势相克(运值克战)、孤独困顿(孤辰寡宿)、刀兵血光(羊刃剑锋)等。针对这些灾厄，经文提供了层级化的解决路径：

初级法门：默念圣号——“若默念普化天尊之号，即有诸神消灾解厄”。此法简便易行，适合普通信众。

进阶修行：持诵经文——“凡遇灾厄，可依法持诵经文”。需配合焚香、礼拜、存思等仪轨。

终极归依：身心归命——“若归命此经，可以长生”。强调对经典的绝对信奉，承诺获得长生久视的终极利益。

这种设计使《玉枢宝经》的实践体系兼具普世性与进阶性，既能满足大众的现世诉求，又为深度修行者提供心性超越之道。值得注意的是，经中特别强调雷法的伦理维度：凡“不顺之人”，雷司可“制心斩首”；而世间“亢阳为雪，风雨不时，干戈妄动，饥馑荐臻”等乱象，皆需“请命玉府，经由玉枢”以调和。这使雷法既是个人修真之术，又是维系宇宙秩序的神圣机制。

总之，《九天应元雷声普化天尊玉枢宝经》是一部融合了深邃哲学思考、神圣信仰、丰富实践法门的道教重要经典。《玉枢宝经》的渊源可追溯至上古时代的雷神崇拜。在中国传统信仰中，雷象征天威，具有赏善罚恶、生成万物的功能。《周礼》、《史记》等早期文献已有关于雷神崇拜的记载。道教成立后，吸收了这些传统元素，并逐步发展出系统的雷神谱系和雷法理论。《玉枢宝经》的宇宙论以九天应元雷声普化天尊为核心。这位天尊是“上天神霄府九宸大帝之一”，“总司五雷，普化群生，赏善罚恶”。[28] 其所在的“神霄玉府”设有复杂的组织结构：“左有玉枢五雷使院，右有玉府五雷使院。玉府前有三十六面雷鼓，由三十六位天神主管。凡行雷之时，天尊亲击本部雷鼓一下，雷公雷师即兴发雷声。”[29]这一宇宙论图景不仅具有神话色彩，也包含了深刻的哲学意蕴。《玉枢宝经》蕴含着丰富的善恶报应思想，这一思想与其对雷声普化天尊的神性理解密切相关。经中描述有雷声普化天尊“赏善罚恶”。这表明宇宙间存在着一种自然的正义法则，而雷部神灵系统则是这种法则的执行者。《玉枢宝经》提供了一系列具体的修行法门，旨在帮助修道者转化气数、契合至道，这些法门构成了一个完整的个体修行体系。《玉枢宝经》的实践体系不仅关注个体修行，也注重社会教化功能。该经通过善恶报应的叙述与雷神监察的观念，在民间形成了一种道德约束力，强化了人们的伦理意识与行为规范。

三、《玉枢宝经》研究的现实意义

《玉枢宝经》在道教科仪中占有重要地位。据记载，该经至今仍在许多道教科仪体系中被吟诵和演出。与《玉枢宝经》相关的科仪文献丰富多样，包括《玉枢经髓》(全真教早课)、《九天应

28 前引《玉枢宝经》。
29 前引《玉枢宝经》。

元雷声普化天尊玉枢宝忏》、《雷霆玉枢宥罪法忏》等。这些科仪不仅为道教徒提供了修行实践的形式，也成为传播道教思想的重要媒介。

《玉枢宝经》的宗教仪式还具有消灾解厄的社会功能。经中阐述："谓凡遇三灾九厄，可依法持诵经文，若默念普化天尊之号，即有诸神消灾解厄；若归命此经，可以长生。"这种消灾解厄的功能满足了人们对现世利益的关怀，使宗教信仰与日常生活紧密相连。

《玉枢宝经》的实践体系还包含了三教合一的倾向。历经明清二朝，该经书为道教、儒教，以及三教合一观点下，用于自我修炼的群众特别推崇。这种包容性使得《玉枢宝经》的思想与实践能够超越单一宗教范畴，在中国传统文化的大背景下发挥更广泛的影响。

《玉枢宝经》的思想与实践不仅体现在宗教领域，也渗透到文学艺术等多个方面。经中描述天尊"在玉清天中，与十方诸天帝君，会于玉虚九光之殿，郁萧弥罗之馆，紫极曲密之房。阅太幽碧瑶之笈，考洞微明晨之书"，这种充满想象力的神圣场景描绘，为道教文学艺术提供了丰富的创作素材。在文学方面，《玉枢宝经》的文本本身就具有很高的文学价值。经中运用了骈文、韵文等多种文体，如雷师皓翁对天尊前所说的偈语："无上玉清王，统天三十六。九天普化君，化形十方界。"这种文学形式既便于诵唱记忆，也增强了经文的艺术感染力。在民间艺术中，《玉枢宝经》的内容也常常成为表现题材。特别是对雷声普化天尊及其雷部众神的描绘，形成了独特的道教艺术形象。这些形象通常威严凶猛，以体现雷神赏善罚恶的神性特质，如三十六位雷神各具特色，手持不同法器，展现雷霆威势。

《玉枢宝经》还启发了许多民间故事和灵验记，进一步扩大了其在社会上的影响。如《玉枢经》中记载的郑宗孔念经殛死蛇精的故事，就生动展现了诵习《玉枢宝经》的神奇效应，既传播了宗教信仰，也丰富了民间文学。

《玉枢宝经》的思想与实践在当代社会仍具有其独特的重要的精神价值。在现代物质主义盛行的背景下，该经强调的“以诚而入，以默而守，以柔而用”的修行原则，为现代人提供了一种内在反思与精神修养的方法。这种强调内心诚敬、静默守护、柔顺自然的生活态度，恰可作为现代人浮躁心态的调节剂。

《玉枢宝经》的“气数”观也为现代人理解个人命运与努力奋斗的关系提供了独特视角。经中既承认先天禀赋与环境的限制（“数系乎命，气系乎天”），又强调通过修行可以实现“愚可以智，浊可以清”的转化。这种既认命又不宿命的态度，有助于现代人在认识自我限制的同时，不失改变的勇气与希望。

在生态保护方面，《玉枢宝经》的宇宙观也蕴含着丰富的生态智慧。经中将雷霆视为宇宙生成变化的重要力量，雷声普化天尊“掌生生杀杀之权，动静人莫可测”，这种对自然力量的敬畏，可以为现代生态伦理提供思想资源。当代生态危机部分源于人类对自然的过度控制与利用，而《玉枢宝经》中对自然力量的尊重与敬畏，有助于培养一种更加和谐的生态观。

近年来，随着传统文化复兴的热潮，《玉枢宝经》也受到越来越多关注。一方面，道教界自身加强对该经的研习与弘扬，如出版了《九天应元雷声普化天尊说玉枢宝经白话注解》等普及读物；另一方面，学术界也加大了对该经的研究力度，从哲学、历史、文学等多个角度探讨其内涵与价值。

我们对《玉枢宝经》的研究，不仅是为了了解一部道教经典的历史与思想，更是为了发掘中华优秀传统文化中的当代价值。通过创造性转化与创新性发展，《玉枢宝经》中的智慧可以成为当代社会精神文明建设与个人生命提升的有益资源。这也正是研究《玉枢宝经》及其他道教经典的现代意义所在。

第三章

《玉枢宝经》的图像学特征

《九天应元雷声普化天尊玉枢宝经》(简称《玉枢宝经》)作为神霄派重要道经文献，约成文于十二世纪北宋末年，至十四世纪逐渐形成插图本系统并广泛流传。该经以道教最高雷神“雷声普化天尊”为核心，阐述“至道”哲理与消灾解厄之法，在道教雷法传统中占据重要地位。现存插图本《玉枢宝经》蕴含着丰富的视觉文化信息，其经首扉画、神将立像与护经神像三大图像类型构成了完整的宗教图像体系，成为研究道教视觉文化及其传播机制的珍贵载体。

本章聚焦于目前学术界确认的十种代表性现存插图本《玉枢宝经》，包括中国版本七种与朝鲜版本三种，通过对其图像系统的类型学分析、版本源流考证以及图像与文本的互文性解读，深入探究道经图像的生成原理、宗教功能及其在跨文化传播中的衍变规律。这些版本跨越元、明、清三朝及东亚不同地域，形成了一个完整的图像谱系，为道教美术研究提供了难得的比较样本。通过对十大版本的图像解码，我们不仅能够揭示道教视觉表达的深层结构，更能理解图像在宗教实践中的仪式功能与文化适应策略。

一、《玉枢宝经》研究及其存在的问题

《玉枢宝经》作为道教神霄派重要道经文献，其插图本在东亚道教艺术研究中具有典型意义。然而，学界现有图像学研究仍存在以下一些问题，制约了对其文化内涵和艺术价值的深入理解：

1. 版本源流模糊与分类争议

现存插图本分为中国版本(7种)和朝鲜版本(3种)，均以元至顺年间(1333年)徐道龄刊刻的"至顺模式"为基础范本延续或附加图像扩展的。但不同版本在流传中因地域、文化差异发生衍变，如朝鲜版本为降低成本或适应本土审美，对图像进行删减或改动，而中国明万历朝(1615年)内府写本则突破至顺模式，采用"天尊驱魔图"新构图，其转变动因尚未完全明晰。目前关键版本断代困难，大英图书馆藏本原被定为元至顺刻本，后经尹翠琪考证为明代永乐年间(1403~1424)后印本。[30] 此类断代争议直接影响对图像演变时序的判断，也暴露了依赖题跋、印章等传统鉴定方法的局限性。

30 尹翠琪：《道教版画研究：大英图书馆藏〈玉枢宝经〉四注本之年代及插画考》，《道教研究学报：宗教、历史与社会》，2010年第2期。

长期以来，经学界努力调查和研究《玉枢宝经》共发现十种版本，2024年北大哲学系崔致凤博士论文，详细调查了《玉枢宝经》版本，并有不少新的发现，其中包括北京大学馆藏《玉枢宝经》。[31]

2. 图像与经文关联性研究薄弱

图像功能阐释表面化：研究虽归纳出经首扉画、神将立像、护经神像三种图像类型，但对其宗教功能的解读较为笼统。例如：

— 经首扉画被视为经文"视觉化身"，继承佛经扉画的构图灵活性；

— 神将立像被简单归类为道派"图像标识"，用于科仪或修炼；

— 护经神像(如赵公明、温元帅)仅强调其护法职能。

以上研究结论未充分结合道教仪轨、存思修炼等实践，揭示图像如何具体参与宗教体验。图像与文本脱节现象始终未得合理解释，如赵公明形象在《玉枢宝经》中反复出现(如扉画、神将立像、护经像)，却与经文内容无直接关联，仅作为"可解释的文化现象"存在。这种脱节是道教图像的普遍特性，还是特定历史语境下的主动选择？现有研究缺乏从道教神学、社会信仰需求角度的深入剖析。

3. 图像学来源考证不充分，图像原型追溯不足

如赵公明形象被认为借鉴了《道子墨宝》所绘"都督赵公

31 [韩]崔致凤：《〈玉枢宝经〉研究》，北京大学哲学系博士学位论文，2004年。

明”，但未进一步分析宋代道教绘画传统、民间信仰对其形象定型的影响。雷部神将的服饰、法器配置(如金鞭、黑虎)的象征意义，亦缺乏系统解码。

4. 跨媒介比较研究缺失

现存分析集中于版画，却忽视与同时期道教壁画、水陆画、雕塑的关联。例如明嘉靖六年(1527)天理大学藏彩绘本中36雷将的重彩工笔技法，与宫廷艺术、民间寺观绘画的风格互动尚未厘清。

5. 材料局限与理论方法单一

图像材料分散且获取困难，关键藏本散藏于英、日、韩等多国机构(如大英图书馆、天理大学图书馆)，高清数字化资源稀缺，部分版本保存状况堪忧(如大英藏本“难以获取更清晰版本”)，制约细节分析。研究范式局限于传统艺术史。现有成果多聚焦版本考据、风格描述，未充分融合宗教学、社会学、数字人文等跨学科方法。例如：扉画“效验性”(如万历御制本为特定禳灾目的调整构图)仅被初步提出，未结合明代皇室道教信仰的政治语境深化。朝鲜版本的改绘策略未置于东亚文化传播框架中讨论本土化与权力话语。

6. 跨文化传播研究深度不足

朝鲜版本虽被识别为“图像删略/改动”两类衍变模式，但未深入分析改绘动因，究竟是成本控制、技术限制，还是朝鲜道教本土化策略？ 朝鲜社会对雷神信仰的 reinterpretation 如何反映在图像中？此类问题需结合朝鲜宗教史、艺术史进行回应。

依据以上存在的问题，《玉枢宝经》图像学研究，(1)应深化多学科整合，结合道教仪轨、社会史、物质文化研究，阐释图像功能；(2) 推动数字资源共建，整合散佚藏本的高清图像，建立比对方便；(3)拓展理论框架，引入“图像神圣性”“媒介考古学”等新视角，超越风格分析；(4)加强东亚视野，将中、朝版本置于文化互动网络中，揭示信仰的本土化机制。当前研究瓶颈本质是方法论与材料的双重困局。唯有打破学科壁垒、推动国际协作，方能释放《玉枢宝经》图像作为“道教视觉宇宙密码”的学术潜能。

二、道经图像的生成

在关注和探讨《玉枢宝经》的图像形成及其特点之前，为便于读者深入理解道经图像生成相关问题，有必要就道经图像(道教经典中的插图、符箓、神仙画像等)的生成原理做一简要介绍。道经图像是一个融合宗教思想、艺术表现与技术实践高度融合的综合产物。以下从生成原理(传统手工时代)和历史意义两方面加以介绍。

道经图像的生成并非现代意义上的“算法生成”，而是基于宗教主张、仪轨、象征符号系统、师徒传承技艺的手工创作过程而形成的，其核心原理可归纳为如下三点：

1. 宗教象征体系驱动的可视化

符箓与天文：

所谓符箓(如“云篆天书”)就是模仿宇宙星辰轨迹或神灵文字，通过抽象线条、星图、卦象组合，象征沟通天地的灵力。也就是主要依据道家的宇宙观、世界观、道教的宗教实践追求实现的。其结构主要遵循“三台五岳”“二十八宿”等宇宙模型建构。

神仙谱系可视化：

神仙画像(如《朝元仙仗图》)依据《真灵位业图》等经典，严格按神阶、服饰、法器、坐骑进行绘制，较全面清晰地体现“位业有序”的宗教秩序，实现神仙谱系可视化。

内丹修炼图解：

依据道教的内丹修炼形成的修真图(如《内经图》)将人体穴位、气脉转化为山河鼎炉、龙虎交媾等隐喻图像，实现修炼法门的“以图示道”，这是语言难以描述的宗教深层生理和心理内涵的透视化努力。

2. 技术工艺与材料

手绘技法：

历史上每一个时代都有其独具特色的技术和工艺，艺术家们充分运用这些技术和工艺呈现宗教的内涵，如采用工笔重彩(绢本/纸本设色)，以矿物颜料(朱砂、石青)绘制，突出神圣性，而白描线条讲究“吴带当风”的韵律感。

雕版印刷：

雕版印刷是中国文明一大重要贡献之一，宋元后道经插图(如《玄风庆会图》)采用木刻版画，线条刚健，通过阳刻阴刻对比表现空间层次，凸显立体感。

特殊载体：

符箓常书于黄纸、桃木、玉石，结合朱砂、鸡血等媒介，强化“通灵媒介”的物质属性。

黄纸，是道教符箓最常用的载体，象征中央戊己土，具有驱邪避祸的寓意。

朱砂(丹砂)，是红色颜料，道教认为其能“养精神、安魂魄”，兼具辟邪与通神功效，常与黄纸搭配使用。

毛笔，需经“敕笔咒”净化，传统认为笔是沟通神明的工具。

墨汁，部分撰书符箓时使用烟墨，需配合“敕墨咒”以增强灵力。

此外，有些特殊材料也有具体要求，如桃木，常用于驱邪符，桃木符、木简等。玉石/金属，玉符、金银符多用于护身或镇宅，用于镌刻符文。虚空/水火，高阶符箓可无载体书符，或直接画于水、火等无形介质上。书写符箓还需一些辅助材料。如法水：画符前用于净手或调和朱砂，需念“敕水咒”。法印，完成符箓后加盖印章以赋予效力，如“太上老君印”。还需特定植物/动物材料：如游戏设定中的银角树、赤鳞松，或宗教仪式中的兽骨、梨花木等。

3. 传承与禁忌

道教中具备书写符箓资格的人员须满足以下三个必要条件：

首先，皈依“道、经、师”三宝：需经过传度仪式，成为道教教职人员并持有道教教职人员证书。

其次，师承传统：需有传统师承法派，且传度两年以上，掌握道教基本知识及科仪规范。

再次，品行与信仰：需爱国爱教、遵纪守法、信仰纯正，身心健康且威仪端庄。

画师通常经过秘传心授，需经道教仪轨训练，如全真派《金莲正宗记》规定画师需斋戒焚香，符箓笔顺、咒语配合不可误差。还有一些避讳与仪式要求，如绘制神仙像需避开“三光”(日、月、星)直射，开笔前诵《开光咒》等。[32]

道经图像是多维文明载体的综合，它不仅是艺术作品，更是宗教、科技、社会权力等复杂要素交汇的节点。

道经图像首先作为道教思想的重要传播工具而存在。通过图像化的表达方式，原本玄奥复杂的丹诀与科仪被转化为直观的视觉符号，例如《性命圭旨》以“婴儿姹女图”象征阴阳交媾，使许多不识字的底层信众也能够理解其中的教义含义，从而降低了宗教传播的门槛。同时，这些图像还被用于构建具有强烈宗教体验的神圣空间。宫观中的大型壁画，例如永乐宫的《朝元图》，通过群仙朝元的宏大构图，使建筑空间本身成为”天界”的投影，从视觉与心理层面强化信众的宗教体验。《正统道藏》的扉画则构成了世界上规模最大的宗教典籍版画体系(1444年)，而武当山至今保存的”雷火炼殿”更是建筑结构与宗教想象结合的典型例证，体现了明代人类智慧与宗教艺术融合的奇观。

道经图像也是古代科技与艺术发展的重要结晶。在印刷术发展的推动下，明代《道藏》的插图系统(如《搜神记》刻本)显著

32 秦志安：《金莲正宗记》，《正统道藏》洞真部。

促进了多色套印技术的进步，其时间甚至比欧洲《纽伦堡编年史》的相关技术早半个多世纪。此外，道教修炼中的"内视"观念还对人体认知产生了影响，例如宋代的《存真图》已经能够相当精确地描绘人体内脏结构，这类图像的出现明显早于西方系统化的解剖学图谱。从这一角度看，道经图像不仅是宗教艺术，也体现了古代中国在医学观察与图像表达方面的知识积累。

道经图像又与权力结构和身份认同紧密相关。皇权与神权之间往往通过图像与符号实现互证。唐代皇室多次举行封禅仪式，而道教的《五岳真形图》正被用于这些仪式之中，通过符图体系为帝王统治提供神圣化的象征基础。例如武则天便借助《天枢图》的象征意义宣示其称帝的合法性，艺术在此成为连接政治权力与宗教信仰的重要桥梁，为政教合一的结构提供了超现实的依据。另一方面，道经图像也参与了民间信仰的整合过程。中国文化长期以来以地方性的民间信仰为中心形成多样化的文化组合，而水陆画常常将地方神纳入道教体系，例如城隍神、土地神等，从而在视觉层面实现信仰的整合与标准化。水陆画本身是佛教寺院在举行水陆法会时悬挂的宗教人物画，主要以儒释道三教神祇与人物为题材，用于超度亡灵、普济鬼神，通常只在法会期间展示而平时并不悬挂，其核心功能是作为法会圣物辅助宗教仪式并传播教义。

进入当代，道经图像又开始在传统与新技术之间展开新的对话。许多艺术家尝试借助数字技术乃至AI生成方式对道经图像进行再创造，但这一过程同时也带来新的问题。从符号学角度看，AI可以依据算法快速生成各种道经图像，但与传统手工绘制相比，其中符箓线条、咒语与仪式之间所形成的整体性关系可能会被削弱，从而使图像失去宗教性所特有的“灵韵”。因此，如何在算法体系中融入宗教的人文内涵，尤其是宗教所具有的精神特性，成为一个极具挑战性的课题。与此同时，传统图像的活化并非不可能，只要对道教文化进行细致的研究并深入发掘其历史底蕴，新的传播形式仍然可以保持传统精神。例如北京故宫推出的《永乐神仙图》AR项目，通过动态化呈现“天女散花”的场景，在保留传统工笔技法的同时增强了观众的沉浸体验，为传统艺术与现代技术结合提供了一个较为成功的范例。道经图像的生成实际上是信仰视觉化的一种千年实践，其基本原理根植于道教关于“象天法地”的宇宙认知，而其历史意义也早已超越单纯的宗教艺术范畴，成为理解中国哲学、科技与社会结构的重要线索。因此，在数字时代，如何平衡算法逻辑与宗教象征的内核，将是延续其生命力的核心命题。

三、《玉枢宝经》现存十大图像版本

根据刘晋、尹翠琪等学者的系统整理，现存《玉枢宝经》插图本可明确分为两大体系：中国版本与朝鲜版本，总计十种(还在陆续被发现中)，其中中国版本的谱系有七种。[33] 这一版本体系的确立，为我们提供了研究道经图像的基础框架。

33 参见刘晋：《道经图像的生成原理及意义——以插图本〈玉枢宝经〉中的赵公明形象为例》，西安美术学院硕士学位论文，2022年；刘晋：《东亚道教文献的流传与衍变——基于《玉枢宝经》插图本的探究》，《收藏家》第六期，2024年；尹翠琪：《道教版画研究：大英图书馆藏〈玉枢宝经〉四注本之年代及插画考》，《道教研究学报：宗教、历史与社会》，2010年第2期；等等。

中国版本跨越元明清三代，呈现明显的时代风格演变与功能分化：

1. 大英图书馆藏本：作为版本源流考证的关键，虽被定为元至顺癸酉年(1333)初刻的后印本(尹翠琪考为明永乐年间刊印)，但其图像系统确立了“至顺模式”这一核心范式。该本包含完整的图像序列：天尊说法图、四十五尊神将立像、护经碑刻、二十六幅内文插画以及赵公明护经神像，结构完备，成为后世版本的参照基础。

2. 天理大学藏本(1527)：基本继承大英本体系，但在神将排列次序上略有调整，反映了明代中期对神祇谱系的重新编排。其经折装形式与图像布局显示出宫廷写本的精致特征。

3.4. 中国国家图书馆藏本(1615)四月版和八月版：万历四十三年御制泥金写本，分四月、八月两批制作。最大特点是扉画突破传统“说法图”模式，改用“天尊驱魔图”，描绘普化天尊“披发骑麒麟，赤脚蹑层冰。手把九天炁，啸风鞭雷霆”的武神形象，直接呼应当时宫廷发生的“乙卯闯宫”事件。此时的图像已成为皇帝禳灾祈福的视觉法器。

5. 京都大学藏本(1619)：回归至顺模式的经折装刻本，但护经神像由赵公明改为温元帅，显示出版本系统中护法神配置的灵活性。该本扉画坚持“说法图”传统，强调雷法仪式的规范性。

6. 澳门吴庆云道院本(1878)：清晚期民间刊本，大幅简化图像系统，仅保留天尊说法图与符篆，反映出民间实用主义倾向。

7. 中国国家图书馆藏清刻本：图像信息不详，尹志华曾援引其神将谱系研究，证实其属插图本序列。

后来韩国学者崔致凤于2022年发现了**北京图书馆馆藏本**。属朝鲜刻本，是道教文献跨国传播的珍贵见证，该朝鲜刻本属北大图书馆"朝鲜版汉籍"特藏，收录于《北京大学图书馆藏朝鲜版汉籍善本萃编》(2015年出版)。北大因历史渊源，藏有大量朝鲜孤本、珍本，此本即代表朝鲜汉籍中"刻本+图像"的典型类型。

此外，朝鲜版本有三种。朝鲜版本在十六世纪中期传入后经历本土化重塑，形成两种典型改绘方式：

1. 图像删略型：为控制刊刻成本，省略繁复的神将立像与内文插画，仅保留核心扉画与护经神像，体现朝鲜出版业的实用考量。

2. 图像改动型：调整神祇服饰与法器细节，使其符合朝鲜审美传统。如赵公明甲胄样式本土化，面部特征趋于柔和，反映出视觉语言的在地适应。

表1：《玉枢宝经》现存十大版本基本信息及图像特征

版本编号	藏本简称	刊刻时间	刊刻地	核心图像内容	现存地
Z1	大英本	明永乐间	中国	扉画+45神将+护经像(赵公明)	大英图书馆
Z2	天理本	1527年	中国	同大英本微调	天理大学图书馆
Z3	中图万历四月本	1615年	中国	天尊驱魔图+护经像(马元帅)	中国国家图书馆
Z4	中图万历八月本	1615年	中国	天尊驱魔图+护经像(赵公明)	中国国家图书馆
Z5	京都万历本	1619年	中国	扉画+护经像(温元帅)	京都大学
Z6	澳门道院本	1878年	中国	扉画+符箓	澳门吴庆云道院
Z7	中图清刻本	清代不详	中国	神将立像(具体不详)	中国国家图书馆
K1	朝鲜删略本A	约16世纪末	朝鲜	扉画+护经像(简略)	韩国中央图书馆
K2	朝鲜删略本B	约17世纪初	朝鲜	扉画+护经像(简略)	首尔大学奎章阁
K3	朝鲜改绘本	约17世纪中	朝鲜	本土化赵公明像	韩国国立民俗博物馆

四、《玉枢宝经》三大图像类型及其宗教功能

《玉枢宝经》插图本中的视觉材料并非随意配置，而是按照严格的宗教仪轨和视觉传统构建的完整体系。通过跨版本比较，可将其归纳为三种基本类型，各具特定功能与象征内涵。

1. 经首扉画：神圣叙事的视觉点题

扉画位于经文首页之前，在经折装版本中常占四至十一页篇幅，其重要性不言而喻。通常描绘“天尊说法图”，如明嘉靖六年(1527)彩绘本中，雷声普化天尊手持如意，放大光明，雷部神将、仙真玉女环绕听法。此类图像作为经文的“视觉化身”，通过神圣场景的具象化，强化信仰的感染力。在《玉枢宝经》版本中，扉画主要呈现两种图式：

说法图范式：源于唐宋佛经扉画的跨宗教借鉴，以普化天尊居中趺坐，雷师皓翁及仙众恭听法旨的场景为核心。如大英本、天理本、京都万历本等皆循此例。画面中天尊的尺度放大、居中对称布局以及头光装饰等视觉手法，强化了其至高无上的神性地位1。值得注意的是，不同版本中围绕天尊的附属神祇存在显著差异。据尹翠琪研究，这些神祇多选自当时雷法仪式中“权能显赫”的元帅神，其出现频率与他们在明代科仪文献《道法会元》《上清灵宝济度大成金书》中的地位直接相关。这种配置揭示了图像选择背后的效验性原则——即被认为灵力强大的神祇更易被纳入视觉系统4。

驱魔图变体：万历四十三年御制本突破传统，采用徐道龄《玉枢经集注》中描述的武神形象，展现天尊率三十六元帅伏魔

的动态场景。这一变异具有明确的历史语境：万历四十三年四月，宫廷发生“乙卯闯宫”事件，神宗为禳灾祈福，特命制作该经。序文言明需借天尊“弭息百邪”之力平息灾患4。此时，扉画从静态的教义图解转变为具有即时性法事功能的视觉法器，体现出图像在特定政治宗教语境中的适应性重构。

2. 神将立像：道派认同与修炼指南

神将立像是《玉枢宝经》最具特色的图像类型之一。大英本与天理本均含四十五尊雷部神将全身像，排列有序，各持法器，形成完整的神灵谱系可视化呈现。这些图像通常独立于具体经文内容，其功能主要体现在三方面：

(1) 道派身份标识：神霄派以雷法著称，其神将体系有别于其他道派。通过固定化的神将组合，《玉枢宝经》插图本成为神霄派正统性的视觉宣言。朝鲜版本中删减此类图像后，其道派特征明显弱化，反证了神将立像的标识功能1。

(2) 炼神修持辅助：在道教内丹修炼中，存思神真是重要法门。清晰的神将形象为修行者提供了观想对象。如赵公明形象在《道子墨宝》中被绘为“都督赵公明”，后被多版本《玉枢宝经》吸纳，其黑面虬髯、金甲玄袍、持鞭骑虎的标准化表现便于修行者构建心象2。

(3) 科仪祭拜对象：在集体仪式中，这些立像可直接作为祭拜对象。澳门道院本虽省略多数图像，却保留符篆与宝诰，显示其实际法事用途。这种实用导向的版本简化，揭示了图像在宗教实践中的工具性价值。

3. 护经神像：功能分化的护法体系

护经神像多位于经末，承担守护经文神圣性的象征职能。在十大版本中，此角色主要由“马、赵、温三大元帅”分担：

(1) 赵公明：最为常见的护经神，在大英本、天理本及万历四十三年八月本中均居此位。其形象源自宋元文献对“玄坛元帅”的神格描述，后在《道子墨宝》中被确立为视觉原型。赵公明被赋予护法职能，与其在民间信仰中“除瘟剪疟，保病禳灾”的权能密切相关12。

(2) 马元帅：出现于万历四十三年四月本，以“三目金甲”为特征。马胜(马灵官)在雷法中司掌火部，其三目象征洞悉三界，故在驱魔类版本中被优先选用3。

(3) 温元帅：见于京都万历本，青面赤发，执玉环。温琼在道教中被奉为东岳太保，以拘魂摄魄职能著称，其形象可能用于强化经文的幽冥拯救维度5。明万历四十七年(1619)本以温元帅护经，其青面獠牙形象具威慑力；而朝鲜本则多沿袭明代图像版本，如赵元帅。此类图像承担“守护经文神圣性”的象征功能，防止亵渎。

表2：各版本道教护法神将名号对照表[34]

大英图书馆藏版(45将)	安心寺版(1570)(41将)	普贤寺版(1733)(47将)	鸡龙山版(1888)(48将)	中国国家图书馆藏清代版(45将)	北游记(明代)
1.万法教主	1.万法教主	1.万法教主	1.万法教主	1.万法教主	万法教主
2.东华教主	2.东华教主	2.东华教主	2.东华教主	2.东华教主	东华教主
3.大法天师	3.大法天师	3.大法天师	3.大法天师	3.大法张天师	
4.神功妙济许真君	4.神功妙济许真君	4.神功妙济许真君	4.神功妙济许真君	4.神功妙济许真君	神功妙济许真君
		5.弘济丘天师	5.弘济丘天师		
			6.许静张天师		
		6.旌阳许真君	7.旌阳许真君		
5.海琼白真人	5.海琼白真人	7.海琼白真人	8.海琼白真人	5.海琼白真人	海琼白真人
6.洛阳萨真人	6.洛阳萨真人	8.洛阳萨真人	9.洛阳萨真人	6.洛阳萨真人	
7.主雷邓天君	7.主雷邓天君	9.主雷邓天君	10.主雷邓天君	7.主雷邓天君	邓元帅(邓成)
8.辛(判府辛天君)	8.判府辛天君	10.判府辛天君	11.判府辛天君	8.判府辛天君	辛元帅(辛江)
9.飞捷张天君	9.飞捷张天君	11.飞捷张天君	12.飞捷张天君	9.飞捷张天君	张元帅(张安)
10.月孛朱天君	10.月孛朱天君	12.月孛朱天君	13.月孛朱天君	10.月孛朱天君	月孛天君(朱孛娘)
11.洞玄教主辛祖师	11.洞玄教主辛祖师	13.洞玄教主辛祖师	14.洞玄教主辛祖师	11.洞玄教主辛祖师	洞玄教主辛真君
12.清微教主祖元君	12.清微教主祖元君	14.清微教主祖元君	15.清微教主祖元君	12.清微教主祖元君	清微传教祖元君
13.清微教主魏元君	13.清微教主魏元君	15.清微教主魏元君	16.清微教主魏元君	13.清微教主魏元君	清微教主魏元君
14.洞玄教主马元君	14.洞玄传教马元君	16.洞玄传教马元君	17.洞玄传教马元君	14.洞玄教主马元君	
15.混元教主路真君	15.混元教主路真君	17.混元教主路真君	18.混元教主路真君	15.混元教主路真君	混元教主路真君
16.混元教主葛真君	16.混元教主葛真君	18.混元教主葛真君	19.混元教主葛真君	16.混元教主葛真君	
17.神霄传教钟吕真仙	17.神霄传教钟吕真仙	19.神霄传教钟吕真仙	20.神霄传教钟离真仙	17.神霄钟离吕二真仙	
18.神霄传教钟吕真仙	18.神霄传教钟吕真仙	20.神霄传教钟吕真仙	21.神霄传教吕真仙	18.神霄钟离吕二真仙	
19.火德谢天君	19.火德谢天君	21.火德谢天君	22.火德谢天君	19.火德谢天君	火德谢元帅(谢仕荣)
20.玉府刘天君	20.玉府刘天君	22.玉府刘天君	23.玉府刘天君	20.玉府刘天君	玉府刘天君(刘后)
21.宁任二大天君	21.宁任二大天君	23.宁任二大天君	24.宁大天君	21.宁任二大天君	任无别、宁世夸二太保
22.宁任二大天君	22.宁任二大天君	24.宁任二大天君	25.任大天君	22.宁任二大天君	任无别、宁世夸二太保
23.雷门苟元帅	23.雷门苟元帅	25.雷门苟元帅	26.雷门苟元帅	23.雷门苟元帅	苟元帅(新兴王)
24.雷门毕元帅	24.雷门毕元帅	26.雷门毕元帅	27.雷门毕元帅	24.雷门毕元帅	毕元帅(田华)

34 该表引自尹志华：《朝鲜刊本〈玉枢宝经〉中的神像研究》，《中韩道教文化比较研究》，宗教文化出版社，2017年。

25.灵官马元帅	25.灵官马元帅	27.灵官马元帅	28.灵官马元帅	25.灵官马元帅	正一灵官马元帅
26.都督赵元帅	26.都督赵元帅	28.都督赵元帅	29.都督赵元帅	26.都督赵元帅	都督金轮如意赵元帅
27.虎丘王高二元帅	27.虎丘王高二元帅	29.虎丘王高二元帅	30.虎丘王元帅	27.虎丘王高二元帅	虎丘王高二元帅(王铁、高铜)
28.虎丘王高二元帅	28.虎丘王高二元帅	30.虎丘王高二元帅	31.虎丘高元帅	28.虎丘王高二元帅	虎丘王高二元帅(王铁、高铜)
29.混元庞元帅	29.混元庞元帅	31.混元庞元帅	32.混元庞元帅	29.混元庞元帅	混炁庞元帅(庞乔)
30.洞神刘元帅	38.洞神刘元帅	44.洞神刘元帅	45.洞神刘元帅	30.洞神刘元帅	
31.豁落王元帅	39.豁落王元帅	45.豁落王元帅	46.豁落王元帅	31.豁落王元帅	豁落王元帅(王恶)
32.神雷石元帅	40.神雷石元帅	46.神雷石元帅	47.神雷石元帅	32.神雷石元帅	神雷石元帅(石神)
33.监生高元帅	41.监生高元帅	47.监生高元帅	48.监生高元帅	33.监生高元帅	降生高元帅(高员)
34.风轮周元帅		40.风轮周元帅	41.风轮周元帅	34.风轮周元帅	风轮周元帅(广泽)
35.地祇杨元帅		41.地祇杨元帅	42.地祇杨元帅	35.地祇杨元帅	地祇杨元帅(杨彪)
36.朗灵关元帅		42.朗灵关元帅	43.朗灵关元帅	36.朗灵关元帅	朗灵关元帅(关羽)
37.忠靖张元帅		43.忠靖张元帅	44.忠翊张元帅	37.忠靖张元帅	尽忠张元帅(张健)
38.仁圣康元帅	34.仁圣康元帅	32.仁圣康元帅	33.仁圣康元帅	38.仁圣康元帅	仁圣康元帅(康席)
39.太岁殷元帅	35.太岁殷元帅	33.太岁殷元帅	34.太岁殷元帅	39.太岁殷元帅	地司太岁殷元帅(殷高)
40.考校党元帅	36.考校党元帅	34.考校党元帅	35.考校党元帅	40.考校党元帅	考校党元帅(党归籍)
41.酆都孟元帅	37.酆都孟元帅	35.酆都孟元帅	36.酆都孟元帅	41.酆都孟元帅	酆都孟元帅(孟山)
42.翊灵温元帅	30.翊灵温元帅	36.翊灵温元帅	37.翊灵温元帅	42.翊灵温元帅	威灵瘟元帅(萧琼)
43.纠察王副帅	31.纠察王副帅	37.纠察王副帅	38.纠察王副帅	43.纠察王副帅	纠察副元帅(副应)
44.先锋李元帅	32.先锋李元帅	38.先锋李元帅	39.先锋李元帅	44.先锋李元帅	先锋李元帅(李伏龙)
45.猛烈铁元帅	33.猛烈铁元帅	39.猛烈铁元帅	40.猛烈铁元帅	45.猛烈铁元帅	猛烈铁元帅(铁头)
					水火二将(龟蛇)
					管打不信道朱元帅(朱彦夫)
					催卢二将军
					降妖辟邪雨元帅(雨田)
					聪明二圣(离娄、师旷)
					九天霹雳大将军酆都章元帅(雷公)
					雷部电母(朱佩娘)

五、图像与文本的互文关系

学界传统观点通常假定宗教图像是文本的直观图解，但《玉枢宝经》十大版本所载的图像与文本关系远为复杂。在研究道教图像时须注意的是，道经图像并非经文的简单图解，而常常形成相对独立的阐释系统。以赵公明形象为例，其被纳入《玉枢宝经》图像体系应基于双重渊源。第一是文献渊源：宋元道书如《三教源流搜神大全》载其"铁冠黑面，执铁鞭，跨黑虎"的威猛形象；其二是图像渊源：宋代道教壁画《道子墨宝》中的"都督赵公明"图式，成为后世插图的范本。但在不同版本中，赵公明分别以三种身份出现：经首扉画中的听法神将、神将立像中的雷部统帅、护经神像中的护法使者。这种多元定位显示，图像实际构建超越文本的宗教叙事——赵公明不仅是雷法执行者，更是经法守护者与信仰象征。

图像与经文的关系折射出道教视觉文化的本质：图像非附属品，而是通过象征编码完成对教义的补充阐释。正如学者指出，道经图像不一定与经文存在直接关联，而是作为一种可解释的文化现象对道经进行补充与阐释。[35] 在《玉枢宝经》中，雷部神将图像群构成"神圣威权的视觉网络"，使无形的"雷霆枢机"获得可感形式，强化了信众对雷法效力的认同。

在多数版本中，除直接描绘经文场景的内文插画(如大英本26幅)外，扉画、神将立像与护经神像均不直接对应经文内容。例如：赵公明在《玉枢宝经》文本中未被提及，却在过半版本中

35 黄士珊撰、祝逸雯译：《图写真形：传统中国的道教视觉文化》，浙江大学出版社，2022年。

作为护经神出现。其纳入图像系统，源于宋元时期其神格在民间信仰与道教雷法中的提升，而非经文内在需求。四十五神将立像虽壮观，但其组合与数量在不同版本中存在差异，且缺乏统一经文依据。这种配置更多反映的是当时神霄派地方化的神谱建构，而非经典原旨。这种独立性揭示出道经图像的生产逻辑：它们并非被动"图解"文本，而是作为自主符号系统，依据信仰实践需求被组织起来。图像与文本在经书中形成"共生而不同源"的奇特关系。

那么，为何特定神祇被反复纳入图像体系？跨版本比较显示，"效验性"(efficacy)是主导原则。在道教观念中，一神祇的灵力由其显现的"灵验事迹"累积而成。赵公明在宋元时期已成为江南地区广受崇奉的财神与护法神，其"灵验"传说使其获得进入《玉枢宝经》视觉体系的资格。万历四十三年御制本扉画选用三十六元帅伏魔场景，同样基于明皇室对普化天尊"弭灾"能力的信仰。神宗在序中明确表达了对天尊平息宫变的期待，使图像成为宗教实践的工具。

六、版本流变与图像嬗变

十大版本的时空分布，为观察道经图像在国际上的传播与本土化提供了理想样本。《玉枢宝经》的版本演变清晰反映了宗教权威的建构过程。元至顺四年(1333年)，第三十九代天师张嗣成为徐道龄刊本作序，将此本确立为神霄派正统："玄阳子(徐道龄)所遇《雷霆玉经》，本末如是……不以自秘，方将梓而广之，其所以与人为善之志甚笃”。[36] 该本后被学界称为“至顺模式”，其结构特征为：经首扉画→神将立像→护经碑→经文→符篆→后序。这一模式在明代被奉为圭臬，如永乐大英图书馆本、嘉靖天理大学本均沿袭其框架。

明代版本在图像上出现重要变异。万历四十三年(1615)内府写本将扉画由“说法图”改为“驱魔图”，并依帝王审美重绘神将，如马元帅呈现“金甲朱袍”的宫廷武将样貌。这种改造反映雷法功能在明代宫廷的实用化转向——从追求心性超越转为强调驱邪禳灾的现实效用。同时，民间刊本出现简化趋势，如清光绪四年(1878)澳门吴庆云道院本仅保留扉画与符篆，剔除神将立像，体现信仰的大众化传播。从元明中国到李氏朝鲜，图像系统经历了复杂的适应性变革。

中国版本虽共享“至顺模式”基础，但随历史语境分化出三种走向，内部出现分化：(1)模式强化型：以大英本、天理本为代表，严格遵循扉画—神将—插画—护经神的完整结构，彰显道统正统性。这类版本多与官方道教机构相关，如天师道支持的刊本。(2)功能变异型：以万历四十三年御制本为典型。为应对“乙卯闯宫”事件，该本扉画由“说法图”改为“驱魔图”，神将立像被省略，护经神分两批配置马、赵元帅，形成应急性视觉方案。此时，图像不再固守传统，而成为解决现实危机的宗教技术。(3)民间简化型：澳门道院本等清代刊本大幅删减图像，仅保留核心扉画与实用符篆。这种现象，反映民间更重视经文的实操功能，繁复神像在缺乏专业道士解读的语境中被视为非

36 张嗣成：《九天应元雷声普化天尊玉枢宝经集注序》，《正统道藏》洞真部玉诀类。

必要装饰。

有关朝鲜版本的流变及特点在下一章详细论述。

七、道经图像学的原理与意义

通过对《玉枢宝经》十大图像版本体系的系统考察，我们得以超越单一美术分析的局限，深入道教视觉文化的生成逻辑与功能本质。本研究揭示的核心原理可归纳为以下三方面：

首先，道经图像是自主的意义系统。研究表明，《玉枢宝经》中的三大图像类型——经首扉画、神将立像、护经神像——并非经文的直接图解，而是依据宗教实践需求构建的独立符号体系。其生成遵循“效验性”原则：赵公明等神祇因在宋元民间信仰与雷法传统中被证实“灵验”而被纳入；万历本驱魔图的选择源于皇室禳灾的即时需求；雷部神将的组合反映的是神霄派的地方化神谱建构。图像与文本形成“共生而不同源”的互动关系，作为可解释的文化现象对道经进行补充与阐释。

其次，图像是宗教功能的载体。扉画继承佛经扉画的灵活构图，充当经文的“视觉化身”与核心内容的点题；神将立像作为道派标识与存思对象，在科仪中引导修行者与神明沟通；护经神像则以马、赵、温三大元帅为核心，履行守护经文神圣性的象征职能。这些功能在版本流变中呈现不同命运：护经神像因象征效力显著而被稳定保留；神将立像在民间本与朝鲜本中被大幅删减，反映其在非专业语境中的实用性弱化。

最后，跨文化传播催生在地化重构。从中国到朝鲜的传播轨迹中，图像系统经历双重变革：一方面为控制成本而删略次要图像，形成实用简化版；另一方面通过调整神祇服饰、面容等细节，使图像契合本土审美。这种“删略—改动”模式，彰显接受方在文化移植中的主体性。值得注意的是，赵公明形象虽经本土化修饰，其核心神格与护法职能却被严格保留，显示宗教图像在嬗变中保持着功能内核的稳定性。

总之，《玉枢宝经》图像研究的意义远超个案价值，它提供了解码道教视觉传统的范例。其图像生成原理同样适用于《度人经》《玉皇经》等道经研究；其版本流变模型为理解东亚文化传播提供了新视角；而图像与文本的复杂关系，则挑战了“图以载文”的传统预设，揭示出宗教艺术中视觉自主性的生成机制。未来研究可进一步整合水陆画、壁画等材料，在更广阔的视觉语境中考察道经图像的辐射网络，深化对道教艺术多重维度的认知。道教美术研究长期聚焦于寺观壁画与神像雕塑，而道经插图作为“移动的圣像”，在民间信仰实践中的渗透力与适应性值得更多关注。当《玉枢宝经》的赵公明形象从杭州道观走向汉城书坊，当万历皇帝的御制金经成为禳灾法器，当澳门道院的信众在简化版图像前诵经祈福，我们看到的不只是美术风格的嬗变，更是视觉符号在宗教生活中的生命力流转。这种流转，正是中国图像学研究的深层魅力所在。

第四章

《玉枢宝经》在朝鲜半岛的传播与影响

《九天应元雷声普化天尊玉枢宝经》(简称《玉枢宝经》)作为北宋末年神霄派雷法传统的重要经典，不仅是道教仪式活动中的核心文本，更是一部跨越国界、深刻影响东亚文化圈的关键性宗教文献。该经由雷部尊神雷声普化天尊阐述“至道”、“气数”等道教观念，并传授消灾解厄的法门，广大信徒相信通过默念经文即可获得神明庇佑。在朝鲜半岛的文化史上，《玉枢宝经》的传播轨迹尤为独特——它最初以符咒治病术为载体进入高丽，随后在朝鲜王朝时期经历了本土化重构，最终融入海东医学体系，成为韩国传统医学不可分割的组成部分。目前，学界对《玉枢宝经》的研究主要集中在版本考证、文本解读和社会历史分析三个方向，对其图像系统尤其是朝鲜版本的研究尚显不足。尹志华对中国国家图书馆藏《玉枢宝经》清刻本及朝鲜刻本神将谱系的研究[37]，朴钟春、李远国对雷神信仰在朝鲜社会的接受与阐释分析[38]，为本研究奠定了基础。本章旨在系统梳理

《玉枢宝经》在朝鲜半岛的传播路径，刊刻过程，分析其在宗教仪式、医学实践和文化认同等领域的深远影响，从而揭示一部道教经典如何通过创造性转化，在异质文化土壤中生根发芽。

一、中韩道教文化交流简史

中韩两国山水相连，睦邻友好，有着数千年的文化交流史。道教作为中国本土诞生的宗教，其思想、仪式、经典和方术很早就传入朝鲜半岛，并与半岛固有的仙道思想、民间信仰相互融合，形成了独具特色的朝鲜半岛的道教文化。这部交流史，正是《玉枢宝经》为首的道教经典得以传播、接受并产生影响的宏大叙事的舞台。

朝鲜半岛处于高句丽、百济、新罗三国鼎立时期，与中国魏晋南北朝及隋唐王朝往来频繁。这一时期主要通过人员往来(使者、僧侣、留学生)、军事移民(如唐军驻留)以及商路进行文化交流与传播。最早接受道教的是半岛北部的高句丽。据《三国史记》载，荣留王七年(624)，唐高祖遣使送来天尊像和道法，王遣人于佛寺中置道观，名为“九坛堂”，此为道教正式传入朝

37 尹志华：《朝鲜刊本〈玉枢宝经〉中的神像研究》，《中韩道教文化比较研究》，宗教文化出版社，2017年。

38 参见[韩]朴钟春：《韩国的雷神信仰与术法的历史样态及民族宗教意义》(한국의 뇌신 신앙과 술법의 역사적 양상과 민족종교적 의미)，《大巡思想论丛》第31卷，2018年；李远国：《九天应元雷声普化天尊信仰研究》，《大巡思想论丛》第21卷，2013年；李远国：《道教雷法沿革考》，《世界宗教研究》2002年第3期；李远国：《神霄雷法：道教神霄派沿革与思想》，成都：四川人民出版社，2003年；等研究。

鲜半岛的最早官方记录。[39] 宝藏王时期，渊盖苏文曾建议引入道教以平衡佛教势力。虽史料记载较少，但通过与中国南朝的交流，道教思想和方术(如风水、图谶、仙术)也已陆续传入，并与本土的山岳信仰，如新罗的“仙道”思想相结合。金可记是新罗入唐求道的代表性人物，曾在终南山修道，据传修道成就最终成仙，其事迹被收入《续仙传》，成为中韩道教交流的早期象征。此时期的道教传播以皇室和上层社会为主，带有强烈的政治和方术色彩，被视为“延年益寿、治国安邦”的术法。新罗统一半岛后，与唐朝交流达到顶峰。高丽王朝(918~1392)尊崇佛教，但道教同样盛行，并深入民间。高丽王朝时期正式引入并确立了国家道教祭祀体系。如每年举行“八关斋会”，“八关斋会”虽源于佛教，但融入了大量道教元素。更重要的是，太一社、昊天寺、昭格殿等国家级道观和机构相继建立，专门主持祈禳国家灾异、为王室祈福的醮祭仪式。这一时期大量道教经典随《道藏》的刊行和流传进入高丽。不仅有《道德经》、《南华经》等基础经典被广泛研习，《北斗经》、《玉枢宝经》等实用性的科仪经典也因其强大的祈禳功能而被接受。高丽文人、僧侣对道教内丹术、养生思想也表现出浓厚兴趣。这一时期最显著的特点是“佛道融合”。许多僧侣同时修习道教方术，道教的神灵(如北斗七星、太上老君、三清)被纳入佛教寺院的天部众或护

39 [高丽]金富轼：《三国史记》卷二十一《高句丽本纪九・荣留王》，荣留王七年(624)条载：“唐遣道士，送天尊像及道法，王与国人听之。”另参《旧唐书》卷一百九十九上《高丽传》所载同一事件。关于道教传入朝鲜半岛的综合研究，可参阅卿希泰主编：《中国道教史》(修订本)，成都：四川人民出版社，1996年；[韩]车柱环著，[日]三浦国雄、野崎充彦译：《朝鲜の道教》，京都：人文书院，1990年。

法神系统崇拜。道教从上层走向系统化、国家仪式化和民间化，与佛教深度交融，成为高丽社会精神生活的重要组成部分。

朝鲜王朝(1392~1910)奉行“崇儒抑佛”政策，官方意义上的有组织道教活动受到沉重打击。昭格署作为前朝遗存的官方道教机构，虽被保留一段时间，但因儒臣们的持续抨击最终被废除，国家醮祭中断。尽管如此，但道教并未彻底消失，而是反而下沉、融入民间，展现出强大的生命力。如风水图谶思想成为朝鲜社会选址、建宅、墓葬的普遍民间信仰。道教神灵(如城隍神、帝释、七星神)与本土的巫俗(Musok)信仰紧密结合，巫觋的仪式中大量借鉴了道教符咒、科仪和神灵体系。道教的内丹修炼和养生思想在士大夫阶层中作为个人修养方式秘密流传。尽管官方支持中断，道教却以民俗化和巫俗化的形态在民间延续，其影响更深、更广泛地渗透到韩国民族文化的肌理之中。近代以来，民族意识觉醒，学界开始重新审视本土文化遗产。韩国学者们开始系统研究道教与韩国文化的关系，发掘《天符经》、《参同契》等文献，梳理道教本土化的历史及其对精神文化的影响。[40]

二、道教神霄派的传入

中韩道教文化交流，道教经典的传入是思想传播的核心。

40 关于近代韩国学界重新发掘道教本土文化遗产，参见韩国道教思想研究会编：《道教与韩国思想》《道教与韩国文化》《韩国道教思想的展开》等系列论文集(1987~1992年陆续出版)。

《玉枢宝经》传入朝鲜半岛的历程与高丽王朝(918~1392年)时期蓬勃发展的中朝道教交流密不可分。1117年，宋徽宗派遣以天宫道士徐师昊为首的使团访问高丽，正式传授道教斋醮仪式。徐师昊并非普通使者，而是精通符箓道法的正一派道士，他将道教中对风师、雨师、云师、雷师的祭祀仪轨完整引入高丽王室礼仪系统，此次交流具有划时代意义，因为它标志着道教神霄派相关的科仪传统首次系统性地移植到朝鲜半岛。次年(1118年)，宋徽宗又派遣七名太医出使高丽，其中不乏掌握道教医学的专家，在传授医术的同时也带来了以《玉枢宝经》为中心的符咒治疗法。

高丽睿宗(1105~1122年在位)时期，对道教的接纳达到高峰。学者李仲若(？~1122)作为关键人物，曾"航海入宋，从法师黄大忠、周与龄，亲传道要、玄关秘钥"，归国后主持建立高丽代表性道观福源宫，使其成为"国家斋醮之福地"。[41] 值得注意的是，李仲若不仅精通道教义理，同时也是一位医术高超的医者，这种道医双重身份为《玉枢宝经》在高丽的传播创造了理想条件。福源宫的建立借鉴了北宋科仪道教的完整体系，而《玉枢宝经》作为神霄派核心经典，自然成为宫中醮祭活动的重要文本。

朝鲜王朝(1392~1910)建立后，虽然以程朱理学为统治理念，但道教传统并未消失，而是通过国家制度得以延续，但后来在儒生们的极力反对下，昭格署被废止，道教受到官方的

41 [朝鲜]郑麟趾等：《高丽史》卷十四《睿宗世家》及卷九十六《列传·李仲若传》；李能和著、孙亦平注解：《朝鲜道教史》，中华书局，2016年；黄勇：《高丽睿宗与道教》，《四川大学学报(哲学社会科学版)》2014年第4期。"航海入宋"等语出自李能和原文。

沉重打击，从此道教反而彻底沉降于民间，延续其顽强的生命力。

三、《玉枢宝经》朝鲜刊刻版图像特征

朝鲜朝随着以儒家思想为治国理念的政策推行，朝廷对印刷事业给予了前所未有的重视，专门设立铸字所及造纸署，积极推行书籍刊印事业。在这一背景下，儒释道经典都得到刊刻流布的机会。《玉枢宝经》作为道教重要典籍，已在朝鲜社会广为流传，受到佛教及其民间信仰势力的大力支持得以刊印与进一步传播。传入到朝鲜半岛的《玉枢宝经》，得以刊刻多个版本，朝鲜版本主要承袭了中国元代的“至顺模式”。据刘晋研究，徐道龄在1333年刊刻的“集注本”被道教内部及当时的统治者认定为正统，形成了相对稳定的配图模式，即“至顺图像范式”。这一范式在16世纪中期传入朝鲜，成为朝鲜刊刻版本的主要源头。[42] 值得注意的是，朝鲜编者并非全盘照搬中国版本，而是根据本地文化语境进行了主动筛选与改造。据记载，朝鲜《玉枢宝经》刊刻母版最初由使臣自明代带回，经吴訒收藏后赠予寺院刊刻。其刊印多依托佛教寺院(如安心寺、普贤寺)，反映朝鲜朝佛道交融的宗教生态。1888年鸡龙山本署“龙门归依臣赵复振编辑”，表明该版由全真道龙门派第14代弟子参与整理，

42 刘晋：《东亚道教文献的流传与衍变——基于《玉枢宝经》插图本的探究》，《收藏家》第六期，2024年；刘晋：《道经图像的生成原理及意义——以插图本〈玉枢宝经〉中的赵公明形象为例》，西安美术学院硕士学位论文，2022年。

融入全真道神系(如东华教主)，凸显中国道教宗派在朝鲜的渗透。[43] 朝鲜刻本保留集注本特征，含白玉蟾注、张道陵解义、张天君释文及吕洞宾赞文，但部分版本(如安心寺初刊本)曾缺失扉画与经文页，后经补全。朝鲜刊本结构上都努力保持完整性，但内容上其本土化特征较显著。现存三种朝鲜刊[安心寺本(1570刊刻)、普贤寺本(1733刊刻)、鸡龙山本(1888刊刻)]。

如上所述，朝鲜版本《玉枢宝经》的图像系统虽然源于中国传统的"至顺模式"，但在长期发展过程中形成了独特的视觉表达。通过对现存三种朝鲜刊本的图像梳理，可将其图像系统分为三大类型：经首扉画、神将立像和护经神像。每种类型在宗教功能和视觉表现上均有其特殊性，共同构成了朝鲜本《玉枢宝经》的完整图像谱系。

1. 经首扉画的宗教叙事

经首扉画作为整部经典的开篇图像，在朝鲜本《玉枢宝经》中通常描绘雷声普化天尊说法的场景。这一图像类型在功能上继承了中国佛道经典的扉画传统，即作为"视觉化身"点明经文核心内容。然而在具体表现上，朝鲜本展现出明显的本土化特征。以韩国国立中央图书馆藏本为例，其扉画构图虽遵循中国传统的"说法图"范式，但在天尊形象处理上更强调威严与动感：天尊头戴九梁冠，身着朝服，右手持如意，左手结雷印，周身环绕十二道雷光，象征其统御雷霆的威能。天尊两侧侍立雷部将吏，其服饰呈现出朝鲜官制的特点，冠带样式与朝鲜武

43 尹志华：《朝鲜刊本〈玉枢宝经〉中的神像研究》，《中韩道教文化比较研究》，宗教文化出版社，2017年。

官服饰颇为相似。

值得注意的是，万历四十三年(1615)中国内府写本中出现了“天尊驱魔图”这一特殊扉画类型，描绘天尊乘九凤玄舆持剑降魔的场景。这一变化在朝鲜版本中得到进一步强化，如首尔大学奎章阁藏本直接将驱魔场景置于扉画中心位置，并增加了魑魅魍魉的戏剧性表现，反映出朝鲜社会对道教驱魔功能的重视。这种图像选择与朝鲜民间盛行的驱邪仪式形成呼应，体现了图像功能与社会实践的紧密联系。

尹翠琪在分析道经扉画时提出，“效验”是扉画选取神祇的重要原则。朝鲜本扉画对驱魔主题的强化，正是这一原则的体现。通过将雷声普化天尊塑造为驱魔主神的形象，扉画不仅阐释了经文的核心教义，更强化了经典在具体宗教实践中的实用功能，满足了信众对神明护佑的现实需求。

2. 神将立像的谱系重构

神将立像是《玉枢宝经》图像系统中最为丰富的部分，在朝鲜本中呈现出显著的谱系重构特征。中国元明刊本通常包含四十五尊神将立像，如大英图书馆藏本(Z1)和日本天理大学藏本(Z2)均完整保留了这一谱系。而朝鲜刊本则普遍出现图像删略现象，且名讳排列顺序与中国版本存在明显差异。

这一变化主要源于两个因素：一是成本控制，朝鲜金属活字印刷虽比雕版高效，但图像刻印仍依赖传统木版，简化图像可降低制作难度与成本；二是信仰需求，朝鲜编撰者根据本土信仰偏好，对神将谱系进行了选择性保留与重组。在朝鲜本中，赵公明、马胜等与财富、医疗相关的神将地位显著提升，而一些在中国版本中重要的雷部神将则被省略。

赵公明形象的嬗变尤为值得关注。在中国早期版本如《道子墨宝》中，赵公明被描绘为“都督赵公明”，其形象为戎装武将，手持铁鞭，面目威严。[44] 在朝鲜本中，赵公明不仅形象更为突出，其视觉表现也发生了显著变化：除了保留传统戎装特征外，增加了宝珠、聚宝盆等象征财富的元素，反映出其在朝鲜社会已由单纯的雷部神将向财神转化的趋势。这一转变与朝鲜后期商业经济的发展及财神信仰的流行密切相关，体现了道教神祇在跨文化传播中的功能嬗变。

此外，朝鲜本神将立像在艺术风格上也呈现出鲜明的本土特征。与中国版本精细繁复的线条相比，朝鲜本线条更为简练流畅，装饰细节减少，人物造型更加平面化。这种风格变化一方面源于朝鲜木刻版画的技术传统，另一方面也反映了朝鲜艺术崇尚简约雅致的审美趣味。

3. 护经神像的职能转换

护经神像在《玉枢宝经》图像系统中承担着守护经典的象征功能，中国版本中常以“马、赵、温”三大元帅为核心。在朝鲜本中，这一图像类型发生了显著的职能转换：赵公明作为护经神像的地位被强化，其形象常独立出现于经末，与扉画形成呼应。

朝鲜本护经神像的功能已超越单纯的护法范畴，扩展至医疗与财富领域。如奎章阁藏本中的赵公明护经像，其背景中出

---

44 尹翠琪：《道教版画研究：大英图书馆藏〈玉枢宝经〉四注本之年代及插画考》，《道教研究学报》2010年第2期。

现草药与宝盆的组合图案，暗示其兼具医神与财神的双重职能。这种视觉表达与朝鲜"玉枢丹"的医疗实践形成互文，体现了图像与宗教实践的紧密联系。

在艺术表现上，朝鲜本护经神像呈现出戏剧化倾向。赵公明形象通常虬髯怒目，手持铁鞭，具有较强的动态感和视觉冲击力。这种夸张的表现手法一方面强化了神像的威慑力，另一方面也符合朝鲜民间艺术崇尚强烈情感表达的审美传统。值得注意的是，中国清刻本(如澳门吴庆云道院藏本)中的护经神像已趋于程式化，而朝鲜本则保持了较高的艺术表现力，这或许与朝鲜民间对神像画的重视有关。根据学界对现存版本的详细研究，朝鲜刊刻的《玉枢宝经》经首只有扉画或序言，并没有所谓"秘话"这类内容。

四、朝鲜版本对中国图像的创造性转化

朝鲜版本《玉枢宝经》的图像系统并非对中国原型的简单复制，而是一种基于本土文化语境的创造性转化。下面进一步详细分析朝鲜版"创造性"转化特性。这种转化主要通过图像删略、图像重组和图像置换三种策略实现，形成了一套符合朝鲜审美需求和宗教实践的视觉表达体系。

首先，图像删略是朝鲜本最显著的改造策略之一，尤其体现在神将立像部分。中国元明刊本通常包含四十五尊神将立像，而朝鲜本则大幅缩减至二十至三十尊。这种删略首先源于技术层面的成本考量：朝鲜虽在15世纪发展出成熟的金属活字

印刷技术，但图像印刷仍依赖传统的木刻版画工艺。复杂的图像不仅制作成本高昂，而且对刻工技术要求极高。简化图像谱系是控制成本、提高生产效率的必然选择。

然而，删略行为本身也是一种文化选择。朝鲜编撰者并非随机删减神像，而是根据本土信仰需求进行选择性保留。赵公明、马胜、温琼等与驱邪、医疗、财富相关的神将普遍被保留并强化，而一些在中国版本中重要的雷部专属神将则被省略。这种选择反映了朝鲜社会对道教神祇的实用主义态度：更重视与现实生活密切相关的功能神祇，而非体系化的神学谱系。

值得注意的是，朝鲜本在图像删略的同时，对保留的神像却给予了更精细的表现。如韩国国立中央图书馆藏本中的赵公明像，虽然整体数量减少，但单幅图像的细节表现更为丰富，服饰纹样、法器持物等均得到充分刻画。这种"以少求精"的策略，既控制了成本，又保证了核心图像的艺术质量，体现出朝鲜编撰者高超的平衡智慧。

其次，图像重组是朝鲜本的另一重要改造策略，主要体现在图像位置和组合关系的变化上。中国版本的图像序列通常遵循严格仪轨：经首扉画→神将立像→护经神像→内文插画。而朝鲜本则打破了这一固定序列，如部分版本将护经神像前置至扉画之后，强化其护法功能；或删减内文插画，仅保留关键场景。[45]

这种重组本质上是图像功能的重新配置。以"天尊驱魔图"为例，在中国版本中这一图像仅见于万历内府本等特殊版本，

45 同上。

而在朝鲜本中则成为主流选择。将驱魔场景置于经首位置，直接点明了朝鲜社会对《玉枢宝经》核心功能的理解——驱邪禳灾的现实效用。图像序列的变化不仅反映了文化偏好的差异，更揭示了不同社会对同一经典的功能期待。

朝鲜本在图像重组过程中，还发展出新的图像组合逻辑。如部分版本将赵公明像同时置于神将立像和护经神像部分，形成“首尾呼应”的视觉效果。这种处理强化了特定神祇的重要性，构建了符合朝鲜信仰需求的新视觉秩序。

再次，视觉元素的在地性置换是朝鲜本最富创造性的改造策略，主要体现在服饰、法器和背景等细节上。朝鲜刻工在保持神祇核心特征的同时，将大量本土视觉元素融入图像系统，形成了一种融合中朝艺术风格的独特表达。

服饰与冠带的本地化：朝鲜本神将的铠甲样式虽保留中国传统元素，但腰带、靴履等细节则采用朝鲜武官服饰特征。如赵公明像中的兽头腰带，其造型与朝鲜李朝时期武官所用腰带极为相似。冠饰也由中国的“梁冠”改为朝鲜的“战冠”，体现出本土服饰文化的影响。

法器的象征扩展：赵公明在中国版本中的标准法器为铁鞭和缚魔绳，象征其驱邪职能。朝鲜本则增加了宝珠、聚宝盆等象征财富的元素，反映了其职能向财神的扩展。这种变化与朝鲜后期商品经济发展、财神信仰流行的社会背景密切相关。

背景的简化与置换：中国版本神将立像通常配有繁复的祥云、火焰纹背景，而朝鲜本则大幅简化背景，甚至完全留白。这一方面源于技术简化需求，另一方面也符合朝鲜艺术崇尚留白意境的审美传统。部分版本还将中国式的山石背景置换为朝鲜特色的松树、岩石等元素，增强了本土自然意象的表达。

在艺术风格上，朝鲜本呈现出从工笔重彩向水墨写意的转变趋势。中国明代版本尤其是内府本多用金碧设色，富丽堂皇；而朝鲜本受限于印刷条件及本地审美，多采用单色墨印或简淡设色，线条更趋流畅写意。这种风格转变使道教神祇形象在威严中增添了几分亲和力，更符合朝鲜民间的审美习惯。

朝鲜版本《玉枢宝经》的图像系统不仅是一种艺术表达，更是宗教实践和文化认同的视觉载体。其功能与意义可从仪式效用、社会教化、文化融合三个维度进行解读，揭示道教图像在朝鲜社会的多重文化生命。

首先，体现在仪式实践中的图像效用方面。在朝鲜宗教实践中，《玉枢宝经》图像首先具有仪式效用，即作为宗教仪式中的视觉辅助工具，强化仪式效力。这一功能在盲人"道流僧"的驱邪仪式中表现得尤为明显。仪式中，盲人会在患者房间贴上绘有四十八神将名号的朱砂符咒，通过打鼓、诵读《玉枢经》，召唤神将降临驱邪。[46] 虽然这一实践主要依赖神将名号而非具体图像，但《玉枢宝经》中的神将立像无疑为仪式参与者提供了直观的神明意象，增强了仪式的情感强度和心理效应。

护经神像在朝鲜医疗实践中具有特殊意义。"玉枢丹"作为朝鲜宫廷重要的医疗手段，其制作过程需要举行特定仪式，而赵公明等护法神的图像则成为仪式中不可或缺的视觉媒介。内医院官员在制作玉枢丹前，需祭祀黄帝并礼拜护经神像，以祈求丹药灵效。图像在此不仅是崇拜对象，更是医药神灵力量的

46 [韩]金成淳：《道流僧的认同与读经活动(도류승의 정체성과 독경활동)》，《韩国传统文化研究》2015年第16期。

载体，其存在本身即被视为药效的保证。

尹翠琪指出，道经图像不一定与经文存在直接关联，而是作为一种可解释的“文化现象”对道经进行补充与阐释。[47] 这一论断在朝鲜本《玉枢宝经》中得到充分印证。如经首扉画虽描绘天尊说法场景，但其具体构图和神祇选择则根据本地信仰需求进行调整，强化驱魔功能以回应朝鲜社会的现实宗教需求。图像与经文之间形成的是一种灵活的解释性关系，而非机械的对应关系。

其次，体现在社会教化的视觉工具方面。朝鲜王朝以儒家思想为治国理念，但对道教图像采取了实用主义态度，将其纳入社会教化体系。道教神将所象征的忠勇精神，如赵公明护法形象体现的忠诚与勇敢，与朝鲜儒家价值观形成巧妙契合。这种价值观的视觉传达，使《玉枢宝经》图像超越了单纯的宗教功能，成为社会教化的有效工具。在民间层面，《玉枢宝经》图像通过年画、符咒等形式进入日常生活。端午节张贴的“天中赤符”虽未直接使用《玉枢经》图像，但其“蚩尤之神，铜头铁额，赤口赤舌，四百四病，一时消灭”的咒语，与《玉枢经》的驱邪理念一脉相承。而民间流行的“岁画”(新年装饰画)中的神将、仙女形象，也可能间接受到道经图像的影响。这些民间艺术形式将道教神灵视觉符号融入日常生活，潜移默化地塑造着民众的道德观念和精神世界。

值得注意的是，朝鲜本《玉枢宝经》图像的教化功能呈现出儒家化倾向。神将形象更强调威严与正直的气质，而削弱了中

47 尹翠琪：《道教版画研究：大英图书馆藏〈玉枢宝经〉四注本之年代及插画考》，《道教研究学报》2010年第2期。

国版本中常见的凶猛特征；背景中的祥云、瑞气等元素也被赋予道德象征意义，暗示神明对人间秩序的守护。这种改造使道教图像更容易被朝鲜儒家社会所接受，体现了不同价值体系的视觉融合。

再次，体现在文化认同的视觉建构方面，朝鲜版本《玉枢宝经》的图像嬗变，本质上是一种文化认同的视觉建构过程。面对强势的中国道教艺术传统，朝鲜编撰者通过选择性吸收与创造性转化，构建了一种既源于中国传统又具本土特色的视觉表达，体现了朝鲜文化主体的自觉意识。这种文化认同的建构在两个方面表现得尤为突出：一是在保持道教图像核心特征的同时，融入朝鲜服饰、器物等本土视觉元素，使神祇形象带有本土文化印记；二是根据本土信仰需求调整神祇职能，如赵公明从雷部神将向财神的转变，反映了朝鲜社会对道教神祇的功能性重构。通过这些策略，朝鲜本《玉枢宝经》图像既保持了道教艺术的普遍特征，又发展出鲜明的本土个性，成为中韩宗教艺术交流的独特见证。

下面从跨文化视域中的道教图像嬗变作一分析。

通过对朝鲜版本《玉枢宝经》图像系统的类型分析、改造策略与文化阐释，本研究揭示了道教艺术在东亚传播中的嬗变规律与适应机制。研究表明，朝鲜本图像并非中国原型的简单复制，而是基于本土文化语境和宗教需求的创造性转化，体现了道教艺术的跨文化生命力。

在类型学层面，朝鲜本通过经首扉画、神将立像和护经神像三大图像类型，构建了一套完整的视觉表达体系。这一体系虽源于中国“至顺模式”，但在具体表现上呈现出鲜明的本土特色：经首扉画强化驱魔主题，神将立像进行谱系重构，护经神像实现职能扩展。这种变化反映了朝鲜社会对《玉枢宝经》核心功能的理解——驱邪禳灾的现实效用。

在改造策略上，朝鲜编撰者通过图像删略、图像重组和视觉元素置换三种方式，实现了中国道教图像的在地化转型。大幅缩减神将数量是成本控制与文化选择的双重结果；打破固定图像序列是对图像功能的重新配置；而服饰、法器、背景等视觉元素的本地化置换，则使道教神祇获得了本土文化身份。这些改造策略共同作用，使《玉枢宝经》图像在朝鲜社会获得了新的文化生命。

在文化意义上，朝鲜本图像系统具有多重功能维度：作为仪式实践的视觉辅助，强化了驱邪与医疗活动的心理效应。《玉枢宝经》在朝鲜最深刻的影响体现在医学领域，其转化路径主要呈现为两大方向：首先，道教医学的仪式化应用。朝鲜宫廷沿袭并发展了高丽时代基于《玉枢经》的医疗实践，形成两套并行系统：一是由观象监主持的"天中赤符"，端午节用朱砂在槐黄纸上书写"月五日，天中之节，上得天禄，下得地福，蚩尤之神，铜头铁额，赤口赤舌，四百四病，一时消灭，急急如律令"等道教咒文，张贴于宫门以驱除疫病；二是由内医院主管的"玉枢丹祭"，在季夏土旺日祭祀黄帝并制作"玉枢丹"进献王室。这种丹药以"太乙紫金丹"为基础，添加雄黄和朱砂后用金箔包裹，被视为"万病解毒丹"。尤其值得注意的是，玉枢丹祭的规格极高，"馔实樽罍币爵，同风、云、雷、雨"，享有与国家祭礼同等的地位。

朝鲜朝中期以后，随着儒医群体的兴起，《玉枢经》的医疗价值被重新诠释并整合入东医学体系。这一转型的集大成之作是许浚(1546~1615)编纂的《东医宝鉴》(1613)。许浚虽为宫廷御医，却深受儒医郑碏(1533~1603)的道教内丹学影响。郑碏与其兄郑礦(1506~1549)均为道教内丹修炼者，郑碏曾作诗明志："钟吕千秋朝帝乡，金丹正脉接丹阳。分梨十化真诠在，倘得残年肘后方"，明确表达其丹道思想源自全真道北宗马钰(丹阳真人)。而郑碏的师父朴枝华(1513~1592)则在诗中直言："小子之师白玉蟾，手挥琼管度凉炎"，显示其传承自道教南宗大师白玉蟾。这种内丹学传承体系深刻影响了许浚的医学观。《东医宝鉴》在卷九《杂病篇》中详细记载了"玉枢丹"的制作工艺："蚊蛤去虫土三两，山茨菰去皮焙二两，红芽大戟洗焙一两半，续随子去皮油一两，麝香三钱右为末，糯米粥和匀捣千余杵。每一料分作四十锭......修合时宜端午、七夕、重阳，或天德、月德日。在净室焚香斋戒"。[48] 这段记载不仅显示制作工艺的严谨，更揭示其与道教择吉传统和斋戒仪式的紧密关联。重要的是，许浚在书中将源自《玉枢经》的疗法与其他医学知识并置，实现了道教秘术向东医学普适性知识的转化。

作为社会教化的工具，朝鲜朝社会将道教价值观与儒家伦理巧妙融合；作为文化认同的载体，构建了既源于中国又具本土特色的视觉表达。这种多功能性，使《玉枢宝经》图像超越了单纯的宗教艺术范畴，成为理解朝鲜文化主体性的重要窗口。《玉枢宝经》朝鲜版本的图像嬗变揭示了一个核心规律：宗教艺术的跨文化传播不是被动的接受，而是主动的文化翻译过程。

48 [朝鲜]许浚编著、郭霭春主校：东医宝鉴，中国中医药出版社，2013年。

朝鲜编撰刊刻者根据本地印刷技术、审美趣味和信仰需求，对中国道教图像进行了创造性重构，形成了一种独特的视觉传统。这一传统既是中韩宗教艺术交流的历史见证，也是东亚文化“和而不同”精神的具体体现。

总之，朝鲜道教文化并非中国道教的简单复制，而是基于本土宗教传统和现实需求形成的独特表达，这一论断在《玉枢宝经》图像系统中得到充分印证。也就是说，朝鲜本图像在形式上是中国的，在功能上却是朝鲜的；其视觉符号源于中国道教传统，其文化生命却根植于朝鲜社会的宗教实践。这种二元统一正是跨文化宗教艺术的核心特征，是《玉枢宝经》朝鲜版本图像学的深层意义所在。

五、北京大学所藏《玉枢宝经》朝鲜刻本

北京大学图书馆所藏《玉枢宝经》(全称《九天应元雷声普化天尊玉枢宝经》)朝鲜刻本，是研究东亚道教文献传播与版本衍变的重要实物。

北京大学图书馆所藏的《玉枢宝经》朝鲜刻本，确切的版本是明嘉靖四十一年(朝鲜王朝明宗十七年，公元1562年)全罗道同福地安心寺刻本，是朝鲜半岛刊刻本中最早的版本。因其属于“壬辰祸前本”(即万历二十年日本入侵朝鲜之前刊刻)，相对于壬辰倭乱后刻本，其雕版更为精细、刀法更显雄健。卷首扉画保留了元代版本遗风，画面构图严整，线条流畅。朝鲜刻本以元代徐道龄1333年刊刻的“集注本”为祖本，继承了中国元明时

期的图像范式(如大英图书馆藏永乐本)。但朝鲜版本在翻刻时调整了图像布局与神将谱系，形成独立支流。据记载，朝鲜《玉枢宝经》最初由使臣自明代带回，经吴翻收藏后赠予寺院刊刻。其刊印多依托佛教寺院(如安心寺、普贤寺)，反映佛道交融的宗教生态。1888年鸡龙山本署“龙门归依臣赵复振编辑”，表明该版由全真道龙门派第14代弟子参与整理，融入全真道神系(如东华教主)，凸显道教宗派在朝鲜的渗透。朝鲜刻本保留集注本特征，含白玉蟾注、张道陵解义、张天君释文及吕洞宾赞文，但部分版本(如安心寺初刊本)曾缺失扉画与经文页，后经补全。

从图像类型上，包含经首扉画(天尊说法场景)、神将立像(雷部神将)、护经神像(如赵公明、马元帅)及内文插画，构成完整的视觉体系。朝鲜编者因成本或审美偏好，对原中国版本的图像进行删略或改动。例如，1570年安心寺初刊本仅存41尊神将，而1733年普贤寺本增至47尊，1888年鸡龙山本完善为48尊，形成逐步增补的脉络。朝鲜现存三个主要版本的神将数量逐步增加，反映了道教神系在朝鲜的本土化整合。神将身份融合神霄派、清微派祖师(如白玉蟾、张道陵)及雷部将帅，并加入全真道元素(如东华帝君王玄甫、钟吕二仙)，体现多元道派思想的交融。朝鲜刻本延续了中国元明时期《玉枢宝经》插图本的传统，但进行了本土化调整。对比中国版本(如明万历内府本、清澳门道院本)，朝鲜本在神将组合、护法神选择上差异显著，反映中朝宗教实践的差异。

历史上佛教寺院刊刻道经的现象不罕见，历史上各类佛教寺院，尤其是那些历史悠久、地位崇高的寺院，往往是当时最先进的书籍刊刻中心之一。它们拥有熟练的刻工、完善的作坊和丰富的刻板经验。当需要大规模刊印典籍时，朝廷或地方官府自然倾向于利用这些现成的、高效的技术力量，无论所刻内容是佛经还是道经。寺院本身就有保存和流通典籍的传统，刊印道经，客观上促进了道教典籍的保存、整理和流通，是寺院作为文化机构对社会文化事业的贡献。在中国唐宋以后，儒释道三教融合的思想日益盛行。许多知识分子和宗教领袖认为三教在根本义理上相通互补。在这种背景下，佛教寺院刊刻道经，可以被视为对这种融合思潮的一种实践或回应，体现了某种程度上的宗教包容性。 佛道两教在历史上长期相互影响、借鉴和争论。佛教寺院刊刻重要的道教经典(如《道德经》、《南华真经》)，有时可能是为了深入研究道教思想，以便更好地进行对话、辩论或吸收某些对自身发展有益的元素(尤其是在心性论、修行方法等方面)。全真教等强调三教合一的新道派兴起后，这种交流融合更为明显。 一些道教典籍包含医药、养生、方术等内容，这些实用知识可能也被佛教寺院所关注和利用。大型寺院的刻经坊有时也具有商业性质，会接受外部委托刊印书籍以获取收入。如果社会上有刊印道经的需求(来自道教宫观、信众、学者或官府)，寺院刻经坊承接此类业务是顺理成章的。刊印道经的资金可能来源于崇奉道教的地方官员、富商或信众的布施，他们指定将资金用于刊刻道经，寺院则负责具体执行。在某些地方，佛道关系比较融洽，或者有特定的地方文化传统，也可能促成寺院参与道经刊刻。因此，这种现象不能简单理解为佛教“信奉”道教，而更多是特定历史条件下，政治力量、文化机构功能、技术优势以及宗教间互动等多种因素共同作用的结果。在朝鲜朝佛教寺院大量刻印道经文献，它生动地反映了朝鲜古代社会文化中宗教界限的相对模糊性以及王权、技术与宗教之间复杂而密切的联系。

北京大学馆藏来源属北大图书馆“朝鲜版汉籍”特藏，收录于《北京大学图书馆藏朝鲜版汉籍善本萃编》(2015年出版)。北大因历史渊源，藏有大量朝鲜孤本、珍本，此本即代表朝鲜汉籍中“刻本+图像”的典型类型。北京大学2013年回购的日本“大仓文库”中含朝鲜古籍1部(2册)，虽未明确为《玉枢宝经》，但印证北大对域外汉籍的系统性收藏。北京大学所藏《玉枢宝经》朝鲜刻本，是道教文献跨国传播的珍贵见证。其核心价值在于图像的本土化调整、神将谱系的动态完善、全真道与朝鲜佛教寺院的刊刻合作，以及版本序列的完整性。这些特色使其成为研究朝鲜道教史、汉籍传播史及东亚版画艺术不可或缺的实物。

第五章

《玉枢宝经》在日本的传播与影响

一、道教对日本的影响

道教是中国传统文化的有机组成部分。道教信仰蕴含中华民族古代宗教意识，从根源上讲，道教是殷商开始北方的萨满教和南方的巫傩文化在中原汉化而形成的。道教中的道士，方士、术士，除了追求长生不老，也有与萨满教相同的驱鬼捉邪的一些巫术，还有星象、预言、解梦、占星等这些都同于萨满教，可以说它们都属于一个范畴。有学者认为，道教是从萨满教中分离出来，之后自成一体。至于何时分离出来的还有待进一步考证。教团道教形成于东汉时期，五斗米道和太平道的成立道教为标识，距今已有两千多年历史。千百年来，道教对中国的历史文化、科学技术、社会发展、生活习俗产生了广泛而深远的影响。直到今天，仍然影响着中国人的精神生活和生活日常。

日本也有土生土长的民族宗教——神道教。日本神道教并没有具体的创始人和明确的创立时间，它起源于日本先民的原始自然崇拜，其形成是一个随着历史演进的漫长过程。神道教的根可追溯到日本的绳纹时代(约公元前14000年~公元前300年)。当时的人们对自然万物抱有淳朴的敬畏，认为山川、树木、海洋、风雨乃至动物中都有神灵存在，这种泛灵多神信仰是其最早的雏形。到了弥生时代(约公元前300年~公元250年)，这种信仰开始制度化。出现了祈求丰收的"祈年祭"以及地域性的氏族神。据中国史书《三国志・魏志・倭人传》记载，当时统治邪马台国的女王卑弥呼就"事鬼道，能惑众"[49]，这表明巫术和祭祀已成为统治工具。在古坟时代(约公元250年~538年)，祭祀神灵的场所逐渐固定下来，演变为最初的神社。其早期形式是在树木茂盛之地建一小屋，中央种一棵常绿树，称之为"神篱"，信徒相信神灵居于此。"神道"这个名称的出现，是为了应对外来传入的佛教。公元5至8世纪，佛教经朝鲜半岛传入日本。为了与"佛法"区分，人们创造了"神道"一词。这一名称首次出现在8世纪初的史书《日本书纪》中："天皇信佛法，尊神道"。[50] "神道"概念的诞生，标志着日本本土信仰体系开始有了自觉的身份认同。

神道教在诞生后并非一成不变，而是在与外来文化的互动中不断塑造自身。佛教传入初期虽有过与神道教的冲突，但很快两者走向融合，出现"本地垂迹"说，后来还有"两部神道"、

49 陈寿撰、裴松之注：《三国志》卷三十《魏书・乌丸鲜卑东夷传》，中华书局，2011年。

50 [日]舍人亲王等撰、坂本太郎等校注：《日本书纪》(二)，岩波书店(新日本古典文学大系本)，1994年。

“天台神道”等理论，认为日本的“神”是佛教诸佛的化身或守护者。到了镰仓时代(1185年~1333年)，通过“伊势神道”等学派的发展，神道教开始形成较为独立的教义体系。江户时代(1603年~1867年)，部分学者将朱熹理学与神道教义结合，产生了强调尊皇忠君的“吉川神道”、“垂加神道”等。江户后期兴起的“复古神道”，主张依据《古事记》、《日本书纪》等古籍，剔除儒佛影响，重新阐述古道教义，为后来的变革埋下伏笔。

研究道教对日本文化的影响，不得不讨论道教、(巫)与神道教的关系。村上重良在《国家神道》中指出，神道是作为共同体的祭祀而产生的民族宗教，因此，并没有可称作教义的思想体系。原始神道所谓的“产灵”“斋戒”和“祓禊”等观念也不过是根据巫术的作用而形成的、原始的宗教思想。神道有了可称为教义的体系，乃是神道受了佛教、儒教、道教等外来宗教的巨大影响之后的事情。神道由于与这些外来宗教，特别是与佛教的融合，才得以形成具备意识形态的宗教实体，因此，学者们对神道的形成意见不一致。有一点是可以肯定的，那就是这样的神道教的基本特性，究其根源可以追溯到中国古代“巫文明”。

日本人称一切神明为(かみKami)，汉字传入日本后，汉字“神”字被用来表示かみKami。日本人称皇室、氏族的祖先与已逝的伟人英雄之灵统称为Kami，亦将认为值得敬拜的山岳、树木、狐狸等动植物与大自然的各类灵物称为Kami。《古事记》中，凡称かみ(Kami)者，从远古所见的诸神为始，鸟兽草木山海等等，凡不平凡者均称为“迦微”(かみKami)。其中不仅包括有德、有功、杰出者，还有凶神恶煞等令人生畏者亦可称神(かみKami)。神道教所祭拜的“神”(かみKami)不仅是中国人所谓的神祇，亦包括一些令人骇闻的穷凶极恶者，这盖与萨满信仰不无关系吧！

由此可以推测，神道教从游牧民族自然宗教发展而来，最初以自然精灵崇拜和祖先崇拜为主要内容，而其神系成立是后来依据稗田阿礼口述而成的《古事记》神话而构筑，《古事记》中又称日本存在800万神，这可能是古代日本萨满信仰中出现的各类神的一种抽象描述吧！

柳田国男(1875~1962)是最早研究日本萨满教现象的民俗学家。在《巫女考》中，试图从日本全国各地残留的巫女文化中寻找日本巫女的源流。[51] 他以其玉依姬(《古事记》、《日本书纪》神话中出现的神，在日本各地均可看到其传承的痕迹，也作为"神灵附体之女"的统称使用。)或神功皇后(出现在日本记纪神话中的皇后，据传具有降神、转述神的话语的灵能，常被介绍为具有萨满教祖型特征的人物。)为巫女模型，以此为基础，将在日本固有宗教形态中承担神人中介作用并根据神意帮助整个家族男性的女性形象视为巫女原型。

民俗学家折口信夫(1887~1953)则从日本文学或宗教的发生学视角研究萨满信仰。他关注巫女是否具有具有与灵性直接沟通能力，或者是否神附体，关键在于巫女通过与神缔结拟制性的姻缘而成为神的代言人。若想神与人之间转达神意，就需要有神附体。为满足这一要求，女性肉体上和心理上都应具备有利条件，经过这一过程成为"神之妻"。在古代社会成为神之妻的巫女通过神意掌握国家的权利。如折扣所言，很多日本的神

---

51 [日]柳田国男著，柳田国男全集编集委员会编：《柳田国男全集》(第9卷)，筑摩书房，1998年。

社都在祭神旁供奉女神媛神，这就是“神妻”存在的最好的证据。[52]

巫女一旦神附体则进入忘我的状态，开始转达神的话语，神谕(咒词)常带有某些故事性。由此，折扣将巫女口述的故事视为日本文学之源。而且，神社祭礼时宣读的祝词也与神附体的结果。日本的神乐等传统的艺能也产生于神灵附体时所跳的舞蹈。也就是说，巫女占据古代日本社会政治、宗教，社会文化，艺术等等领域最核心的地位，扮演不可或缺的重要角色。

日本历史上，弥生时代的日本列岛存在萨满文化，得到众多历史遗物和口承文本的支持。公元前300年—~公元250年(相当于中国战国末年至秦汉)，日本列岛的弥生人主要靠渔猎生活，信仰萨满。后来稻作的传入逐渐结束了渔猎生活，开启农耕时代，精神生活从自然形态的萨满信仰向人文形态过渡，开启了原始神道教时代。

日本学者提出的关于道教传入日本的考古证据有：一、是神兽镜。镜上有东王公、西王母二神名，以及延年益寿，寿如金石等道教语言。神兽镜的出土处为河内松冈山王后古坟和大和各城军心山古坟等。二、是静冈县伊场遗迹和宫城县多贺城遗址出土的木简。木简画有道教符咒。三、是藤原宫遗址出土的木简。木简文字为陶弘景《本草集注》上卷部分内容等。文献中最早表现道教思想痕迹的是《日本书纪》中的“常世思想”。[53] 垂

52 参见[日]折口信夫著，折口信夫全集刊行会编：《日本文学的发生》，载《折口信夫全集》(第4卷)，中央公论社，1995年；《古代生活所见之恋爱》，载《折口信夫全集》(第1卷)，中央公论社，1995年，等。

53 [日]舍人亲王等撰、坂本太郎等校注：《日本书纪》(二)，岩波书店(新日本古典文学大系本)，1994年。

仁天皇九十年条："九十年春二月庚子朔、天皇命天道间守，遣常世国，令求非时香果。今谓橘是也。"天道间守卫为救天皇生命，"万里蹈浪，遥渡弱水，"到达常世国，"是常世国，则神仙秘区"。[54] 橘子，在道教是被视为长生不老的仙药而食用。弱水是《山海经》中与昆仑山、蓬莱的传说相关联的河流。景行天皇四十四年条，日本武尊化为百鸟从陵中飞出，群臣打开棺木一看，其尸骨不见，只余衣物。这实际上是在描述道教的尸解仙。

据日本学者的调查，现在的奈良县高市郡明日香村在7世纪左右曾有过宫殿并建造了道教宫观。[55] "是岁，于飞鸟冈本，更定营地。时，高丽、百济、新罗并遣使进调，为张绀幕于此宫地而饗焉。遂起宫室，天皇乃迁，号曰后飞鸟冈本宫。于田身岭以周垣。复于岭上两槻树边起观，号两槻宫，亦曰天宫。"这是日本最早的史书——《日本书纪》卷二十六中记载的关于齐明女皇(655~661)曾在奈良盆地东南隅的飞鸟宫附近的山里，仿造仙人居住在天上的宫殿，建造了类似于"道观"的内容。[56] 对于《日本书纪》中的这段记载，日本的历史学学者黑板胜美在其论文《我国古代的道家思想及道教》一文中认为，齐明女皇再次即位后的第二年(656)就开始在田身岭上营造新宫殿，相继竣工的有冈本宫、两槻宫、吉野宫等。[57] 两槻宫既是天皇的宫殿或

54 垂仁天皇九十年条引自[日]舍人亲王等撰、坂本太郎等校注：《日本书纪》(二)，岩波书店(新日本古典文学大系本)，1994年。

55 [日]福永光司：《道教と日本文化》，人文书院，1982年。

56 齐明天皇条引自[日]舍人亲王等撰、坂本太郎等校注：《日本书纪》(三)，岩波书店(新日本古典文学大系本)，1998年。

57 [日]黑板胜美：《我が上代における道家思想及び道教について》，《史林》第8卷第4号，1923年。

离宫，也是道观。日本历史地理学家千田稔在其著作《中国道教在日本》中也指出，“这是日本历史上唯一的有史料可稽的有关道观的记载。[58] 这一事实，说明齐明天皇对道教有过很大的兴趣。

奈良时期的道教主要是占卜祭神和方技咒术。它最初是在上层流行，后逐渐传播到下层民众中，并日益和日本固有信仰结合在一起，造成许多“弊害”。此时期高层的研究要说到吉备真备和弘法大师空海。吉备回国时带回了许多道教书籍，学习了很多道教秘术，回国后成为阴阳道的代表人物；空海从唐回国后编有《三教指归》，比较了儒释道三教的优劣，因而可认为此时日本对道教已有相当深入的认识。

平安时代可以说是日本道教最兴盛的时代。大约编于7世纪末的《日本见在国目录》收录有大量的道教书籍。道家部有《老子化胡经》十卷、《太上老君玄元皇帝圣化(记)经》十卷、《本际经》一卷、《太上灵宝经》十卷、《消魔宝真安志经》一卷等。杂传家部有《汉武内传》2卷、《神仙传》20卷、《搜神记》30卷、《列仙传》3卷等。五行家有《三甲神符经》、《三五禁法》10卷、《印书禹步》1卷等。医家部有《神仙服药食方经》l卷、《五岳仙药方》l卷、《道引法图》1卷、《神仙芝草图》1卷等。这些道经在日本并非仅仅收藏在日本宫廷或者贵族的书库中无人问津，而是拥有相当数量的读者。

日本历史上与道教关系最为深厚的是天武天皇。据《日本书纪》记载，天武天皇精通道教的道术，兴建在“占星台”，建立

58 [日]千田稔、蔡毅：《中国道教在日本》，《文史知识》，1997年第2期。

“阴阳寮”。天武天皇的谥号叫做“天渟中原瀛真人天皇”。[59] “天渟中原”的意思是“铺满了珠玉的天上原野”，“瀛”这一汉字来自于东海三神山——方丈、蓬莱、瀛洲里的“瀛洲”，“真人”是仙人的最高位。后世日本使用“天皇”这一称号正是受此影响。

镰仓、室町时代实际上是武家掌权的时代，他们没有雅兴像平安时代贵族那样追求神秘的神仙境界和不老长生之道，热衷于佛教。因此，道教受到了冷落和压抑。

江户时代可以说是日本道教的第二次复兴时期。它有三方面的特点：一是中国道经大量流入日本；二是随着印刷术的发展，大量道经得到刊行和传播；三是道教作为一种学问得到了关注和深入研究。

5世纪末以后，在中国广泛流传的《太上感应篇》传入了日本，江户时代已有多种日本刻本；明《正统道藏》也于江户时代由九州人毛利蕃带回日本。许多著名的学者都接受了道教思想，如日本阳明学鼻祖中江藤树就亲自供奉太乙神，他写有《太上天尊太乙神经序》，还著有《灵符疑解》《阴骘文》等有关道教的书，他的心学受到善书的影响，他的弟子们在其影响下也学修道教。此外，像贝原益轩、荻生祖徕、天野信景、三浦梅园、平田笃胤、广濑淡窗、青木北海、多纪元、长谷川延年等江户时代各方面学者的著作，均涉及道教，有的学者甚至亲身实践，热衷于道教信仰和修行。

值得注意的是，道教虽然在日本有所传播，但是它的流传并不像儒教和佛教那样系统和完整。关于这一点，奈良行博在

59 [日]舍人亲王等撰、坂本太郎等校注：《日本书纪》(二)，岩波书店(新日本古典文学大系本)，1994年。

《道教在日本》中说："我的看法是，道教是地域色彩、民族色彩浓厚的宗教，是以地域的社会活动及传统的民间活动密切相关的宗教，所以，在异文化的社会里很难接受并扎根下来。道教在宗族或地域社会中能够提高凝聚力，道士在地域乡村里起了天界、冥界与人间的中介的作用，在日本，为团结地域社会而有固有宗教'神道'，没有必要原封不动全盘照搬地借助于道教的力量，只是一部分稀奇的道教习俗从道教的肢体上割裂开，作为装饰神道及日本佛教的配件而被摄取，所以，在日本道教组织未形成，仅是道教习俗残留下来。"[60]

日本道教的最大特点应当说是其不完整性。日本接受道教的情况与朝鲜不同，日本并没有主动请求中国派遣道士来日本，中国也没有官方派遣道士来日本传教。正如盛邦和在《内核与外缘一一中日文化论》中说，日本是环绕中国大陆内核文化区的"外缘文化区"，而且和同样是外缘文化区的朝鲜是"充足辐射外缘区"相比较，日本是"不充足辐射外缘区"。[61]

中国道教与日本神道教同源于北方史前萨满教。在东亚文明版图内萨满教成为历史文化的底蕴和精神根脉。这种文化发生学角度上的类似性，使道教在古代日本很快找到了其文化契合点，也使日本人对道教一开始就产生了某种意义上的文化亲近感。道教本身的发生发展具有民间信仰特性，不甚强调社会性、组织性、强调"自然无为"时至今日道教不热衷于传教。事实上日本历史或现实社会都存在具有较大规模化的教团道教组

60 《道教与中国社会》68页，讲座道教第五卷，野口铁郎、奈良行博、松本浩一编。雄山阁 2001年.

61 [日]盛邦和：《内核与外缘——中日文化论》，华东师范大学出版社，2010年。

织。一方面日本学界的道教研究尚待深入，另一方面，存在出于复杂的心理因素不予肯定的倾向。而阴阳道、修验道就是道教在日本发展出来的教团宗教。

在交通不发达的古代，与中国隔海相望的日本接受中国的文化除少数官方、民间的贸易联系外，就是通过相对距离较近的朝鲜。这必然导致文化的“辐射不足”。

日本接受的道教文化本身就是由朝鲜“顺带”传授过来的，本身就不成体系。在接收的过程中，道教和神道教的相近性是大问题，日本又按照守护“国体”，再用价值的高低进行一番“删减”。因此，道教在日本，几乎没有上升到宗教的意义，吸收养生术，神仙传说，修炼之术、医术等等。但是，即便如此，道教在日本文化中仍然烙印深刻，道教文化无处不在。例如：基于日本道教文化发展而成的阴阳道、修验道，他们吸引民众不是靠神仙崇拜信仰，而主要是靠治病驱邪的咒术方技。长期以来，日本儒学者作为谋生的手段，兼通道教医学的很多。他们清楚所谓中医汉方就是道教医学。

二、神霄派的日本传入

中日道教交流历史悠久，其传播并非以教团组织形式，而是以思想、方术和文化要素的形式逐渐融入日本社会。道家思想早在公元前2世纪前后，便借由汉字文化圈，特别是通过朝鲜半岛间接传入日本。这一时期，主要是道家哲学思想(如阴阳五行、神仙方术)的初步接触，而非宗教形态的道教。隋唐时期是中日文化交流的鼎盛阶段，也是道教元素传入日本的重要时期。日本的遣隋使和遣唐使、留学生(如吉备真备)和留学僧(如空海)在唐朝学习过程中，接触并带回了包括道教文化在内的中国文明。他们带回的典籍中可能包含了道教经典或蕴含道教思想的文献。道教的神仙思想、祥瑞观念以及天皇称号的使用(据传天武天皇因喜好道教而采用“天皇”作为君主尊号)对日本王室的政治权威建构产生了影响。道教的神祇(如北斗信仰)、方术(如辟谷、导引)、咒语等融入日本的民间信仰和修验道等山岳宗教实践中。例如，修验道修行者入山前所念的真言“临兵斗者皆阵列在前”与东晋葛洪《抱朴子》中所载咒语高度相似。道教的历法、天文、占星术等知识也传入日本。进入宋明以后，中日道教交流呈现出新的特点。随着海上贸易的发展以及禅僧的往来，宋代的内丹术和明代的民众道教“善书”(如《太上感应篇》)大量传入日本。明代盛行的劝善书籍通过禅宗僧侣传入日本，并在江户时代由于印刷术的发达而广泛出版流传，对日本民众的道德教化产生了显著影响。江户时代，明代盛行的“善书”等民众道教通过禅宗僧侣传入日本，并因印刷术发达而广泛流传，影响了一般社会的道德观念。

日本对道教传播的接受基调是隐性接纳与选择性吸收，官方始终持谨慎态度。8世纪中期，唐玄宗曾要求遣唐使接纳道士赴日，但日方以“日本君王先不崇道士法”为由拒绝，这奠定了日本上层对制度化道教的疏离基调。而日本更倾向吸收道教中与本土信仰(神道、修验道)兼容的元素，如斋醮仪式、神灵崇拜、宇宙观，而非完整教团体系。平安时代至江户时代，日本知识界通过汉籍接触道教经典。例如吉田神社的“吉田文库”收藏《太上玄灵北斗本命延生经》《太上老君常清静经》等道书，其中部分涉及雷法理论。

神霄派推崇的《北斗经》《清静经》等通过遣唐使、留学僧带入日本。吉田神道创始人吉田兼俱在《唯一神道名法要集》中直接引用《北斗元灵经》，以“三清天”比拟日本神话的“高天原”，并将“真”等同于“神”的灵妙本性。神霄派的符箓、雷法(如五雷符)被修验道吸收，用于祈雨、驱邪。日本阴阳道中的“泰山府君祭”亦融合了道教雷部神灵与符咒体系。神霄派尊奉的雷部诸神(如九天应元雷声普化天尊)在日本转化为地方守护神。例如关圣帝君(道教雷部护法)在长崎、横滨被奉为航海与商业之神。日本“庚申讲”民间团体延续道教“守庚申”习俗，认为庚申日人体内三尸神上天禀报过失，需彻夜守禁——这一观念源自道教《太上三尸经》，而神霄派亦重视此类身神控制术。

吉田神道(15世纪)是道教元素本土化的典型代表，其理论建构大量借鉴神霄派相关思想。如道教神霄派主张内丹修炼与符咒结合(性命双修)，吉田神道提倡“身心兼修”，以符咒净化身心，通神感灵。神霄派推行斋醮科仪、北斗崇拜，而吉田神道吸收道教斋法，创立“唯一神道斋”，强调北斗延命功能等。吉田兼俱提出“神道即道教日本化”的观点，宣称：“吾神道者，一阴一阳不测之元……玄玄妙妙之相承也”[62]，其术语与神霄派“阴阳雷炁”的宇宙生成论高度契合。

神霄派宗教元素在日本文化中大量吸收，并融入其间隐性存在。在民俗与节庆中随处可见雷法印记。日本“雷除祭”(驱雷

62 [日]吉田兼俱：《唯一神道名法要集》，神道大系编纂会编：《神道大系》论说篇·卜部神道(上)，神道大系编纂会，1985年。

仪式)中，神社巫女使用的“雷符”与神霄派五雷符结构相似，强调召雷镇煞。修验道山伏(修行者)在深山修持时诵念的“不动明王咒”，融合了道教雷咒“霹雳符”的韵律与功能。道教雷神信仰与日本本土神灵结合，如雷声普化天尊被纳入阴阳师安倍晴明的祭祀体系。江户时期，道教雷法符箓与日本“修验道”融合，用于驱邪仪式。道教“三尸神”观念与日本庚申讲结合，形成守夜习俗。雷将形象的浮世绘化，如歌川国芳《水浒传》豪杰图借鉴雷部神将造型。江户学者中江藤树注《太乙神经》，贝原益轩将道教养生术融入医书，体现道教的本土化阐释。

三、《玉枢宝经》的日本传入

《玉枢宝经》(全称《九天应元雷声普化天尊说玉枢宝经》)作为宋代神霄派的重要经典，其传入日本的历史与影响体现了中日宗教文化交流的深度。早期道教东传约7世纪前道教元素随遣唐使、留学僧及商人传入日本。据日本学者土屋昌明研究，道教经典至少在7世纪前已传入日本，其神仙信仰、方术(如服食、符咒)与长生思想影响了奈良、平安时代的贵族文化。宽平年间(889~897)藤原佐世编《日本国见在书目录》著录了《太上灵宝经》《抱朴子》等数十种道经，证实道教典籍已进入日本宫廷藏书。《玉枢宝经》经集注本(含白玉蟾、张道陵等注释)在明代随贸易与僧侣交流传入日本。嘉靖六年(1527)的彩绘本《九天应元雷声普化天尊玉枢宝经注》现存于天理大学图书馆，其宫廷画风与精美雷将图像表明有可能通过官方渠道流入日本。明末清初，华人移民进一步推动了关帝、妈祖等道教信仰的传播，《玉枢宝经》作为雷法经典亦在此背景下被日本一些寺院和研究机构收藏。日本现存《玉枢宝经》插图本多为明代珍本，分藏于多家机构。天理大学图书馆所藏本是明嘉靖六年(1527)的彩绘写本，是完整36雷将彩图，金碧辉煌，现今唯一彩绘雷将孤本，被称宫廷画风代表。京都大学人文科学研究所所藏明万历四十七年(1619)刊本，含天尊说法图、护经碑刻等，反映晚明宫廷道教仪轨。早稻田大学图书馆所藏本是清雍正十一年(1733)朝鲜普贤寺复刻本，黑白神将立像47尊，体现朝鲜刊本对日本的影响。此外，大英图书馆藏本是明永乐年间(1403~1424)印本，有45位神将，符箓15章等，据尹翠琪考订为“至顺模式”代表。2022年天理图书馆藏彩绘本公开后，曾引发学界轰动，但因电子文件泄露导致粗制盗印，引发学界和社会的古籍保护问题的关注。尹翠琪对比大英图书馆本与朝鲜刊本，提出《玉枢宝经》存在“至顺模式”(1333年徐道龄刊本体系)，而日本藏本因重绘神将数量(45~48尊)差异，成为研究东亚道教图像传播的关键节点。[63]

四、朝鲜半岛刊刻本的日本传入

公元5世纪前后(应神天皇、仁德天皇时期)，大量来自朝鲜半岛和长江三角洲的“渡来人”迁居日本，带来汉字典籍及道教

63 尹翠琪：《道教版画研究：大英图书馆藏〈玉枢宝经〉四注本之年代及插画考》，《道教研究学报》2010年第2期。

相关文献。这些移民成为道教思想在日本的初传媒介。

奈良和平安时代，来自半岛的归化人群体(如秦氏、东汉氏)通过私藏典籍或口述传播，将朝鲜王室尊崇的《道德经》等道经内容融入日本本土信仰，如“天皇”称号的采用即受道教宇宙观影响。

日本遣唐使虽排斥道教组织，但留学生(如吉备真备)和僧侣(如空海)在唐朝接触道教典籍后，将部分内容带回日本。空海所创真言宗咒术“临兵斗者皆阵列在前”，即直接引自葛洪《抱朴子》，而此书可能经朝鲜方士传入。

高丽王朝(918~1392年)曾刊刻道经并举行国家斋醮，日本僧侣访高丽时可能接触这些文献。例如高丽元宗太子推行“守庚申”习俗后，该信仰迅速在日本平安贵族中流行。

江户时代(1603~1868年)，禅宗僧侣将中国明代《太上感应篇》等劝善书传入日本。这些文本多经朝鲜商船转运至长崎，再由僧侣翻刻推广。幕府支持印刷术发展，使善书广泛流通，道教伦理深入民间。日本学者林罗山等将善书与神道结合，形成“神道道教”思想，推动道经内容融入国民道德教育。

日本修验道吸纳道教方术，其山岳修行仪轨、符咒均含道经元素；阴阳道更直接借鉴道教星斗崇拜与谶纬术。朝鲜医书《医方类聚》收录大量道教养生术，随医术交流传入日本，成为道经知识的隐性传播渠道。

尽管日本未形成独立道教教团，但道经内容已深度渗透神道、修验道及民俗信仰，成为日本宗教文化的重要基底。近代以来，《玉枢宝经》也成为日本汉学、宗教学研究者关注的对象。学者们会从其文本、图像、版本流传、以及与日本文化的关联等角度进行研究。

基于以上梳理，为后续深入研究《玉枢宝经》在日本的传播与影响提供一些方向建议：

首先，文献梳理与版本调查，这是研究的基础。可以进一步深入调查，日本还有哪些机构收藏有《玉枢宝经》的版本(包括汉文原典和可能存在的日文训读、注释本)，天理图书馆的明嘉靖彩绘本是一个重要的切入点。对比中日韩三地所藏的《玉枢宝经》版本(尤其是插图本)，分析其在图像、文本、装帧等方面的异同，探究传播路径和本土化。刘晋的研究中将插图本按刊刻地分类并分析图像模式的方法值得参考。尝试深入挖掘《玉枢宝经》内容直接影响日本宗教实践或文献的确凿证据。考察日本阴阳道、修验道、乃至民间巫俗的文献或仪式中，是否存在与《玉枢宝经》内容(如神将名号、符咒、科仪等)相似或可能源于此经的元素。关注其在咒术治疗(类似朝鲜盲人道士的使用)等方面可能留下的痕迹。关注朝鲜半岛作为中日文化交流可能的中介角色，探讨《玉枢宝经》是否可能存在经由朝鲜传入日本的路径。

五、《玉枢宝经》天理藏本图像的宗教艺术价值

在日本天理大学图书馆珍藏的明代嘉靖六年(1527年)内府彩绘本《九天应元雷声普化天尊玉枢宝经注》(以下简称“天理藏本”)，代表了道教绘画艺术的巅峰之作。作为海内孤本，这部经典不仅是神霄派雷法传承的重要文献，更是中国宗教美术史上

的稀世瑰宝。该藏本采用经折装形式，绫布封面，开本宏阔，正文墨书辅以上下双朱丝栏，更附有精美华丽的元帅彩图，由明代宫廷画师不计工本精心绘制。历经近五百年的岁月洗礼，其色彩依然沉稳如初，珠光宝气，金碧辉煌，展现出明代宫廷艺术的极致追求。

天理藏本的核心价值突出体现在其完整的45神将彩绘组图上。据现有文献记载，这是目前已知世上唯一的彩绘45神将完整图像遗存，而世面流传的版本多为黑白线描。这些神将图像不仅是道教神谱的视觉化呈现，更是明代工笔重彩技法的典范。画面中七彩祥云环绕于人间天上，人物神情端庄飘逸，建筑造型精准严谨，构图优美和谐，既满而不繁，又工稳俨重，彩重而不俗，呈现出明艳富丽、富丽堂皇的皇家气象。

从道教艺术史的角度审视，天理藏本的价值在于其体现了“至顺模式”的图像传统。根据刘晋的研究，《玉枢宝经》自14世纪起逐渐有插图本流行，现存插图本可分为中国版本与朝鲜版本两大系统，而天理藏本(编号Z2)在图像序列上直接继承了元至顺年间徐道龄刊刻的“集注本”所确立的范式。其图像结构严谨有序，包含：(1)天尊说法图；(2)神将立像(45尊)；(3)护经碑刻；(4)诵经警策；(5)焚香奏启；(6)经文内容及插画(26幅)；(7)圆满吉祥灵章；(8)符篆(15章)；(9)后序；(10)护经神像(赵元帅公明)等完整部分。这种系统性编排不仅是道教仪轨的视觉呈现，更构建了一套完整的宗教图像学体系。

天理藏本的发现与流传过程也充满传奇色彩。2022年4月，该藏本的电子扫描件首次公开，立即在道教研究界和艺术史领域引起轰动，被学者们称为“一场做书人的盛宴”。然而，这一事件也伴随着版权争议和商业炒作，扫描者“正音悉达”在朋友圈中表达了对文件流散的失望和心痛。“粗製濫造的印刷在不负责任的载体上，被人发在朋友圈和抖音里，换取廉价的流量和眼球”。这一插曲从侧面反映了该藏本的巨大艺术价值和学术影响力。

天理藏本的图像体系具有高度的结构性，按照功能与位置可分为三类基本类型，首先，天理藏本的开篇为“天尊说法图”，描绘九天应元雷声普化天尊庄严说法的场景。这种扉画继承了佛经扉画的灵活构图传统，作为经文的“视觉化身”而存在，其核心功能在于点明经文主旨。与后世万历本中出现的“天尊驱魔图”不同，天理藏本严格遵循元代确立的“至顺模式”，强调天尊的教化功能而非威慑功能。画面中天尊居于中心，左右雷部神吏环侍，形成严谨的对称布局，背景配以宫殿楼阁和七彩祥云，营造出神圣庄严的天庭景象。这种构图不仅是对经文核心内容的点题，更通过视觉引导强化了信徒对经文的崇敬心理。

其次，神将立像的谱系化呈现。36雷将立像是天理藏本最具特色的部分，45位雷将以全身立像形式排列展示，构成道教神谱的视觉图谱。这些神将作为雷部神系的重要组成部分，每尊都精心绘制，各具特色。这类图像虽与经文内容无直接关联，却是指示经文所属道派或术法的“图像标识”，在道教实践中具有辅助炼神与祈祷祭拜的功能。在艺术表现上，天理藏本的雷将图像超越了简单的神谱记录，展现出明代宫廷画师的高超技艺。每位神将的面部表情、手势动态、衣饰细节都刻画入微，法器、坐骑、祥云等象征性元素巧妙组合，形成丰富而不杂乱的视觉效果。尤其是色彩的运用，采用矿物颜料和金银装饰，历经数百年仍璀璨夺目。

再次，天理藏本结尾处绘有护经神像赵公明元帅。在道教图像体系中，护经神像主要由马、赵、温三大元帅等道教护法神组成，承担着守护经文的职能。赵公明形象的确立基于宋元以来的文献描述与图像传统，特别是借鉴了《道子墨宝》中"都督赵公明"的造型元素。画面中赵公明通常被描绘为黑面虬髯，头戴铁冠，手持钢鞭，这种标准化的形象成为信徒识别神祇的重要依据。

特别值得注意的是，天理藏本中的内文插画与文本内容紧密呼应，形成"图文互释"的关系。26幅插图穿插于经文之中，以具象的视觉形式呈现文本所描述的宗教世界。这些插画不仅具有艺术欣赏价值，更承担着辅助理解经文的功能，尤其对于文化程度较低的信众，图像成为理解深奥教义的重要媒介。

在道教科仪实践中，天理藏本的图像序列还反映了"由圣入凡，再由凡达圣"的修行路径。信徒首先通过天尊说法图进入神圣空间；再经由雷将立像认识护法神系；随后在经文和插画的引导下学习教义和修行方法；最后在护经神像的护卫下完成修行。这种图像编排逻辑体现了道教艺术在宗教实践中的功能性价值，远超出单纯的审美范畴。

天理藏本作为明代嘉靖年间内府彩绘本，集中体现了明代宫廷绘画的审美趣味和技法特点。其最为突出的艺术特色在于华丽而不失庄重的色彩体系，这一体系建立在宫廷艺术独有的物质基础和文化理念之上。矿物颜料与金属装饰的运用：画中大量使用石青、石绿、朱砂等矿物颜料，并辅以金粉、银粉装饰，形成“金碧辉煌”的视觉效果。这种材质选择不仅保证了色彩的持久性——历经四百余年仍“灿然夺目”——更体现了宫廷艺术对珍贵材质的偏好。在明代宫廷，颜料的使用具有严格的等级规范，天理藏本中使用的昂贵颜料本身便是皇家权威的象征。

天理藏本的造型语言体现了明代宫廷人物画的典型特征，兼具写实性与理想化表达。人物造型的理想化处理：天尊形象遵循“三庭五眼”的古典比例，面部丰满圆润，双目微垂，流露出慈悲与威严并存的神性。雷将造型则在统一中求变化——姿态挺拔如松，强调垂直线的庄严感；面部特征则根据神格差异而个性化表现，如年轻神将的面部光洁无须，老成神将则虬髯飞动；武将型神将肌肉贲张，文官型神将则儒雅内敛。神将服饰上的图案纹样构成一套复杂的象征符号。龙凤纹样仅限天尊及高阶神将使用，象征其崇高地位；法器纹饰如葫芦(炼魔之器)、宝剑(断烦恼之剑)、莲花(清净无染)等，暗示神将的职能属性；云纹、水纹、火焰纹则代表自然元素。这些纹样不仅是装饰元素，更是可解读的宗教符号。每位雷将手持的法器都是其神格职能的视觉符号。如雷鼓象征震慑万邪的威能，令旗代表调兵遣将的指挥权，宝剑隐喻斩断烦恼的智慧，葫芦暗示收妖炼魔的法力27。这些法器在图像中并非随意添加，而是按照道教仪轨文献的记载精确描绘，确保其宗教有效性。在艺术表现上，画师通过金属质感的表现(金粉勾边、留白高光)强化法器的神圣性，使其成为画面中的视觉焦点。雷将的坐骑同样构成丰富的象征语言。黑虎(赵公明坐骑)象征勇猛无畏，麒麟代表仁德祥瑞，狮吼暗喻佛法护持(反映明代三教融合)，天马则暗示穿越三界的能力。这些坐骑的描绘融合了现实观察与艺术想象，如黑虎的造型既有真实虎的特征(条纹皮毛)，又被赋予超自然元素(火焰环绕的蹄)，在写实与想象间取得平衡。

天理藏本的图像不仅具有艺术价值，更在道教修行实践中发挥着双重功能性作用。在道教内丹修炼中，“存思”是重要法门，即通过精神专注观想神灵形象以达成与道合真。天理藏本中高度标准化的神将图像为修行者提供了精确的存思对象。这些图像严格遵循“三庭五眼”的人体比例，姿态端庄稳定，表情威严而不狰狞，便于修行者精神集中。彩色图像的视觉冲击力远胜于黑白线描，更能激发修行者的宗教情感。从这个意义上说，天理藏本不仅是艺术创作，更是宗教实践的实用工具。此外，道教义理深奥难懂，图像成为向不同层次信众传播教义的重要媒介。天理藏本中，“天尊说法图”以视觉叙事阐释了“道尊德贵”的核心教义——天尊居于画面中心，象征“道”的绝对性；左右神吏排列有序，体现“德”的秩序性；七彩祥云环绕，暗示“气”的周流。这种图像阐释不是简单的经文图解，而是以象征符号构建的哲学表达，使抽象教义获得直观感知。同时，天理藏本图像也是宗教权威的视觉宣言。作为嘉靖内府御制本，天理藏本的金碧辉煌本身就是皇家权力的视觉宣言。嘉靖皇帝笃信道教，自封“灵霄上清统雷元阳妙一飞玄真君”，通过赞助道经制作强化其“君权神授”的合法性。天理藏本的宫廷风格与民间版本的质朴风格形成鲜明对比，视觉差异背后是宗教话语权的争夺——唯有宫廷版本代表道教正统。这种政治维度是理解天理藏本美术意义不可忽视的层面。

天理藏本作为东亚道教美术的典范，其影响超越了中土范围，在朝鲜半岛等地区产生深远影响，形成丰富的图像嬗变现象。16世纪中期，“至顺模式”随《玉枢宝经》传入朝鲜，但朝鲜刊本因成本和技术限制，对原图像进行了简化处理。天理藏本中45位雷将的宏大谱系在朝鲜本中被缩减为24或36尊，精细的工笔重彩被简朴的木刻线描取代。这种简化不是简单的信息损失，而是基于朝鲜文化背景的创造性转化——部分中土雷将被替换为朝鲜本土神将，服饰纹样也本土化。

在朝鲜社会，《玉枢宝经》的宗教功能逐渐从宫廷仪式转向民间驱邪，其图像风格也随之变化。护经神像在朝鲜本中被赋予更高地位，形象更加威猛夸张，反映出民间信仰对“驱魔”功能的侧重。这种功能转变导致图像构图的变化——天尊说法图缩小，护法神像增大，整体风格更趋民俗化。天理藏本的宫廷优雅气质在朝鲜传播中被民间质朴风格取代，体现了道教艺术在不同文化语境中的适应能力。天理藏本散布东瀛的命运，映射了近代东亚文物的流散史。然而，2022年该藏本高清扫描件意外公开，促成了其“数字化重生”。尽管最初的传播伴随着版权争议和商业炒作，客观上却使这一珍贵遗产获得更广泛的学术关注。

总之，天理大学藏明嘉靖彩绘本《玉枢宝经》作为道教绘画艺术的巅峰之作，其价值远超出单纯的宗教插图范畴，而成为集宗教、美学、工艺于一体的文化经典。通过对其图像体系的结构性分析，我们认识到道教艺术的视觉语言具有严格的编码系统和象征逻辑；对其宫廷美学风格的解读，揭示了明代工笔重彩技法的卓越成就；而对其宗教象征的阐释，则展现了图像在道教修行实践中的功能性价值。

在艺术史维度中，天理藏本既是宋元道画传统的继承者，又是明代宫廷美学的代表者，更是东亚道教美术传播的源头活水。其流散海外的命运与数字化重生的历程，则映射了传统文化在当代的复杂处境与创新可能。对当代艺术创作而言，天理藏本所蕴含的色彩智慧、造型理念和空间意识，仍具有重要的启示意义。

道教美术研究长期偏重文本而忽视图像，天理藏本彩绘图像的美术学研究表明，道教图像不仅是教义的图解，更是独立的美学体系与认知方式。在“图像转向”的当代学术背景下，这一研究不仅丰富了道教艺术史的认知维度，也为传统美学的当代转化提供了宝贵资源。

第六章

道经图像与佛经图像比较

东亚文明中的宗教艺术传统深厚，其中佛经图像与道经图像作为两大代表性视觉系统，承载着丰富的宗教信仰、哲学思想与文化记忆。佛教自印度传入中国后，经过长期与本土文化的碰撞融合，最终与儒、道并立为三，成为中国传统文化的重要组成部分。在这一过程中，佛教美术也经历了中国化的转型，形成了独具特色的释道画体系。相比之下，道教艺术虽植根于本土，却长期未受到政府典藏与美术史的充分重视，其文化价值未得到充分认识与整理。

佛经图像与道经图像均通过视觉形式传递宗教教义与信仰体验，但二者在历史源流、功能定位、艺术表现等方面存在显著差异。目前学术界对佛教艺术研究较为深入，成果丰富，而对道教艺术的研究仍相对薄弱。基于这一研究现状，本文通过系统比较佛经图像与道经图像的异同，旨在揭示二者各自的艺术特性与文化逻辑，探讨其在东亚视觉文化发展中的互动关系与共同贡献。

本章采用比较艺术学与图像学的方法，结合历史文献与实物案例，对两种宗教图像体系进行多维度分析。通过这一研究，我们不仅能够更深入地理解佛道两种宗教艺术的独特魅力，也能为当代宗教艺术的传承与创新提供理论参考。

一、佛经图像与道经图像的历史源流

佛教与道教图像的起源与发展轨迹迥然不同，反映了两种宗教各异的传播路径与文化适应策略。佛教图像具有外源传入与本土化改造的双重特性，与道教图像本土生成与秘传发展的形成模式，构成了两种截然不同的艺术传统。

佛教图像最初随佛教从印度经丝绸之路传入中国。据《后汉书》记载，汉明帝夜梦金人，“遣使天竺问佛道法，遂于中国图画形像焉”。[64] 早期佛教图像完全沿袭印度画法，如三国时期画家曹不兴所见“西国佛画，仪范写之，天下盛传曹矣”。[65] 这种外来艺术风格在中国持续了相当长时期，东晋以前的佛像创作可以说“完全照搬印度画法”。佛教图像中国化的关键转折发生在东晋末年。戴逵(约326~约396)作为反佛思想家却对佛教艺术作出了重大贡献，他“以古制朴拙，至于开敬，不足动心，乃潜坐帷中，密听众论，所听褒贬，辄加详研”[66]，历时三年完成

64 范晔撰，李贤等注：《后汉书》卷七十二《西域传・天竺国》，中华书局，1965年。

65 张彦远撰，秦仲文、黄苗子点校：《历代名画记》卷四，人民美术出版社，1963年。

了符合中国人审美理想的佛像创作。与其同时代的顾恺之(约346~407)则首创《维摩诘像》，“有清羸示病之容，隐几妄言之状”[67]，赋予了佛教人物士大夫的气质与风貌。这种转变标志着佛教图像从模仿外来样式向融入中国审美的根本转变。至唐代，佛教图像的中国化进程彻底完成，出现了吴道子等开创性画家，创立了“吴家样”与“曹家样”并称。所谓“曹衣出水，吴带当风”概括了两种不同的艺术风格——曹仲达的西域风格衣纹紧贴身体，而吴道子的中原风格衣带宽博飘逸。敦煌莫高窟中保存的唐代壁画更是绚丽多彩，如220窟的净土变相，“表现出无尽的美景……表现了音乐舞蹈、香花美果等享受的欲望”，反映了唐代社会繁荣与审美趣味。下面简要介绍一下佛经图像构成。

佛教图像系统是一个内涵深厚的象征语言体系，通过具体的形象来传达教义、修行次第与精神境界。它的构成可以从以下几个核心维度来理解：

1. 像：诸尊法相

这是图像系统的主体，依修行次第分为几个层级：

• 佛像：代表修行圆满的觉悟者。具体可分为法身佛(如象征法界本体的毗卢遮那佛)、报身佛(如圆满受用的卢舍那佛)和化身佛(如历史人物释迦牟尼佛)。此外，最重要的时间概念是三世佛(过去燃灯、现在释迦、未来弥勒)，空间概念则有四方

66 张彦远撰，秦仲文、黄苗子点校：《历代名画记》卷五，人民美术出版社，1963年。

67 同上。

佛(如东方药师、西方阿弥陀)。

• 菩萨像：代表觉悟潜能与慈悲。常以在家、佩戴璎珞的形象出现，如大悲观世音、大智文殊师利。

• 明王与护法像：呈现忿怒相，象征以威猛之力破除障碍与无明，如不动明王。护法则包括大梵天、韦驮等。

• 祖师与罗汉像：记录教法传承与修证果位，如达摩、迦叶等。

2. 相：身姿与手印

身体语言是无声的说法，主要包括：

• 手印：手指的特定姿势是契约或法则的标志，常见的有禅定印、触地印(降魔成道)、说法印(转法轮)、施无畏印(给予安全感)等。

• 坐姿：结跏趺坐最为稳定；游戏坐则更显自在随性。

• 姿态：立像表示度化众生，经行像表现禅修中的觉照。

3. 饰：持物与庄严

手中的持物和身体的装饰，都具有象征意义：

• 持物：莲花象征出淤泥而不染的菩提心；金刚杵象征不可摧的智慧；法轮象征佛法的流传；钵象征累积福德。不同持物也用于辨识特定的佛菩萨。

• 庄严：三十二相、八十种好是佛陀的庄严特征，如肉髻(智慧高超)、白毫(中道实相)、梵音(说法清净)。菩萨的璎珞象征六度万行的功德。

4. 场：曼荼罗与背景

图像所处的空间，构成了一个完整的坛场：

• 曼荼罗：一种理想化的佛国世界模型，以几何结构呈现秩序与核心，用于修行观想。

• 背景元素：身光(智慧之光)、头光(慈悲之光)、莲座(出离心)、须弥座(坚固愿力)、背光(常雕刻有象征变化的火焰或繁复的植物纹样)等。

• 山水人物：经变画或佛传故事画中，通过叙事场景将抽象的教义故事化。

总之，佛教图像系统像一部立体的经典，通过主尊、手印、持物、曼荼罗等符号的有机组合，构建起一套完整的视觉语法。理解这些"语法"，能帮助你更深入地欣赏佛教艺术。

与佛教图像不同，道教图像源自中国本土的宗教传统与视觉文化。道教艺术涵盖"道经抄本、符箓、神像画、法器与衣冠等丰富元素"，但其在艺术史上的地位长期未能得到充分认识。道坛画(或称道场画)多为民间画师所绘，与宫廷画作迥异，长年未受政府典藏与美术史重视。

道教图像的发展与民间信仰和地方传统密切相关，呈现出地域性与多样性特点。由于道教本身派系繁多，不同道派往往发展出各自的神灵体系与图像传统。如正一道注重符箓与法事，其图像强调仪式功能；而全真道注重内丹修炼，其图像更多反映修炼境界与神仙体系。宋代以后，随着三教合流趋势的加强，道教图像也吸收了佛教艺术的某些元素。如《十王图》虽源自佛教《十王经》，但却被道教吸纳改造，成为道教斋醮仪式中的重要图像。明清时期，道教图像进一步世俗化与民间化，出现了大量水陆画、壁画和版画作品，广泛应用于民间祭祀与节庆活动。下面简单介绍一下道教图像系统构成。

与佛教图像系统相对应，道教图像系统同样构建了一套完整的视觉语法。根植于本土文化，它更强调自然崇拜、仙道合一的写实风格以及独特的符箓篆文体系。具体可以从以下四个维度来理解：

1. 神像：庞大而有序的仙班

道教是多神崇拜，神祇世界庞大且等级分明，造像注重写实，具有传统人物风骨。

• 核心主尊：三清是道的化身，为最高主神。其次为辅佐的四御，如统御万星的紫微大帝。

• 职能神与官署：包括执掌赐福解厄的三官大帝(天、地、水)、主持文运的文昌帝君，以及由历史名将忠臣演化而来的关圣帝君、药王孙思邈等。

• 星辰与自然神：地位极高，如最受崇奉的斗姆、东西南北中五斗星君，以及山神、土地、城隍等。

2. 持物与法器：象征与功能的结合

道教神像的持物是其身份和神职的标志，也更贴近生活。

• 神明持物：如宝剑(天师驱邪斩魔)、葫芦(药王收摄丹药)、拂尘(扫除尘垢)、笏板(朝谒天帝的仪节)。

• 仪式法器：包括招仕神明的帝钟、惊逐魔怪的鐃鈸，以及象征调遣雷部的令旗、雷鼓等。

3. 符箓图文：神秘的天书云篆

这是道教最独特的图像语言，被誉为“无符无箓不成道”。

• 构成：由云篆、星象、神名等变形组合，不仅是护身通神的凭信，其本身也是高度抽象的视觉艺术。

• 灵图：兼具实用与审美，如著名的五岳真形图，既是山岳的平面示意图，也是道士入山的护身符。

4. 坛场与仪仗：人间的天庭剧场

道教宫观和坛场通过特定的陈设与图像，营造出神圣空间。

• 仪仗神器：古籍规定需设置肃清黄道之旆、九霄雲翰之扇等仙仗，列于坛场以增威严。

• 坛场陈设：殿前常设龜鶴爐焚香以通仙灵；殿内两楹间设日月燈象征光明。壁画也常见萬聖朝元或神仙修真事迹。

与佛教的“法相庄严”相比，道教更强调“仙风道骨”的写实，并拥有独步天下的抽象符箓体系。两者一“释”一“道”，共同构成了中国传统艺术的两大视觉支柱。

佛教与道教图像及造像艺术在基本技法上既有同源的交集，也存在根源性的差异。为了更直观地呈现，下面简单概括介绍佛教图像(包括造像艺术)与道教图像(包括造像艺术)的主要异同。在造型理念上，佛教图像主要体现写实与理想化的结合，追求“相好”，通过三十二相、八十种相好等理想化特征表现超自然觉悟。人物形态有严格仪轨，如手印、坐姿等。道教图像则写实与抽象化的结合，追求“仙骨”，基于现实人物人物风骨进行艺术加工，并发展出独特的抽象符号系统(符箓、真形图)，以表现无形的“道”。佛教图像将东西方技法加以融合，早期受印度影响，后融入“曹衣出水”、“吴带当风”等中原技法，线条兼具力量与飘逸。

道教图像继承传统“高古游丝描”，主要继承战国以来中国人物画的铁线描、高古游丝描，用于表现人物的飘逸气韵和衣纹的流动感。在色彩处理上，呈现浓烈与金碧辉煌，大量使用石青、石绿、朱砂等矿物质颜料，并广泛运用沥粉贴金，营造佛国的光明与庄严。道教图像呈现沉稳与质朴自然，用色相对沉稳，讲究“随类赋彩”。虽有仪轨规定，但更强调色彩的象征性，如青色代表东方，整体偏向朴素或富丽并存的风格，在构图布局上，佛教图像讲究规范化的对称叙事，构图严格遵循经典，如“一佛二菩萨”等固定组合。经变画场面宏大，叙事性强，用以表现佛国世界的秩序。道教图像强调自由与等级分明，早期借鉴佛教的“一主二从”模式，后发展出更自由的布局。在大型壁画(如朝元图)中，通过人物大小、位置来体现神阶的森严。在工艺材料上，佛教图像丰富多样，材质高贵，涵盖铸造(金铜)、雕刻(石窟)、泥塑(彩塑)、干漆夹纻等几乎所有工艺，材质追求恒久与珍贵。道教图像则因地制宜，崇尚自然，与佛教大致相同，但在材料选择上更强调“随其所有”，木雕、石雕、泥塑、铜铸并存，取材更为广泛自然。

如果简要概括两者的核心差异，可以说，佛教图像致力于用具体且理想化的人像来呈现觉悟的境界，是“相好”的庄严；而道教图像则在描绘仙人风骨的同时，更试图用抽象符号去触及那个无形无象的“道”，是“真形”的显现。因此，佛教图像让你“看见”神圣，道教图像则引导你“感知”神圣。

二、佛经图像与道经图像的宗教功能

佛经图像与道经图像在宗教功能与使用目的上存在显著差异，这些差异决定了二者在形式、内容与传播方式上的不同特征。佛教图像侧重于弘法教化与观想修行，而道教图像则强调仪式效用与通神降真。佛教图像的首要功能在于解释教义与辅助修行。佛教利用图像作为传播佛法的工具，将抽象的佛理转化为可视化的形象。如《华严经》所述释迦牟尼成道后说法的场景，在佛教造像艺术中极为常见，通过视觉形式将俗世不可见的法会，以可见的形式描绘出来。佛教图像尤其重视观想修行的功能。信徒通过凝视佛像，达到收摄心神、进入禅定状态的目的。各种经变画如净土变相、药师变相等，都为信徒提供了观想的对象与境界。敦煌莫高窟中的唐代壁画绘制了大量净土变相，约占228壁，其中描绘的七宝楼台、香花伎乐、莲池树鸟等美景，不仅是为了艺术表现，更是为了提供观想的视觉辅助。佛教图像的另一个重要功能是积累功德。绘制或供养佛像被认为是一种功德行为，能够带来福报。《佛说造像量度经》等经典中详细规定了造像的比例与规则，强调了造像的宗教意义与功德价值。敦煌莫高窟的建造持续了多个朝代，留下了丰富的窟龛与造像，正是这种功德观念的体现。

道教图像的核心功能在于仪式应用与通神效用。与佛教相比，道教更强调图像的法术功能与神秘力量。符箓作为道教特有的图像形式，被认为具有召神役鬼、治病驱邪的功效。道坛画在斋醮仪式中扮演重要角色，为法师通神降真提供视觉媒介。道教图像强调秘传性与师承关系。与佛教图像的公开传播不同，道教图像的绘制与使用往往限于道门内部，遵循秘传的仪轨与口诀。这种秘传特点使得道教图像长期处于公众视野之外，也导致其艺术价值未被充分认识。此外，道教图像还具有记录传承的功能。道教的神仙谱系与修炼法门往往通过图像形式得以保存与传递。如《三才定位图》描绘了道教的神灵体系，《修真图》则图示了内丹修炼的经络与窍穴。这些图像不仅是艺术表现，更是宗教知识的可视化记录。

佛经图像与道经图像在艺术表现手法与象征系统上各具特色，反映了不同的审美理念与宗教观念。佛教图像注重仪轨规范性与理想美表现，而道教图像则呈现实用功能性与神秘主义特征。佛教图像发展出了一套严格造像量度体系，规定了佛像各部位的比例与姿态。这种规范化与标准化是佛教图像的重要特征，确保了图像宗教功能的有效性。如《佛说造像量度经》等经典对佛像的尺寸、比例、手印等都有详细规定，形成了高度程式化的表现方式。佛教图像的象征系统丰富而复杂，通过各种法器、手印、姿态传达特定的宗教含义。如莲花象征清净无染，法轮象征佛法传播，各种手印代表不同的教义与力量。佛教图像还通过构图秩序表现佛教的宇宙观与佛国净土，如经变画中常以佛陀为中心，左右对称排列菩萨、弟子、力士等，形成井然有序的神圣世界。

在艺术风格上，佛教图像经历了从外来风格向本土风格的转变。早期佛教图像带有明显的犍陀罗与马图拉风格，强调身体的立体感与衣纹的写实性。隋唐时期，佛教图像完全融入中国艺术传统，出现了“吴带当风”的典型样式，人物造型“端庄华贵，男女的形貌，都非常美丽”。

道教图像的艺术表现更加灵活多样，缺乏佛教那样严格的造像量度体系。道教图像强调神秘性与威力性，尤其体现在符箓等特殊图像形式中。符箓以抽象的图形组合文字符号，形成一种只有法师才能解读的“天书”系统。道教图像的色彩系统具有特殊的宗教含义与功能取向。如青色代表东方、木气与生生之力，红色代表南方、火气与生命力，黄色代表中央、土气与中和之道。这些色彩不仅在视觉上产生效果，也被认为具有实际的宗教功能。在构图方面，道教图像常采用分层宇宙的表现方式，将天、地、人三界纳入同一画面，体现道教的宇宙观念。如《朝元图》描绘众神朝谒元始天尊的场面，通过错落有致的布局表现神灵世界的等级秩序。值得一提的是，道教图像中的人物形象更具世俗化与民间化特征。道教神祇往往以现实人物为原型，如财神、灶神、土地公等都具有浓厚的生活气息。这种世俗化倾向使道教图像更贴近普通信众的日常生活与心理需求。

宗教图像与文本之间存在复杂的互文关系，这种关系在佛道两种传统中呈现出不同特点。佛教图像与文本的关系更为系统化与解释性，而道教图像与文本的关系则更为秘传性与功能性。佛教图像与文本的关系主要体现在“图说文本”与“视觉教化”方面。大量佛教图像直接依据佛经内容创作，如各类经变画依据相应的佛经绘制，将文字描述的教义与场景转化为视觉形式。敦煌莫高窟中的《维摩诘经变》依据《维摩诘经》，《弥勒经变》依据《弥勒下生经》，都是图文对应的典型例子。佛教图像不仅简单地图解文本，还通过视觉手段深化诠释文本内涵。如《华严经》所述释迦牟尼说法的场景，在视觉表达中通过意象思维将“佛理不可言说的玄妙因果进行“言说”，在不可思议处，开显妙旨，实现觉知与禅悟”。这种图像超越了简单的图文对应关系，达到了对文本精神的深刻诠释。此外，佛教图像还承担着通俗教化的功能，为不识字的信众提供理解佛法的途径。正如佛教学术研讨会上所指出的，“为让佛法普及，自古就发展用图像、音声等多元方式传播佛法”。这种通俗化倾向使佛教图像在表现形式上更加注重生动性与直观性。

道教图像与文本的关系更为复杂隐晦，强调秘传性与象征性。道教符箓是一种特殊的图文结合形式，将文字变形为图形，形成只有道门中人才能够解读的“天书”系统。这种图像不是对文本的简单图解，而是文本的密码化与神秘化转换。道经图像往往不直接表现文本内容，而是通过象征手法暗示修炼法门与宇宙真理。如《周易参同契》作为道教重要经典，其图像不是直接描绘文本内容，而是通过八卦、卦爻、鼎器等象征符号表现内丹修炼的原理与过程。这种图像需要结合师传口诀才能完全理解，具有强烈的秘传色彩。道教图像还与仪式实践密切相关，是仪式中通神降真的视觉媒介。如醮坛中使用的神像画、幡旗等，不是用于观赏或教化，而是作为仪式的重要组成部分，具有实际的功能效用。这些图像的有效性取决于是否符合道教的仪轨传统，而非艺术性的高低。

佛经图像与道经图像在历史发展过程中并非孤立存在，而是相互影响、吸收融合，形成了东亚宗教艺术丰富多彩的面貌。佛教与道教图像的相互影响始于佛教初传中国时期。早期佛教借助道教概念与图像进行传播，被称为“格义佛教”。《老子化胡经》甚至创造老子西行化为佛陀的故事，反映了佛道之间的复杂关系。这种互动在图像表现上尤为明显，如佛教的弥陀净土信仰与道教的仙界观念相互影响，形成了融合性质的图像表现。宋代以后，随着三教合流趋势的加强，出现了大量佛道混合的图像作品。如《十王图》虽源自佛教《阎罗王授记经》，但却被道教吸纳改造，成为道教斋醮仪式中的重要图像。水陆画中更是常见佛道神灵共处一画的情况，反映了民间信仰的实用主义态度。在艺术风格上，佛道图像也相互借鉴与影响。如佛教图像的造像量度影响了道教神像的制作，而道教的飘逸风格也被某些佛教绘画所吸收。这种交流融合使佛道图像在保持各自特色的同时，也形成了某些共同的艺术特征。

最后，在当代社会，佛道图像都面临着传统传承与现代转化的挑战。一方面，传统的宗教图像仍在寺庙宫观中继续制作与使用，保持古老的仪轨与技法；另一方面，宗教图像也开始进入现代艺术与大众文化领域，呈现出新的表现形式与意义。

佛教图像在现代社会中的传播方式发生了重要变化。如2025年举办的“佛教的图像、音声与文字弘法”国际学术研讨会，探讨了“用多媒体影音、人工智能来弘法”的新途径。这种现代技术的应用为佛教图像的传播提供了新的可能性。

道教图像也开始受到更多关注与研究。如李丰楙院士通过线上讲座介绍道教艺术，致力于改变道教图像长年未受政府典藏与美术史重视的状况。这种学术关注有助于重新发现道教图像的艺术价值与文化意义。

本文通过对佛经图像与道经图像的多维度比较，揭示了两种宗教图像体系的异同及其文化逻辑。研究发现，佛经图像注重教义可视化与观想修行，呈现出体系化、标准化的特征；而道经图像则强调仪式效用与通神降真，更具秘传性与功能性。这种差异源于两种宗教的不同教义理念与实践方式。

尽管存在差异，佛道图像与道经图像在历史发展过程中相互影响、吸收融合，形成了“佛道交融”的独特艺术现象。宋代以后的三教合流趋势进一步促进了这种融合，使佛道图像在保持各自特色的同时，也发展了共同的艺术语言与表现手法。这种互动融合丰富了东亚宗教艺术的内涵与形式，为人类视觉文化作出了重要贡献。

在当代社会，佛道图像都面临着传统传承与现代转化的挑战。佛教图像在数字化传播与国际交流方面取得了显著进展，而道教图像的价值认同与艺术创新仍有待加强。未来研究应更加关注佛道图像的互动关系与现代转化，探讨传统宗教艺术在当代社会中的新意义与新功能。

三、东亚宗教交融的基本特征及其意义

道教经典《玉枢宝经》在朝鲜半岛的全部三次刊刻均于佛教寺院进行，这一看似矛盾的文化现象，深刻反映了道教在传入朝鲜半岛后的本土化生存策略，以及佛、道两教在东亚文化圈中的深度交融。据学者考证，朝鲜半岛历史上共刊刻过三个版本的《玉枢宝经》，其刊刻地点无一例外均为佛教寺院。

刊刻时间、刊刻地点、宗教属性如下。安心寺版：隆庆四年(1570年)全罗道无等山安心寺佛教寺院。普贤寺版：雍正十一年(1733年)宁边妙香山普贤寺。鸡龙山版：光绪戊子年(1888年)鸡龙山(寺刹不详)佛教寺院。

首先，道教在朝鲜的生存策略反映在依托佛教载体传播，这与朝鲜王朝中期的宗教政策和社会环境密切相关。当时，儒家“理学”占据统治地位，道教缺乏独立、系统的宗教组织和传播空间，而佛教虽也受压制，但拥有成熟的寺院体系和信众基础。具体传播机缘来看，1570年安心寺本的产生源于一段典型的文化传递：朝鲜官员从明朝带回《玉枢宝经》后未予刊刻，此本后经成均进士吴訒访得，最终被赠予安心寺进行刊刻。佛教寺院提供了道教经典赖以存续的物理空间和雕刻、印刷技术力量。依托佛教寺院，道教经典得以突破官方的潜在阻力，在民间流传。

其次，佛道交融的信仰实践，导致从“文本”到“视觉”的改造。在佛教寺院刊刻道教经典，促成了《玉枢宝经》在视觉形象上的本土化演变。朝鲜刊本中的雷部神将数量从最初的41将，逐步增加到48将。这种数量上的递增，很可能是在重刊过程中吸收了朝鲜半岛本土的民间信仰和佛教护法神元素，使道教神谱在当地获得了新的生命力。朝鲜刊本《玉枢宝经》均配有神像插图，这些神将立像不仅是文本的图像化，更作为“图像标识”，服务于辅助炼神与祈祷祭拜的实际宗教活动。这表明，当时的使用者(无论是僧侣还是信众)更看重经典的实用功效(消灾解厄)，而非其宗派归属。

再次，超越教派的文化认同。《玉枢宝经》在佛教寺院的刊刻，是东亚文化圈中一个生动的文化交流样本。从官员带回经书，到进士访得，再到寺院刊刻，这一过程展现了官方、士大夫、佛教僧侣、民间信众在宗教文化传播中的共同参与。这一现象说明，在朝鲜半岛的实际信仰生活中，经典的“灵验性”(能消灾解厄)往往超越了其所属的教派边界，体现了东亚宗教文化中浓厚的实用理性色彩。

总而言之，朝鲜半岛佛教寺院刊刻道教《玉枢宝经》的现象，是道教在异域文化中寻求生存空间、与佛教及本土信仰深度融合，并以实用性为导向进行再创造的必然结果。这不仅是宗教传播的个案，更是东亚文化圈中思想流动与融合的生动见证。

第七章

《九天应元雷声普化天尊玉枢宝经》集注

《九天应元雷声普化天尊玉枢宝经》集注 上

海琼白真人注
祖天师张真君解义
五雷使者张天君释
纯阳孚佑帝君赞

【注曰：九者，阳数也，乃天道也。主於震宫，故东南有九炁之说也，即雷师出入之地也。天者，至大至圣无极无为之炁也。应者，无物不承天命而生也。元者，至大也。又曰万善之长也，乃四时之首也，五行之先也。雷者，乃天令也。掌生生杀杀之权，动静人莫可测万神之奉行也。声者，生也，万物得雷震声而萌也。又曰天不言以雷代言也。普者，上天下地四维八荒无形有形也。化者，天道阴阳运行则为化。又自无而有自有而无则为化万物生息则为化。老子云：我无为而民自化。又云以德化是也。天尊者，至大至贵之称也。说者，赞扬也，阐教也，解隐释奥也。玉者，天地日月之精华，阴阳水火之结秀也。润而温，宝而贵，万载之不可朽灭也。枢者，机也，轴也，乃生杀之始由也。宝者，珍重也。经者，径也，乃修真入道之要路也。

义曰：斯经以玉枢而名者，乃天地之消息，阴阳之动静也。元数乃乾元用九之说，而普化天尊居其上，为三界之尊十方之灵明矣。

释曰：天尊发愿广大，化及群生，其德不可量而机不可测也。故以雷声代化，玉枢为衡，则善善恶恶杀杀生生皆听於九炁之真王。所以，三界万灵，十方诸天，莫不皆赞我天尊之元化也。

赞曰：祖炁氤氲满太虚，九天元是九天居。驱雷役雨飞金篆，活物生人备玉枢。三界有情同得道，十方无路不通车。大哉普化明元始，日月齐光信不诬。】

尔时九天应元雷声普化天尊，
那个时候，九天应元雷声普化天尊

【注曰：九天者，乃统三十六天总司也。始因东南九炁而生，正出雷门，所以掌三十六雷之令，受诸司府院之印，生善杀恶，不顺人情。盖以九天之名者，取其阳刚而不泯者之谓也。应元者，仰惟元始祖劫一炁分真，玉清真王应元之体。雷者，阴阳二炁结而成雷，既有雷霆，遂分部隶九天雷祖。因之以剖析为五属，神霄真王用之，以宰御三界。真王所居神霄玉府，其道在乎巽。巽者，天中之地也，东南乃九阳之炁。结清朗光，元始父祖，化神霄玉清真王。玉府在碧霄梵炁之中，去雷城二千三百里。雷城高八十一丈，左有玉枢五雷使院，右有玉府五雷使院。天有四方四隅，分为九霄，惟此一霄居於梵炁之中。在心曰神，故曰神霄，乃真王按治之所。天尊临莅之都。卿师使相，列职分司，主天之灾福，持物之权衡，掌物掌人，司生司杀，检押启闭，管钥生成。上自天皇，下自地帝，非雷霆无以行其令。大而生死，小而枯荣，非雷霆无以主其政。雷霆政令，其所隶焉，三清上圣雷霆祖也，十极至尊雷霆本也，昊天玉皇上帝号令雷霆也，后土皇地祇节制雷霆也，北极紫微大帝掌握五雷也。五雷者，天雷，地雷，水雷，龙雷，社令雷。又有十雷：一曰玉枢雷，二曰神霄雷，三曰大洞雷，四曰仙都雷，五曰北极雷，六曰太乙雷，七曰紫府雷，八曰玉晨雷，九曰太霄雷，十曰太极雷。又有三十六雷：一曰玉枢雷，二曰玉府雷，三曰玉柱雷，四曰上清大洞雷，五曰火轮雷，六曰灌斗雷，七曰风火雷，八曰飞捷雷，九曰北极雷，十曰紫微璿枢雷，十一曰神霄雷，十二曰仙都雷，十三曰太乙轰天雷，十四曰紫府雷，十五曰铁甲雷，十六曰邵阳雷，十七曰欻火雷，十八社令蛮雷，十九曰地祇鸣雷，二十曰三界雷，二十一曰斩圹雷，二十二曰大威雷，二十三曰六波雷，二十四曰青草雷，二十五曰八卦雷，二十六曰混元鹰犬雷，二十七曰啸命风雷，二十八曰火云雷，二十九曰禹步大统摄雷，三十曰太极雷，三十一曰剑火雷。三十二曰内鉴雷，三十三曰外鉴雷，三十四曰神府天枢雷，三十五曰大梵斗枢雷，三十六曰玉晨雷。有三十六神囊，尝陈之於太上之前。雷法有七十二阶，天地赏善罚恶发生万物皆雷也。虽阴阳之激剥，亦由神人之兴动，雷鸣则雨降矣。声者，天地之仁声也。春分五日，雷乃发声，可闻百里，震九天而动九地，惊四海而翻四溟，太上曰：吾不发阴阳之声，吾之大音无以召，故鼓之以雷霆，以声召气也。雷帝之前，有雷鼓三十六面。凡行雷之时，雷帝亲击本部雷鼓一下，即时雷公雷神兴发雷声也。普化天尊者，自浮黎元始天尊生九子，玉清真王化生雷声普化天尊。天尊以历劫应化，随时示号。本元始祖劫一炁分真，乃玉清真王，九霄主宰。一月四辰监观万天，浮游三界九州万国，赏善录愆，是为普化至大至贵也。

义曰：九天虽曰乾数，阳刚而不柔实乃九炁之生处也。於是结英聚灵，成我玉清真王之化形也。应元者，天地一炁，阴阳五行，上布下流，无一物不承天命，而得阴阳之炁以所生也。故曰应元，又何疑矣。雷之为雷大矣哉，故三界十方天圣地真各有司焉，惟九天玉清真王总治其令也。声乃炁之用，炁乃声之令，明是辩非，震萌起蛰，非雷之令，何能生也。普化天尊者，天即我，我即天，发愿广大，化形十方凡诸众生能皈心向道，我当以身身之，非天尊普化而何？

释曰：是时九炁成形，结为九天，在三十六天之上，十方三界之祖炁也。所以用九之故，其炁元本乎三清之体，而用乎九天之名宜矣。应元者，天阳地阴理之然也。盖我天尊，生乎阳而居於天，其健而刚也。所以万物生乎地，莫不皆听命於天尊，使物物各得其宜。世人不知其故，而本元皆出乎天尊之余炁也。天尊欲人人皆为天尊者，何故惜其炁而应其本元之妙道也。雷者，类也，是以出万类而起群品也。孰不知，雷乃阴阳二炁之激剥，却有所司。馘恶诛邪驱风役雨者何耶？凡俗无知，岂识元始生杀之机玉清真王之妙用也。声者，令也，听也。天无声则雷霆不行，地无声则草木不萌，人无声则清浊难明。所以声为一身之本，乃阴阳之元炁也。天无私，日月垂明。天有德，人物俱生。是故我天尊代天行道，德施三界，使清者为圣，浊者为贤。凡诸有情有形者，俾跻仙阼，共成一炁。

赞曰：九天九天，玄之又玄。忽尔我后，焂焉我前。右九天。二炁虽分阴与阳，玉清高处化真王。上天下地能相合，阐教分形遍十方。右应元。二炁之正，五行之令。斩鬼诛邪，天人响应。右雷。广宣帝德起群生，三界英灵侧耳听。莫道老天无一语，须知司令有雷鸣。右声。好生之德不能量，阐教诸天及十方。高处玉清治雷府，万神朝服礼真王。右普化。】

在玉清天中，与十方诸天帝君，会於玉虚九光之殿，郁萧弥罗之馆，紫极曲密之房。阅太幽碧瑶之笈，考洞微明晨之书，交头接耳，细议重玄，诸多陪臣左右踧踖。天尊宴坐，朗诵洞章。诸天帝君，长吟步虚。彩女仙姝，散花旋绕，复相引领，游戏翠宫。群仙导前，先节后钺，龙旂鸾辂，飘飖太空，并集於玉梵七宝层台。

在玉清天上，与十方诸天帝君齐聚于玉虚九光殿、郁萧弥罗馆、紫极曲密房。天尊与众神正在查阅深奥幽邃、如碧瑶般珍贵的宝笈，考证记载着星辰奥秘与洞彻玄微的明晨之书。他们交头接耳，细细议论玄妙的道理，许多陪侍的仙臣在一旁显得局促不安。天尊安然坐定，高声诵读玄奥的经章。诸天帝君旋绕神座、唱诵词章，仙乐旋律飘渺如行虚空。彩衣仙女们在四周散花飞舞，相互引导，在碧玉宫殿中嬉戏游乐。一众仙人引导在前，前列持节开道，后列执钺护卫，龙纹旌旗和鸾鸟车辇飘荡于高空，大家一起汇集在玉梵七宝层台之上。

【注曰：在者其时也，天尊游於玉清天中，与十方诸天帝君，宴会於玉虚殿馆紫极之房。是时，天尊检观太幽碧瑶之箱，稽考洞微明晨之纪。交头接耳者，盖诸天帝君列坐有次，圣圣相传，共听微密玄玄之言。彼时诸天帝君，亦各有众多家臣，左右踧踖，恭谨侍焉。天尊安然高座，朗诵洞章。诸天帝君深有所悟，各各起座长吟，步虚赞咏天尊之教。彩女仙姝，散花盘绕於天尊之座，复请天尊往诣翠宫之七宝层台，欲望天尊大演妙法也。层台即龙凤之座，有七级，皆珍宝饰之，故名七宝层台。天尊驾兴，白鹤师子，威仪节仗，引导其前。青龙白虎，六甲六丁，侍卫左右。九天仙女，十二溪真，陈奏仙乐。诸天大帝，神君神王，太极真人，副从凤辇龙舆，经游翠宫。仙仗节钺，龙旂鸾辂，飘飖太空，集聚宝台。

义曰：是时，游玉清，驻宝台，大阐玄文，广宣要语。天人左右，皆得开心受化，而功行又崇也。

释曰：是时，我天尊在自居之阙，阙中有九光之殿馆阁房位，阅法考书，欲化十方天真帝君，明其大道。於是天真帝君被德服膺，不知舞蹈。天尊大悦，欲游外宫，诸天群仙，左右前后，仗钺排旗，引我天尊驻鸾辂於翠宫。翠宫者，玉清之行宫也。雷师心怀奏，疑无由以陈。幸值我天尊登宝台，手举金光明之如意，俯察万类。

赞曰：故把玄玄一窍开，十方三界应时来。琼书细阅存元炁，宝笈重宣养本胎。侍女交头心自会，陪臣踧踖意能裁。须臾演教天花舞，鸾凤飘飖七宝台。】

时有雷师皓翁，於仙众中越班而出，面天尊前，頫顖作礼，勃变长跪，上白天尊言：天尊大慈，天尊大圣，为群生父，为万灵师。今者诸天，咸此良觌，适见天尊阅宝笈，考琼书，於中秘赜，不可缕计。唯有玉霄一府所统三十六天内院中司、东西华台、玄馆妙阁、四府六院，及诸有司，各分曹局，所以总司五雷天临三界者也。天尊至皇，心亲庶政，此等小兆，以何因缘得以趋服，愿告欲闻。

这时有雷师皓翁，从众仙班列中越众而出，来到天尊面前，俯首叩拜行礼，随即神情庄重地长跪向天尊禀告道："天尊大慈大圣，是众生之父，万灵之师。如今诸天神灵都有幸齐聚于此，得以亲眼目睹天尊翻阅宝笈、考校琼书，只见其中秘妙奥义，不可胜数。我们知道，玉霄天尊一府统辖三十六天内院诸司、东西华台、玄馆妙阁、四府六院及众有司，分门别类，各司其职，因此才能总摄五雷，威临三界。天尊您至尊无上，亲理万般庶政，像我们这些渺小的臣僚，究竟是凭借什么样的特殊因缘才能得以在您座下效力？愿天尊开示，弟子等洗心恭听。"

【注曰：雷师皓翁，乃帝臣元老，卿师重臣也。玉霄府，即高上神霄天中玉清真王府，居三十六天之上天中。有五殿，东曰蘂珠，西曰碧玉，北曰青华，南曰凝神，中曰长生。又有太一内院，可韩中司，东西二台，四曹四局，外有大梵紫微之阁，仙都火雷之馆。皆有玉府，左玄右玄，金阙侍中，仆射上相，真仙真伯，卿监侍宸，仙郎玉郎，玉童玉女，左右司麾，诸部雷神，官君将吏，上统三十六天。东方八天谓高上道寂天，高上阳岐天，高上洞光天，高上紫冲天，高上玉灵天，高上清虚天，高上微果天，高上正心天。南方八天；高上道元天，高上太皇天，高上玄冲天，高上极真天，高上梵炁天，高上辅帝天，高上玄宗天，高上历变天。西方八天：高上左罡天，高上主化天，高上符临天，高上保华天，高上定精天，高上青华天，高上景琅天，高上丹精天。北方八天：高上安墠天，高上广宗天，高上浩帝天，高上希玄天，高上庆舍天，高上天娄天，高上变仙天，高上升玄天。东北方高上敬皇天，东南方高上移神天，西南方高上琼灵天，西北方高上升极天。下镇三十六垒，每方有九阳梵炁，以应一年三十六炁，每十日一炁上应。天有一帝，统治一炁，天仙神鬼功过，付与本天校勘。功者列名本天，过者囚於本天天狱。凡善恶事，三十六垒皇君，奏上神霄玉府而纠察也。每天各有龙神兴雷，生杀伐暴诛邪，罔不由之。四府者，九霄玉清府，东极青玄府，九天应元府，洞渊玉府。六院者，太一内院，玉枢院，五雷院，斗枢院，氐阳院，仙都火雷院。诸有司者，天部霆司，蓬莱都水司，太一雷霆司，北帝雷霆司，北斗征伐司，北斗防卫司，玉府雷霆九司，及诸曹院子司。凡世间亢阳为雪，风雨不时，干戈妄动，饥馑荐臻，皆请命玉府，经由玉枢，大布分野。兼判三司将兵三界鬼神功过，匡济黎民，应雷霆诸司院府并佐玉枢之令，禀听施行。至於雷霆斧钺，庆赏刑威，有条不紊，悉有分司。或曰兼司、行司、巡察官司，皆设曹局官僚任职。是以玉霄一府，总司五雷天临三界者也。

义曰：天尊以琼书瑶笈，故化天真。雷师默会天尊之旨，上请方便之门。一时君臣体异心同无非，活群生之径路也。诵经君子至此，当以雷师之心为心，其功有自归矣。

释曰：时我天尊登宝台察群品，似言不语。适雷师皓翁，职专雷府，班越天真，以己心而识上心，故白之於天尊之前。我天尊德化无边，真元有自，其玄书秘箓，不可条请。故启三十六天东西二台府院诸司之政，莫不皆总之於玉霄一府。其雷师皓翁以此举，而发我天尊之未宣者。雷师启天尊至大至圣心及万品，臣以微陋之材，以何缘由得待玉宸，愿告天尊，明我前劫，以赞元化并玉霄一府之事，当屏气而恭听之。

赞曰：勃然长跪，上启真宗。诸司院府，台阁，尊崇。三十六所。云雷雨风。何神不备何圣不从。职专生杀，事在吉凶。欲闻至说，必启丹衷。仁哉仁哉，雷师皓翁。】

天尊言：雷师皓翁，尔等仙卿，储勋夙世，累行昨生，故得玉府登庸，琼宫简录。今兹勋行，视夙昨多。尔其悉力雷司，委心火部。日复日，岁复岁，勋崇行著，性霁神融，克证高真，即阶妙道。惟是雷部鬼神，昼劳夕役，动有捶楚。大则考戮。屑云雕雪，无有已时，檄龙命鸦，此息彼作，彼所因故，尔其耳焉。雷师皓翁，及诸天诸仙，耸耳而默。天尊所坐九凤丹霞之扆，手举金光明之如意，琅风清微，绮云郁丽。天尊寂然良久。

天尊说道："雷师皓翁，你们这些仙卿累世积攒功勋，前生累积善行，所以才能被玉清仙府录用，在琼瑶天宫的仙籍上留名。你们今生的功业道行，比以往更加深厚。所以要尽心尽力于雷司之职，倾心奉献于火部之任。当日复一日、年复一年地坚持，功勋愈发崇高，德行愈发显著时，你们的本性就会像雨后初晴的天空一样明澈，精神会与大道融合。如此便可证得高真之位，步入妙道境界。然而雷部众鬼神，白天劳碌，夜晚服役，动辄就会受到鞭笞惩罚，严重的甚至会遭到考校与诛戮。他们时而要奔走四方施云布阵，时而要乘风而起凝雨作雪，这种辛苦永无停歇。还有传檄驭龙，遣令乌鸦；此处刚刚停歇，彼处又要开始。他们之所以遭受这种苦累，个中原因你们应当仔细听着。”雷师皓翁以及诸天诸仙都都侧耳凝神，静默倾听。只见天尊端坐于九凤丹霞的宝座上，手中擎着金光明如意，清幽的风阵阵拂来，绚丽的彩云郁郁环绕。天尊沉默不语地静坐了良久。

【注曰：雷司布令行事，疾如风火，不可留停。降泽之处有方，震雷之声有数，可旱即旱，可雨即雨，必奉帝勑。其雷司所行，鬼神何以致也？盖此等之人，居尘世之上，不忠不孝，不仁不义，不礼三宝，不修五常，不惜五谷。所以身没之后，听我雷司之驱役，实此等罪报也。闻天尊所说善恶因缘，雷师皓翁及诸天诸仙启耳悚惧。天尊所坐之时，其神风琅琅然而清微，彩云郁郁然而华丽，沉静良久，欲对仙众再演玄文也。

义曰：善根宜种，恶业莫生，天真尚然，累功积行，何况后学君子可不尽心乎。

释曰：雷师皓翁，与天地同体，日月齐明。是以天尊言储勋夙世有大功，於初始之先行，既累著而得精炁，遂化成形，故得玉府进用琼宫有名矣。今又掌善司恶，分化济人，其功不少。所以尽心於火部者，乃雷师皓翁之本情也。加之日积月增，名高行显，以全元炁，则性霁神融之不虚言也。以是能与高上真王为明证之臣，遂列大道之阶。天尊以善恶两途谕诸天真，复引雷部鬼神昼劳夕役周而复始无有休息。所言屑云；谓其奔走四方搏云作阵之劳。雕雪者，其冒冻乘风凝雨作花之苦也。至於入海檄其龙，走林命其鸦，东作西止，东伏西兴，无有息时，此善恶之因故明矣。天尊是时语雷师曰：吾得权大化位上真，盖心先缝此道，故得如是也。尔等欲升仙阼，赞化玄文，以吾之功为功，则道自成矣，尔今听焉。诸天帝君闻如是说，皆耸耳而敬听也。天尊之威仪，不可宣说，即有神风绮云清朗郁丽，天尊与九炁复合为一，寂然而不动也。

赞曰：善恶两途，特如影响。善为天真，恶为魍魉。】

天尊言：吾昔於千五百劫，以先心缝此道，遂位上真，意酿此功，遂权大化。尝於大罗元始天尊前，以清净心，发广大愿，愿於未来世，一切众生，天龙鬼神，一称吾名，悉使超涣。如所否者，吾当以身身之。尔等洗心，为尔宣说。

天尊说：“我在过去一千五百个劫之前，以最初的本心修缝此道，终于位登上真，酝酿成就了这般功德，于是掌握了造化大权。我曾在大罗元始天尊面前，以清净心发下宏愿：愿于未来世间，一切众生以及天龙鬼神，只要称念我的名号，都能得以超脱解散。如果有称念而不能得度的，我必当亲身前往拯救。你们洗心静听，我现在就为你们宣说经法。”

【注曰：心缝，此道者谓如裁段布帛，若不缝就，焉能为衣。且天地一点元炁，散遍太虚六合，人禀父母一点元炁在身，即是祖宗之遗体也。若修之智慧，定观清净之心，收聚七宝，结成还丹，是谓以心缝合成其大道而位证上真。又以天地化醇之炁，大道混合冲和之妙，酿成巨功，遂权大化，提挈天地，隐显莫测。天尊於大罗元始天尊前，发广大愿，愿一切众生，天龙鬼神，一称名者，悉使超涣。如所否者，天尊当以身身之。此足见天尊普护人天，发弘誓愿也。

义曰：幸得人身，不可蹉过，当守是道，而诵是经，日就月将，与道合体，非小补哉。

释曰：得道之难，合道之不易也。我天尊昔於五百劫之初，心先合此道，即九炁之生形也。故称曰真王，遂掌大化。我天尊曾向大罗元始天尊前，以九天不杂之真，发三界无边之愿，期在未来之世，但受九炁之物，有能归吾化称吾名者，皆能起死回生。或不信从者，我当以元始一炁化成九炁，以复其初也。天尊谓诸天帝君曰：尔等当净其心，吾今为汝等开大道之密绪也。

赞曰：道乃天地心，愚痴不解寻。破衣要缝补，须用水磨针。】

天尊言：尔诸天人，欲闻至道。至道深窈，不在其他。尔既欲闻，无闻者是无闻，有见即是真道，闻见亦泯，惟尔而已。尔尚非有，何况於道？不闻而闻，何道可谈？

天尊说："你们诸位天人，想要听闻至高无上的大道。然而至道幽深玄妙，并不在别的地方。你们既然想听，须知没有'听'这件事，才算是真正的无闻；有所见悟，才是契合了真道。当听觉与视觉的感官干扰都消失了，剩下的才是你自己本然的自性。你自身尚且虚幻非实，更何况那至道？既然听不懂至道还想了解它，又有什么道理可说呢！"

【注曰：至道者不在其他，在自己也。尔既欲闻，若明自己之道，即是不必闻也。是云无闻者是无闻，有见即是真道。若闻他人之说自己，有见即是真道，闻见亦泯皆不必闻见矣。若谓非有，既不闻道而欲闻，不可与谈道矣。

义曰：大道无形，无我无彼，有无无有，即是真道也。有为有形，道在何处？入道之士，当於无无处著脚。

赞曰：道道道道，说著可笑。天地我人，一家一窍。】

天尊言：道者，以诚而入，以默而守，以柔而用。用诚似愚，用默似讷，用柔似拙。夫如是则可与忘形，可与忘我，可与忘忘。入道者知止，守道者知谨，用道者知微。能知微则慧光生，能知谨则圣智全，能知止则泰定安。泰定安则圣智全，圣智全则慧光生，慧光生则与道为一，是名真忘。惟其忘而不忘，忘无可忘，无可忘者即是至道。道在天地，天地不知，有情无情，惟一无二。

天尊继续说道："所谓'道'，当凭借诚心进入，凭借静默持守，凭借柔顺运用。怀抱至诚，看似愚钝；恪守寡言，宛如迟钝；以柔制刚，仿佛笨拙。如果能做到这样，就可以达到'忘掉形体'、'忘掉自我'，甚至连'忘'本身也一并忘却的虚无境界。入道之人要懂得守住本位，守道之人要懂得严谨操持，用道之人要懂得察觉最细微的变化。能够察觉细微，内在的智慧之光就会生发；能够持守严谨，神圣的智慧就会圆满；能知适可而止，则心境安定泰然。心境安定，则圣智圆满；圣智圆满，则智慧光明涌现；智慧光明涌现，则与大道合二为一，这就叫'真忘'。只是忘却一切却并非懵然无知，达到无可再忘之境，没有什么可忘，这便是至道。大道存在于天地之间，而天地却不自知；无论有情众生还是无情之物，本源皆惟一无二。"

【注曰：道者，乃三界所由之路也。然入则有由，守必有方，其用固有理也。盖道乃天地无为之称，即人之真常也。诚者，端恪不移，无妄之理也。故惟以无妄之诚，而入於真常之道。然真常之道，悟者自得，故默识心融而后能守，雍容不迫而后能用。夫入不能守则非所谓入，守不能用则非所谓守。故用真实者，如愚而默，雍和而不刚暴，是亦如拙者何异焉。然其为愚讷拙也，特如之而已亦，岂真愚讷拙哉。人能入之守之用之，如是者则不特可与忘物，而亦可以忘我，至於物我俱忘，亦忘其所谓忘矣。何言乎忘形，我者心不之动，湛然常寂，无彼此之间也。知者识之，明者见之，真之谓也。入道而知止，守道而知谨，则固循於道而不离。用道而知微，则能反约，而不惑於远大。此其道体之本原，在是而一心之妙用所由生也。则凡所谓无所不通，无所不知，乃本性之所具者，至此亦复全於我矣。原其所自，则又皆本诸知止。知止而后有定，定而后能静。静定日久，听明日全。天光内烛心纯乎道，与道合真。抑不知孰为道，孰为我，但觉其道即我，我即道，彼此相忘於无忘可忘之中，此所谓至道也。至道在乎天地之间，而反不知其道之所在。要知道者，则凡有情之物我蠢动，无情之山河草木，岂出於至纯而不杂之外耶？其惟抱一为天下式者知此。凡人修真炼道，惟守一而不杂，则进德无魔，升举有日也。

义曰：此章乃玉清真王入道守道体道之端绪也。奉玉枢大教之志士，於此再三研穷，自有所得，则玉清真王之语不虚设矣。

释曰：大道无言，有言非道，是故我天尊言前章至道深窈不可得闻也。若此之论，后人皆不被天尊之化，其道有起有止，无见无闻，起止见闻皆由心造。昔我天尊九炁生而九炁成，有何见耶？有何闻耶？此章乃天尊教学道修真之士用功守成之路，必以己诚而合天地之诚也。盖诚者，一也。夫道一而生二，二生三，三生万物，莫不自诚一而来者。人能用诚而入，用默而守，用柔而用。然后得诚者似愚，得默者似讷，得柔者似拙。诚默柔为体为用，愚讷拙为道为玄，如是方可与道混然，忘形忘我忘忘，此乃道之实而真之妙也。入必要知止，守必要知谨，用必要知微，知微者则九炁之光足矣。能知谨者，则万灵之圣全矣。能知止者，则三元之神安矣。神安则智必备，智备则灵光生，灵光生则本元之炁合矣。故名之曰真忘，惟其忘而不忘，忘无可忘者，即是真一之大道也。

赞曰：守一守一，当用谨默。无我无人，却有一贼。若还捉住，湛然凝碧。】

天尊言：吾今於世，何以利生？为诸天人演此妙宝。得悟之者，俾跻仙阼。学道之士，信有气数。夫风土不同，则禀受自异，故谓之气。智愚不同，清浊自异，故谓之数。数系乎命，气系乎天，气数所囿，天命所梏，不得真道。愚可以智，浊可以清，惟命俾之。愚昏昏，浊冥冥，亦风土禀受之移之。天地神其机，使人不知，则曰自然。使知其不知，则亦曰自然。自然之妙，虽妙於知，而所以妙，则自乎不知。然於道则未始，有以愚之浊之。诸天闻已，四众咸悦。

天尊说："我现在在世间，用什么来利益众生呢？就是为诸天众神演说这部精妙的宝经。能够体悟其中真理的人，将能够登上仙人的宝座。学道之人都相信世上存在‘气数’。风土环境不同，因为各地的地理风俗不同，导致每个人先天禀赋的差异，这称之为‘气’；才智与愚笨的不同，内在本质清纯与浑浊的差异，这称之为‘数’。数取决于个人的命途，气取决于上天的垂赐。被气数所局限，又受天命所束缚，就无法得到真正的道。虽然愚笨可以转化为智慧，浑浊可以转化为清明，但这一切唯有命运安排使然。愚钝昏昧、浑浊不清之人，也是由于先天风土资质所致。天地使这种运行机制变得极度神妙，让人无法察觉其规律，这便谓之‘自然’；让人在不知不觉中顺应这种不可知的力量，这也仍叫作自然。自然的妙处，虽然可以用智慧去感知，但其真正玄妙的原因，正在于出于‘不知’。然而在大道本体看来，从一开始就没有所谓的愚笨与浑浊之分。”诸天人听毕，无不悦服欢喜。

【注曰：凡人生处，若土厚水深，地气多寒，万物晚成，造化之功厚，故多寿也。若土薄水浅，地气多热，万物速成，造化之功薄，故多夭也。此风土不同，禀受之异也。若人禀胎气清者，为人慈善，端正忠孝，智慧聪明，乐仙慕道之人也。禀气浊者，为人凶恶，邪佞狠毒，愚痴悖逆无道，不仁不义之人也。智愚不同，清浊之异也。气数所囿，如花木之开发，亦各有时，皆禀示地之气。天命所梏，乃天令施於桎梏。不善之人，长沦恶趣，不得真道也。愚者，可以智慧门化之。浊者，可以清净门化之。愚者常自昏昏，浊者常自冥冥，此乃自然而然也，皆风土禀受之分配定矣。盖天地之生杀万物，亦随其四时之气侯也。若智人，得五行之气，阴阳之精，修之炼之，以保固其身命，便与天地同久日月齐明。愚人只知声色滋味，而不知反以害其命也。是以学道之人，当默而思之。

义曰：天之生物，皆得二气之威形，清气多而赞淑，浊气重而奸恶。岂非风土之不齐，禀受之自异者也。

释曰：夫风土之不齐，实气数之所系也。是故，我天尊举此一章。列大道之后者，何也？盖世人失於调养，肆意轻生。孰不知轻清之气为天，重浊之气为地。凡为人身，得天气成精成津成液，得地气成骨成肉成筋者也。既禀二气而生，何故有修短赞愚之分耶？岂非风土之厚薄阴阳之偏塞耶？盖天之命如梏，气之数如囿，言人人不可逃天命而越气数。惟我学道之士，能崇此经，则出於天命而拔气数之外也。我天尊说是言毕，两班卿师使相诸天帝君雷师皓翁，踊跃赞叹，至於天龙鬼神，亦皆不知手舞足蹈之悦也。

赞曰：风土所宜，亦由气血。水各有源，人皆有劫。轻清还玄，重浊不白。道本无二，此心似月。】

天尊言：吾今所说，即是玉枢宝经。若未来世，有诸众生，得闻吾名，但冥心默想，作是念，言九天应元雷声普化天尊，或一声，或五七声，或千百声，吾即化形十方，运心三界，使称名者咸得如意。十方三界，诸天诸地，日月星辰，山河草木，飞走蠢动，若有知若无知，天龙鬼神，闻诸众生一称吾名，如有不顺者，馘首刳心，化为微尘。

天尊说："我现在所讲的，正是《玉枢宝经》。如果未来世间，有众生听闻了我的名号，只需默默凝神，在心中念诵'九天应元雷声普化天尊'。无论是诵念一声，还是五声、七声，乃至成千上百声，我都会立即在十方世界中显化我的形身，在三界之中运使我的神威，使称念我名号的人都能如愿以偿。十方三界之中，从诸天诸地到日月星辰，从山河草木到飞禽走兽，无论是有灵识的还是无意识的生命，乃至天龙鬼神，只要听到众生称念我的名号，若有不顺从者，我便立刻斩其首级，剖其心脏，将其化为微尘！"

【注曰：夫玉枢者，即玉清之气也。玉为至尊至贵，故元始天尊称玉清，昊天上帝称玉皇，太上道君称玉晨，太上老君称高上玉帝也，三清之都号玉京神霄真王称玉清。玉者，宝中之尊贵也。枢者，天之枢纽也。雷霆者，天地之枢机。天枢地机，枢阴机阳。天本阳，曰枢者，乃颠倒之理也。虽曰天阳地阴，盖天一生水也。北斗贪狼星，号枢星，贪狼配天元乃七政之首也。如枢密院，亦朝纲之枢机也。总国之机密政务，掌杀伐之目也。玉枢之经，乃天府之雷文也。如有不顺之人，当制心斩首，皆在雷司之主令也。

义曰：天尊以好生之心为心，化形十方，不使一物不被其泽也。如有毁谤之者，雷司馘首刳心宜矣。

释曰：此章，天尊发广大之愿明矣。天尊念念生生，无文可明，故垂玉枢之灵文，以化众生。其或众生得化成真之后，一称我天尊之号，篆天尊之符，至於世间山河草木飞走蠢动，但禀二气之物，即当悚尔而听，毋敢少逆。如不顺者，雷司不容，则碎为微尘也。

赞曰：天尊天尊，发愿广大。毁谤玄文，雷司有害。】

天尊言：吾是九天贞明大圣，每月初六及旬中辛日，监观万天，浮游三界。若或有人欲学道，欲希仙，欲逭九玄，欲释三灾，当命正一道士，或自同亲友於楼观，於家庭，於里社，醻水馈花，课诵此经。或一过，三五过，乃至数十百过，即得神清气爽，心广体胖。凡所希求，悉应其感。

天尊说："我是九天中的贞明大圣。每月初六日及每旬中的辛日，我巡察万天，游历三界。若有人想要修习大道、成就仙业，想逃脱九幽之苦，想解除三灾之厄，就应当聘请正一道士，或自行同亲友一起，在道观楼阁、家中庭院或乡里社庙中，斟清水、献鲜花，课诵此经。不论诵读一遍、三五遍，乃至数十遍、上百遍，都会使人精神清爽，气宇舒畅，心胸开阔，身体安泰。凡所希求之事，无不感应遂意。"

【注曰：天尊号贞明大圣。夫贞者，贞观其天地，贞胜其吉凶。而乃天地变化，圣人效之。吉凶垂象，圣人则之。夫易乾元亨利贞。贞者，四时为冬，四方为北，令亦属北。天一生水，玉清之祖气也。天尊每月初六及辛日下降。初六者，六阳降而生乾，六阴胜而生坤，消息升降，周流六虚，以为道极。圣功生焉，神明出焉。盖天地生数一，成数六。天地得之，润泽济世。六辛者，天之水数天数，当先号六辛。辛数，乾天也。天一生水，皆先天一气之义。万天者，自大罗清微禹余大赤王境之天。周遍诸天，无不监观其天人功过。至于三界，无不浮游察录其万灵功过也。若人诵此经者，凡所希求，悉应其感。

义曰：天尊言：有情无情，有知无知，咸得成真，以宣大化。自见其功德不可称量也，叩之必应。奉道之人，可不勉哉。

释曰：天尊降监之日，恐世人不知，误犯天律，夫尊惜群生之念至於如此。如或学道希仙之士，酌水献花，或亲友，或道士，一诵此经，其得仙班有位，天府标名。或有一等下愚，忽起诚心，课诵此经，使之心广体胖。或有孝子顺孙，斋心涤虑，建置坛场，请诵此经，即得超升。所以释三灾道九玄，皆得如愿，无不感应。

赞曰：诚不用物，以气相臻。一称尊号，天地回春。】

天尊言：身中九灵，何不召之？一曰天生，二曰无英，三曰玄珠，四曰正中，五曰子丹，六曰回回，七曰丹元，八曰太渊，九曰灵童，召之则吉。身中三精，何不呼之？一曰台光，二曰爽灵，三曰幽精，呼之则庆。五心烦懑，六脉抢攘，四肢失宁，百节告急，宜诵此经。

天尊说："人身之中有九灵，为何不召唤它们呢？这九灵分别名为：天生、无英、玄珠、正中、子丹、回回、丹元、太渊、灵童。召唤它们则吉兆临身。人身之中还有三魂精灵，为何不呼唤他们呢？此三魂名为：台光、爽灵、幽精。呼唤它们则有福庆降临。当你感到心神焦虑、脉象散乱、四肢不安，甚至全身关节都感到不适或告急时，应当立即诵读这部经书。"

【注曰：九灵者，人身中之本神也。天生者，玄牝也。无英者，婴儿也。玄珠者，谷神也，正中者，泥丸。夫人子丹者，灵台神也。回回者，贵券神也。丹元者，心神也。太渊者，肾宫列女，水府神也。灵童者，主制五脏神也。台光者，男女构精，胞胎始荣。爽灵者，魂也。幽精者，魄也。凡为人，既知身中有此神灵，何不时时呼召，炼成一家，则学道希仙无诸障碍也。若五心烦懑，六脉抢攘，诵此经则身中诸神咸得以宁，则使人安逸也。

义曰：三精九灵，非外物也。住我本家，慎勿放出。当令常侍左右，朝真礼圣，则易见而易得也。乃天尊恐人不知大道所在，故以此指之也。

释曰：天有九曜，人有九灵。天有三台，人有三魂。天之九曜失度，三台迁位，则水旱阴晦。人之九灵失守，三魂妄行，则灾害生矣。如有此三者，至心诵经焚符，则三魂安九灵息、五心静六脉和、四肢泰百节无恙也。

赞曰：九灵九灵，是我之精。时时呼召，永保长生。】

天尊言：若或有人五行奇蹇，九曜嵚巇，年逢刑冲，运值克战，孤辰寡宿，羊刃剑锋，劫煞亡神，鬼门勾绞，禄遭破败，马落空亡，动用凶危，行藏坎壈，即诵此经。上请天官解天厄，地官解地厄，水官解水厄，五帝解五方厄，四圣解四时厄，南辰解本命厄，北斗解一切厄。

天尊说："如果有人命局中的五行运势极其不顺，九曜星辰运行到凶险崎岖的位置，流年遭遇刑冲，运势正逢克战，命犯孤辰寡宿，又遇羊刃、剑锋等凶星，劫煞、亡神纠缠，鬼门、钩绞作祟，禄星逢破败，天马星落入空亡，凡事举动凶险，人生起止坎坷不顺，则应当诵读这部经书。上可祈请天官解除天灾，地官解除地厄，水官解除水患；五方五帝解除五方之灾，北极四圣解除四季之厄；南斗星君解除本命年之灾，北斗星君解除一切厄难。"

【注曰：凡人五行不通，九曜失度，又值刑冲及诸神煞，动用行藏皆不顺利，大则天谴地责丧身陨命，皆由三官五帝四圣二斗以主之。归命此经，诵咒焚香告符，则一切厄难，皆能解释。

义曰：三界之中，为人最灵，不知向上一步，致使星辰战克，行止轗轲，急宜归奉真文，则三元五帝以消其罪也。此章，天尊令人知忌避而欲禳之。

释曰：此言人之五行不利，九曜作挠是也。所以诸多神杀，皆听我天尊之勅。如或有人遭此祸患，诵此经，则天尊命本人之家司命六神，上请天官解天厄，地官解地厄，水官解水厄，五帝解五方厄，四圣解四时厄，南辰解本命厄，北斗解一切厄。盖缘此三官五帝四圣南辰北斗，亦乃天尊之有司也。故云上请者，欲人知天尊之所司之广设也。

赞曰：地网天罗不可逃，凶星临并若为消。诚心诵取天尊号，玉篆金符急急烧。】

天尊言：沉疴伏枕，痼疾压身，积时弗瘳，求医罔效，五神无主，四大不收。或是五帝三官之前，泰山五道之前，日月星辰之前，山林草木之前，灵坛古迹之前，城隍社庙之前，里巷井灶之前，寺观塔楼之前，或地府三十六狱，冥官七十二司，有诸冤枉，致此牵缠。或盟诅咒誓之所招，或债垛负偿之所致。三世结衅，累劫兴仇，埒其咎尤，库其执对，皆当首谢，即诵此经。

天尊说："若人患沉疴久病，卧床不起，顽疾缠身，长久不愈，求医无效，五脏六腑失调，四大元素紊乱；这可能是因为曾在五帝、三官神前，或泰山五道神前，或日月星辰神前，或山林草木之神前，或灵坛古迹之神前，或城隍社庙神前，或巷里井灶之神前，或寺观塔楼之神前，或者是阴司地府三十六狱、七十二司中，有冤屈未雪，导致这些因果纠缠在身体上；或者是曾立下盟誓、诅咒而招来的灾殃；又或者是累世债业未偿所致；三世结下的仇恨，累劫积攒的怨怼，这些罪业会被神明清算、记录在案，并提拿对质问责。若想化解，都应当首先真心悔过认罪，然后诵读此经。"

【注曰：沉痾痼疾，伏枕床蓐，医祷无效，盖三官五帝，泰山岱岳，日月星辰，城隍社庙，里巷井灶，灵坛古迹，寺观塔楼，五道诸司，地府冥官，至於山川草木皆有神祇，故误冒犯。或夙有冤牵，负财致命，或被人咒诅，或自设誓违盟，累劫以来兴仇结衅，皆当悔过，发露罪尤，请诵经咒焚此篆符，而悉得消愈也。

义曰：此章专言人之积病及禁忌相刑，当称天尊之号，则祸去而福来，何必疑也。

释曰：凡人病染沉痾，痼疾弗瘳，世药无功，阴神作挠，或自咒，或他诅，或积垛，或私愆，则冥府欲问究由，欲追执对，何以赦免？即诵宝经焚灵符，即时安逸也。

赞曰：阴谴阳罪，沉痨是报。禁忌犯之，经符是祷。】

天尊言：天官符，地官符，年月日时，各有官符。方隅向背，各有官符。大则官符，小则口舌，是有赤口白舌之神以主之。凡诸动作兴举，出入起居，不知避忌。如遇官符口舌，则使人击聒。晓夜煎煼，多招唇吻。面是背非，动致口牙。盟神诅佛，始於谤讟，终於诟诋。由是狱讼生焉，刑宪存焉。若欲脱之，即诵此经，遂得口舌潜消，官符永息。

天尊说："天上有天官符，地下有地官符，年、月、日、时各有官符，各个方位方向也各有官符。大到面临官司纠纷，小到遭遇流言蜚语、口舌之争，这都是由于所谓的"赤口白舌"之神在主宰作祟。但凡人们的各种行动、营建、出行、居家，若不知道规避禁忌，一旦碰上官符或口舌之灾，就会使人不得安宁。整日为此煎熬不安，频频惹来唇舌纠纷。当面一套、背后一套，动不动就引发口角。甚至发展到对神佛起誓诅咒，从开始的怨谤，最终演变成恶言辱骂。由此官司诉讼滋生，刑罚惩戒随之而来。如果想摆脱这些纠纷，就诵读此经，自能使口舌之祸暗中消散，官非之灾永息不发。"

【注曰：此章，天尊言诸官符赤口白舌之神者，乃天省下之恶曜也。盖因世人，不修正道，不畏公法，渎雷亵雨，故遣此神以挠之。若人犯者，急诵此经，焚诸符篆，即得应时消灭矣。

义曰：人之行藏，各有可否，但自不能识其机而造其理也。如或犯之，此经能免也。

释曰：天尊发愿广大，施化无方。此章专言诸官符者，盖此神易犯难释，以致庶人一或干之，则赤口白舌乘势而生也。而世人何不预诵宝经焚玉篆，则此祸自灭矣。

赞曰：天符地符，人不可触。欲释讼凶，经篆三告。】

九天应元雷声普化天尊玉枢宝经集注上

《九天应元雷声普化天尊玉枢宝经》集注 下

天尊言：土皇九垒，其司千二百神，土侯土伯，土公土母，土子土孙，土家眷属。若太岁，若将军，若鹤神，若太白，若九良，若剑锋，若雌雄，若金神，若火血，若身黄，若撞命，若三煞，若七煞，若黄旛豹尾，若飞廉刀砧，如是等土家神煞。若人兴修卜筑，一或犯之，即致病患，以迄丧亡。才诵此经，则万神皆起，天无忌，地无忌，阴阳无忌，百无禁忌。

天尊说："土皇九垒统辖着一千二百位土府大神：有土侯、土伯、土公、土母、土子、土孙等一众土府眷属。另外太岁星君、年将星君、鹤神、太白、九良、剑锋、雌雄、金神、火血、身黄、撞命、三煞、七煞、黄幡、豹尾、飞廉、刀砧等等这些，都是属土的神煞。如果有人兴建房屋、动土修造，一旦触犯了其中任何一项神煞，便会招致疾病祸患，甚至丧命。一诵此经，万神齐起相护，则天无所忌，地无所碍，阴阳协和，一切禁忌尽皆解除。"

【注曰：凡人动作兴工，不无有犯神煞，其祸立至。大则丧命，小则官非，可不慎欤。依仪书篆行持，诵经祈祷，则百无所忌也。

义曰：天尊惜群生，至於如斯也。亦云生亦土，而死亦土。殊不知土之为害，大尤甚也。盖土宜静，不宜动之谓也。

释曰：天覆其地，人孰不知。盖我天尊，为九天之尊，统制三界。而九垒皇君眷属家臣诸多恶煞，害人不轻，天尊用玉文宝篆以镇禳之，使世间上士下愚凡动作之时，百无禁忌也。

赞曰：万物皆从戊己来，偶然相犯即为灾。若非普化真文力，处处皆为白骨堆。】

天尊言：世人夫妇，其於婚合，或犯咸池，或犯天狗，三刑六害，隔角交加，孤阴寡阳，天罗地网，艰於嗣息，多是孤独。若欲求男，即诵此经，当有九天监生大神，招神摄风，遂生贤子。於其生产之时，太一在门，司命在庭。或有冤愆，或有鬼魅，或有禁忌，或有凶厄，致令难产。请诵此经，即得九天卫房，圣母默与抱送，故能临盆有庆，坐草无虞。凡有婴孩，在於襁褓，为梅檀神王座下一十五种鬼，加诸恼害，因多惊痫，宜诵此经。

天尊说："世间的夫妻，在婚姻结合时，有的冲犯了咸池煞，有的冲犯了天狗煞，又遇三刑六害、隔角煞交加，命带孤阴寡阳，或陷于天罗地网之中。因而难以孕育子嗣，多落得孤寡无依。若想祈求男嗣，就诵读此经。届时必有九天监生大神降临，召来神灵，驱使和风，从而降生贤良之子。在其生产之时，太一天尊守护在门，司命神驻守在庭院。如果有冤孽、鬼魅作祟，或触犯禁忌、遭逢凶厄，导致难产，请诵读此经，就能得到九天卫房圣母在冥冥之中帮助接生与护送，使临盆顺利，出产平安。凡是有婴孩尚在襁褓之中，常常会遭到旃檀神王座下十五种恶鬼的侵扰加害，导致婴儿频频受惊痫症，这时应当诵读此经。”

【注曰：世人婚合产育，皆有神煞。不知方向，不避太岁，偶尔犯之，其祸不浅。急宜诵经焚符以禳之，则自安荣也。

义曰：凶吉两途，互相齿之。如或不谐不育，天尊之号宜诵之，必自然而释矣。

释曰：此章为人间婚姻子嗣，系於天尊所属。凡嗣息聘嫁养育，非小事也。世俗罔知，而窒於勘合之私，其误多矣。如或犯之，夫北妻南，子息艰得。宜诵宝经焚灵符以释之，则自然夫妻和睦，子孙昌泰也。

赞曰：夫妇人伦事，儿男骨肉恩。要令家道睦，归敬玉枢文。】

天尊言：若人居止，乌鼠送妖，蛇虫嫁孽，抛砖掷瓦，惊鸡弄狗，邀求祭祀，以至影胁梦逼，及於奸盗。而敢据其所居，以为巢穴，遂使生人被惑。庭户不清，夜啸於梁，昼瞰其室，牛马犬豕，亦遭瘟疫。祸连骨肉，灾及孳生，淫祠袄社，党庇神奸，吊客频仍，丧车迭出。若诵此经，即使鬼精灭爽，人物咸宁。

天尊说："如果有人家宅不安，出现了飞鸟老鼠带来的妖异现象，或者蛇虫出没产生邪孽；甚至发生莫名其妙的抛砖掷瓦、惊扰鸡狗等灵异事件，索求供奉祭品，甚至出现鬼影威胁、人遭梦魇，以及引发奸邪盗贼之事。这些妖邪竟敢据人居所为巢穴，使生者受到迷惑，庭院门户不宁：夜晚屋梁上鬼啸不止，白天暗中窥视厅室，牛马犬猪等畜牲也染上瘟疫。祸殃连累家中骨肉，灾害波及家族子嗣；淫祠邪社包庇妖邪奸鬼，导致吊丧之客频繁上门，丧车接连不断。如果诵读此经，便能使妖鬼精灵灭散消亡，人畜都得以安宁。"

【注曰：盖此等之家，不崇纲常理道，不畏天地神明。口味厌秽荤膻，身履邪淫杀道。不遵公法，惟务私荣。肆毒逞凶，恣行不善。是致鬼妬神憎，妖邪竞起。若能悔过首谢，诵经焚符，即得祸乱不生，人物安宁也。

义曰：壁坏盗入，业重鬼来，致使六畜兴灾，家神不利。天尊不以小故，亦垂大恩，多诵经文，其祸止矣。

释曰：正气如天，邪魔敢犯。盖因世人治家不理，干渎神聪，以致六神不居，则邪气乘间而入。或鼠精蛇魈，抛掷惊弄，血阴无时，甚至染昧家人，其祸不测。或盗人家财物，移东易西，皆此类也。致使吊客丧门，挟灵肆志。即诵宝经焚玉符，则人物俱得以安宁也。

赞曰：自作恶时邪亦作，我行善处即天行。世人忽有如斯难，宜篆灵符诵宝经。】

天尊曰：九天雷公将军，五方雷公将军，八方云雷将军，五方蛮雷使者，雷部总兵使者，莫赚判官，发号施令，疾如风火。有庙可伐，有坛可击，有妖可除，有祟可遣。季世末法，多诸巫觋，邪法流行，阴肆魇祷。是故上清，乃有天延禁鬼录奸之庭，帝由束妖考邪之房。能诵此经，其应如响。

天尊说："九天及五方、八方的各路雷公将军，五方蛮雷使者以及雷部的总兵使者，还有莫赚判官，他们发布的号令如风火一般疾速。对于邪恶的庙宇可以直接捣毁，有妖坛也可以直接打击，所有的妖怪都可以清除，所有的祟物都可以遣散。在末法时代，巫觋在世上横行，邪法流布，暗中施展阴毒咒术。所以上清天宫设有延寿禁鬼、录拿奸邪的法庭，以及由帝君亲自掌控的拘束妖邪、考校邪徒的刑房。能够诵读此经者，其感应灵验迅捷就如回声响应。"

【注曰：经中凡二十一段，皆天尊言，惟此章云天尊曰。盖称扬雷公将军使者判官，发号施令，应响威德，故不直言也。

巫觋之徒，务行邪术，妄构妖言，魇祷夫妇分离，蛊媚女流苟合。值此妖巫，诵宝经焚符篆，则雷司剿除，应报如响，人得安宁。

义曰：天地无私，惟德是辅，善恶之报，动如景响。学道之士，体天心而明己心，则祸患蠲消而福禄臻矣。

释曰：此章，乃天尊自赞雷司之圣也。如此所以，诛鬼斩邪，兴云降雨，皆我天尊敕下方行，今世道俗难分。或以不正之术，坏人伦而犯天律。诵此宝经焚符，则立应如响，岂不敬乎畏乎。

赞曰：雷司明善恶，善拔恶，常诛邪法相侵害，惟多诵玉枢。】

天尊言：天瘟地瘟，二十五瘟。天蛊地蛊，二十四蛊。天瘵地瘵，三十六瘵。能诵此经，即使瘟瘽清净，蛊毒消除，劳瘵平复。亦有其由，或者先亡复连，或者伏尸故气，或者冢讼墓注，或者死魂染惹，或者尸气感招。凡此鬼神，或悲思，或志恨，牵连执证，并缘注射。乘隙伺间，乃得其便。故此经者，上通三天，下彻九泉，可以追荐魂爽，超度祖玄，太上遣素车白马大将军以监之。

天尊说："无论是天灾地变产生的二十五种瘟疫，还是由于邪法招致的二十四种蛊毒，或者是慢性的三十六种劳瘵。诵读此经，即可令瘟疫袪除净尽，蛊毒消散无踪，劳瘵沉疴得到平复。此外，这些灾病的发生也自有原因：或者由于先亡祖灵未得超度仍来纠缠，或者因为尸体遗留的怨气流毒，或者因为坟茔遭人诅咒、墓地下有冤魂诉讼，或者因为游荡的亡魂附体侵扰，或者因为尸气感应招致邪祟。这些鬼神或悲伤惆怅，或心存怨恨，彼此牵连，并借助缘业关系乘虚而入，趁机加害。有鉴于此，这部经上通三清天界，下彻九幽泉域，能够追荐亡魂，超度祖先幽灵。太上老君还会派遣乘素车、驾白马的大将军前来监护。”

【注曰：凡人患瘟蛊瘵疾者，皆有所致，甚至绝灭一门，牵连六亲。若能诚心诵经，焚烧符篆，则雷司差素车白马之将以拔之，使人不陷此苦也。

义曰：瘟蛊疗疾，有自来矣。但能诚心洁己，诵真文，礼天尊，则不罹此苦也。

释曰：瘟乃不正之气，蛊乃无影之虫，瘵乃难愈之疾。盖此三者，我天尊之言，有自来矣。只缘复连相染，尸气相薰，冢讼相呼之所致也。复连者，乃人之大厄也，世人不知禳解，故有绝门亡没者也。冢讼者，七祖冤牵之所致也。尸气者，地上原有远年棺柩，化成小虫，或飞入饮食之中，或落在器皿之内食之，令人作蛊。凡人迁居，当诵经焚符，以剿绝之。

赞曰：天地瘟蛊瘵疾大苦，祸有其由，亦人自取。若诵玄文，可拔七祖，白马将军能为作主。】

天尊言：若或有人治装远行，贼盗骋奸，五兵加害。陆行则虎狼魈蜮磨其牙，水行则蛟龙鼋鼍张其颐。或难赖有幽枉之魂，或风涛有劫数之会。前亡后化，捉生代死，能於此经归命投诚，故得水陆平康，行藏协吉。

天尊说："如果有人整装远行，遇盗贼奸人作乱，或是兵刃加害：他走陆路，则有虎狼魑魅磨牙窥伺；行水路，则有蛟龙鼋鼍张口欲吞。或许在险滩激流中潜伏着含冤枉死的幽魂，或在风浪之中暗藏着命定的劫数。那些先去世者化作厉鬼，企图捉拿生者替死。如果能够归依此经，尽心投诚，则可保水陆一路平安，所作所为吉祥相伴。"

【注曰：凡人出陆遇贼迎兵，或逢蛇虎恶蜮山魈。水行或值蛟龙鼋鼍作浪兴风，滞魄沉魂，求生捉替。或遭劫会，或飘堕他方。常预备符篆防之，可水可火化去，亦急诵宝号，立免诸厄也。

义曰：出入动静，宜慎宜谨，若能平昔奉持此经，则此患何由而至也。

释曰：动静行藏，须当慎之。所以吉凶晦吝生乎动，是故一动只一吉字，其三字皆非美也。出入可不谨乎。凡欲远行，必须先诵宝经佩符命，则吉无不利。

赞曰：水陆行藏世不无，鬼神作耗暗潜图。一称普化天尊号，佩带真王玉篆符。】

天尊言：亢阳为虐，雨泽愆期，稽颡此经，应时甘澍。积阴为厉，雨水浸淫，稽颡此经，应时朗霁。祝融扇祸，飞火民居，赤鼠游城，惊爇黎庶，此经可以禳之。海若失经，鱼鼈妄行，洪水稽天，民生垫溺，此经可以止之。

天尊说："如果出现极度的旱灾，雨水迟迟不来，只要叩首诵读此经，甘露就会应时而降；若连日阴雨成灾，洪水泛滥，叩首诵读此经，天空就会应时放晴。祝融火神煽风点火，飞火蔓延烧毁民居，赤焰火鼠游走城中，惊扰焚烧百姓，这部经可以将这些祸患消除。若是海神失于节制，鱼鼋肆意妄为，洪水泛滥冲天，生灵遭受淹溺，这部经可以止息这样的灾难。"

【注曰：此章，天尊爱群生之心切切。久旱久阴，实天地之气不和，乃人民之业难释。以致三界震怒，水涝山崩，祝融扇祸，赤鼠兴妖，黎庶不安。若人遭此岁时，宜诵此经，焚此符篆，晴雨得宜，人民自安也。

义曰：阴阳失律，如旱逞势，莫非出入於天司之令。盖恶业之气不消，正真之道不崇也。天尊斡旋造化，以生生之心长养群品，其不可赞叹耶。

释曰：阴晴晦明，非细事也。上系天庭，下关洞府，亦由二气之不和故也。凡遇此水旱之时，志士严置道场，诵灵文而焚玉篆，则旱可雨而雨可晴矣。

赞曰：水旱为灾，可关天地。诚心诵经，晴明甘霈。】

天尊言：世人欲免三灾九横之厄，即於静夜稽首北辰。北辰之上，上有三台，其星并躔，形如双目，叠为三级，以覆斗魁，是名天阶。若人见之，生前无刑囚之忧，身后不沦没之苦。斗中复有尊帝二星，大如车轮，若人见之，留形住世，长生神仙。归命此经，投心北极，即有冥感。斗为天枢，中有天罡，在内则为廉贞，在外则为破军。雷城十二门，并随天罡之所指。罡星指丑，其身在未，所指者吉，所在者凶，余位皆然。若人见之，寿可千岁。

天尊说："世人若想要免除三场大的灾难与九种横祸，应当在静谧的夜晚，向北辰星稽首礼拜。北辰星之上有三台星拱卫，它们成对运行，形如双目，分作三级覆盖着北斗的斗魁，是为'天阶'。若有人得见此景，生前将不再有被监禁之忧，死后也不会堕入苦海。北斗星中又有尊、帝二星，光亮如车轮之大，若有人得见，便能肉身长存，长生不老成神仙。皈依此经，将心神投向北极星，便会有冥冥感应。北斗为天之枢纽，其中有一颗天罡星；此星在斗内则名廉贞，在斗外则名破军。雷城的十二道城门，都随着天罡星所指方向开合。若天罡星指向丑方，而其本身居于未位，则所指之处吉利，所在之处凶险，其余方位类推。如果能亲见罡星运作，寿命可延至千岁。”

【注曰：北辰者，北极星也。辰星五位，乃帝座星也。居常不动，而众星皆共之也。此北斗居天之中，为天之枢纽，斡运四时。凡天地、日月、五星、列曜、六甲、二十八宿诸仙众真及下元生人，上自天子，下及黎庶，寿禄，贫富、生死、祸福幽冥之事，无不属於北斗之总统也。太上授以天师张真君北斗经诀，若有危厄，急告北斗，礼诵本命真君，方获安泰。又得三台生，三台养，三台护也。三台星有六座，上中下台。名天阶者，太上升降之道也，其势横亘北斗第二星。上台虚精，中台六淳，下台曲生，乃星君内讳。知星名者，众恶消除，诸善备至。见星象者，生无刑忧，死无诸苦。凡於静房端坐，思三台覆头。次思两肾气从胸出，与三台相连。久久思毕，啄齿二七，鼻微微出气，闭口满咽而毕。乃咒曰：节节荣荣，愿乞长生，太玄三台，常覆我形，出入往来，万神携荣。步之五年，仙骨自成。步之七年，合药皆精。步之十年，上升天庭。急急如律令。可叩头瞻仰拜礼，则百事皆遂。又北斗乃阴阳之精神也。精曜九道，光荫十天，七现二隐。世人惟见七星，不见尊帝二星。此二星即辅弼帝皇太尊晨君，乃天地魂魄之威神。辅星主天，曰常。弼星主地，曰空。空者，九天之魂精。常者，九地之魄灵。天休地泰，空常隐藏。天否地激，空常焕明。变化万气，改易阴阳，四时代谢，莫不由焉。二星尊贵，隐伏华晨，九天亦秘其灵音，不行於世。诸得道高仙贵真，乃得见之。其营名逐利流俗秽浊之人，星光所不临照，难可得见也。曩亦有误见之者，今俗人脱有误见者，切不可言，泄则身被兵火，卒形获考地狱，生死父母皆受罪於三官。瞻礼之法，常以每月初三日、二十七日夜，勿令人知，阴下中庭，烧香礼诵，咒曰：尊帝二星，北极之灵。愿臣早见，见即长生。福庆无穷，天与长龄。诚心更念此经，默有感通，久久自当见也。亦不可泄其天罡名，在斗枢之内，星形与破军星相对，此星红色稍大，每一时辰，随斗杓照临地支一方位，时时运转，无有停息。经云：天罡所指，昼夜常轮是也。雷城按地支有十二门，雷欲发声，却随天罡，其时所指方位之门，乃发声也。且如天罡坐於未，对指丑宫，何故却有吉凶？盖天罡正气，能生能杀，若所指向之处，即是生方，故有生气，取之则可以治病补虚，安神旺气，却祸消灾，延生度厄也。所在之处，则有杀气，用之可以斩鬼驱邪，夷凶禁暴，馘毒制魔。故曰所指者吉，所在者凶也。

义曰：九曜三台，乃一身之主宰，为万象之枢机也。学者当依法而朝奏之，无不应响。

释曰：三台之星，尊之大之。其斗中二尊帝之星者，何也？乃天地之魂魄，造化之枢机也。夫学道之士，徒知朝真礼斗之诚，而不解瞻仰尊帝二星之捷径也。又有天罡之星，在北斗之后，随雷门开处，而指雷门十二者，乃十二时。经旨明言，所指者吉，所在者凶，即是雷门也。学者欲朝斗瞻星，则法见於注内，见之则人寿永而福厚也。

赞曰：玄门之妙，人言深奥。功行成时，当朝九曜。】

天尊言：世衰道微，人无德行。不忠君王，不孝父母，不敬师长，不友兄弟，不诚夫妇，不义朋友，不畏天地，不惧神明，不礼三光，不重五谷，身三口四，大秤小斗，杀生害命，人百己千，奸私邪淫，妖诬叛逆。从微至著，三官鼓笔，太一移文，即付五雷斩勘之司。先斩其神，后勘其形，斩神诛魂，使之颠倒。人所鄙贱，人所嫌害，人所怨恶，以至勘形震尸，使之崩裂。驱其卷水，役其驱车，月聚旬校，复有考掠。一闻此经，其罪即灭。若或有人为雷所瞋，其尸不举，水火不受，即称九天应元雷声普化天尊，作是念言，万神稽首，咸听吾命。

天尊说："当世道衰微、正道不彰之时，人们没有品德操行。不忠于君王，不孝顺父母，不敬爱师长，不友爱兄弟，夫妻间无诚信，朋友间无信义，不敬畏天地，不惧怕神明，不祭礼日月星辰，不珍惜五谷粮食；言行不符，欺瞒巧诈，买进用斗大、量出用斗小；滥杀生灵，残害生命，害人百计、利己千端；干犯奸私邪恶，沉溺妖巫淫乱，叛逆天道伦常。此时，从细微恶念到显著罪行，三官神明振笔记录，太乙神将罪牒移交，立即交付五雷斩勘司处置。那里先斩其神魂，再审其形体：斩灭其神识，诛戮其魂魄，使之昏乱颠倒。这样的人，世人鄙夷憎恶，人人嫌弃仇恨，以至于五雷斩勘司以雷霆震击其尸，令其尸骸崩裂。再驱使其在冥河浊水中沉沦，役令其拉车奔忙；每月清算，每旬校勘，反复拷问责罚。然而，一旦听闻此经，他的罪业便即时消除。如果有人因触怒雷神而遭雷击，尸体僵直不腐，水淹不烂、火烧不化，那么只消称念'九天应元雷声普化天尊'名号，如此默念，万神便都会叩首伏命，听从我的号令。”

【注曰：人一有犯，理应诛灭，岂雷司天府一一轰之？即今伏法遭刑，刀兵水火，但死於非命者，皆是也。盖人始以小恶，为之不改，日积月增，遂成大咎。罪已彰著，又不悔悟，三官太一考核，文移五雷之司，先斩神魂。伺其时至，然后施行，其死魂却听雷司驱役捶考也。若人改过迁善，归命此经，其罪即灭。凡有男女为雷所瞋，冠帻须发不被燎去，亦可归告天尊，取自圣裁，万神皆听其命令也。

义曰：三纲五常，乃万古不易之理，岂容悖逆而妄行耶？谷乃民之命国之宝，岂可不珍惜而爱护耶？近世浅薄，不忠不孝，不义不仁，崇奢侈而恶清淡，贱道德而习奸诈，致使横祸迭至。何不思之，天尊幸开大路，宜履之行之，则诸恶不生矣。

释曰：人生天地之间，禀二气备五常，履仁义而守忠孝，何故恣意轻生为诸不道之事？大则雷司震怒暴尸於市，小则官府加刑於身，是故善可为而恶不可作也。雷司以不仁之人驱役，作善之士自当保拔也。如有称天尊之号者，则万神无有不拱听者也。

赞曰：忠孝当为本，阴阳即我家。要消诸恶业，不必诵南华。】

天尊言：此经功德，不可思议。往昔劫中，神霄玉清真王长生大帝所曾宣说。至士授经，皆当剸金置币，盟天以传。雷师皓翁，长跪拜兴，重白天尊言：是经在处，当令土地司命，随所守护，雷部按临，以时稽审。若人家有此经，至诚安奉，即得祥烟满庭，庆云荫轩，祸乱不萌，吉福来萃，於其亡没，不经地狱。所以者何？死即往生，生归善道，承天尊力，有此灵通。出入起居，佩带此经，众人所钦，鬼神所畏。遇诸险难，一心称名九天应元雷声普化天尊，悉得解脱。

天尊说："这部经书的功德不可思议。在往昔的劫数中，神霄玉清真王长生大帝曾经宣说过这部经典。后世弟子受持此经传法，都应当专门备办金银财帛，向苍天盟誓传扬。"雷师皓翁长跪拜起，再次禀告天尊道："这部经书所在之处，应当命令土地、司命诸神随时守护，雷部神灵巡视时，也应当按时核查。若有人家恭敬供奉此经，必有祥瑞之气充满庭院，庆云荫庇厅堂，灾祸不会萌发，福报会不断聚集。待其身故之时，无需经受地狱之苦。何以如此？因其死后即往生极乐，生前早归于善道。这都是承蒙天尊法力，方有如此灵验。平日出入起居若随身佩带此经，会被众人钦佩，鬼神敬畏。遭遇种种危险艰难，只要一心称念‘九天应元雷声普化天尊’圣号，便都能够获得解脱。”

【注曰：天尊发大慈悲，说是宝经，上利诸天，下济群品。至士受经，必用金帛为信，以质其心，告盟十天，然后传付。其金帛者，但欲质心盟天，岂较多寡。金帛虽微，盟约实重。大圣非吝惜而不普及，恐人轻慢，故谆切以谕。雷师宜令土地司命，在处守护也。若人侍奉天尊，持诵经号，致感圣真降庭，故祥云缭绕。生奉真诠，则死归善道。更能依式篆符，书写此经，至诚佩带，诸难不生，人神敬畏也。

义曰：此章之意，令人诚信不欺。后学君子，当依经而行，则庶几其不差也。

释曰：雷师皓翁，拱听天尊至化，喜不自胜。於是长跪，再白天尊曰：自今而后，至士受经，当以金帛盟心，以传其文。是经在处，宜令土地司命随所守护，雷部按临以时稽审。如此奉诵，则门庭有庆，宗祖超升。佩带之者，人所钦敬，鬼神畏服，遇难则称诵天尊之号，悉得解脱。故此经功德，则不可思议也。

赞曰：不贵黄金贵赤心，初真学道外魔侵。至诚肯与盟天地，克日教君听玉音。】

於是雷师皓翁对天尊前，而说偈曰：无上玉清王，统天三十六。九天普化君，化形十方界。披发骑麒麟，赤脚蹑层冰。手把九天炁，啸风鞭雷霆。能以智慧力，摄伏诸魔精。济度长夜魂，利益於众生。如彼银河水，千眼千月轮。誓於未来世，永扬天尊教。

于是，雷师皓翁就在天尊面前吟诵偈语：

无上的玉清天王，统御三十六重天。

九天普化之君，化身于十方世界。

披散着头发骑麒麟，赤脚踏在层层寒冰上。

手握九天之气，长啸如风，鞭策着雷霆。

能够以智慧之力，降伏众多妖魔精怪。

济度居于长夜的幽魂，利益一切芸芸众生。

犹如那银河流水，映照出千只眼睛、千轮明月。

发誓于未来世代，永远弘扬天尊教化。

时雷师皓翁说是偈已。

雷师皓翁吟诵偈语完毕。

【注曰：此章，雷师皓翁顿有所得，故说是偈，以称扬天尊好生大德之万一。所以文义溜亮，语言华泽，其功德力可胜言哉。

义曰：天尊之德，无可以体，雷师皓翁故以银河喻之。乃言其天尊之元气，至清至贵，至圣至明者也。

释曰：雷师皓翁心服神通，无以赞叹，遂作此偈。然我天尊，所统三十六天之尊，化十方世界之广。游诸天时，披绀发而骑麒麟。破九泉时，赤其足而蹑层冰。手把九天炁者，即金光明之如意也。啸风鞭霆，乃天尊之号令也。斩鬼除妖，济物利人，此乃天尊利益於众生也。银河之水，人不可见，不可测之，玄玄也。千眼千月轮者，使诸有情归教之士，犹如天尊之在目前也。发愿广大，永阐天尊之教。

赞曰：赞叹天尊，诚哉是偈。普化无边，祖劫一气。】

天尊言：此经传世，世人未知。吾今所治九天应元府，府有九天雷门使者，以纠录典者、廉访典者佐之。复有四司：一曰掠剩司，二曰积逮司，三曰幽枉司，四曰报应司，各有大夫以掌其事。吾之所理，卿师使相咸赞元化。

天尊说道："此经将要流传世间，但世人尚无从得知。我现在所治理的九天应元府中，设有九天雷门使者，辅以纠录典者、廉访典者佐理事务。府中还设有四司：一名掠剩司，二名积逮司，三名幽枉司，四名报应司，各司都有大夫掌管其事。我所统理的众卿、师、使、相等官员，皆同心协力，辅助我推行天道的教化。"

【注曰：天尊自言所治之司官兵将史善恶，各付其职。所以生杀之枢，皆由天尊之命令，三界万灵，莫不皆奉行也。

义曰：此章天尊自言善恶功业，各有所司，皆赞成元化也。

释曰：此章经问已毕，虑后学之士不知所治之属，所以列言。凡所祈求，诸司官吏将兵闻吾之号令，咸赞元化也。

赞曰：设司分属掌雷霆，风火飞廉号令明。善赏恶诛如影响，九天元不顺人情。】

天尊说是经毕，玉梵七宝层台，天花缤纷，琼香缭绕。十方诸天帝君，咸称善哉。天龙鬼神，雷部官众，三界万灵，皆大欢喜，信受奉行。

天尊宣讲此经完毕，只见玉梵七宝层台上天花纷纷飘落，琼芳仙香萦绕四方。十方诸天帝君一致发出由衷的赞叹。天地龙神、雷部众官以及三界万灵皆大欢喜，都发愿深信、领受、奉持并践行此经教诲。

【注曰：说经已矣，诸天帝君、雷部鬼神悉皆赞叹，踊跃而去。凡我同志，信士善人，得遇宝经，当洗心涤虑，至诚朗诵真文，则祸难不萌，永保长生者也。

义曰：宣经赞化，三界十方皆得如意。夫学者，得遇宝经玉篆，可斋心涤虑，酌水献花，如法诵之篆之，则诸祸不生，众善骈集也。今至士体天心而洗己心，阅真文而造玄文，岂可不尽力奉持，以广大其化也哉。

释曰：宝经玉篆，非奉三清上境之勑、玉清真王之令，则不能垂示於世而化诸有情者也。今经旨校正，注释分明，玉篆金章，灿然烁目。凡祈请之士，可不斋心洁涤以阅玄文也耶。至士道龄，职守都功，位居左院，用己神元，结之英成。天尊普化之德，是日文成，忝列圣真之左。而诵经者，不可亵渎，大则天诛，小则祸及也。

赞曰：宝经圆满，咸称善哉。消灾赦罪，祸去福来。】

九天应元雷声普化天尊玉枢宝经集注下

(集注内容由北京大学外国语学院博士后研究生曾堰杰协助完成)

尊奉者衆矣後偶補鈌大有緣哉臣之外舅止翁居士金谿重校剞劂播傳天下使濁者變為清惡人改作善同化好生之德共躋仁壽之域小子亦以微忱獻尾焉

時

光緒戊子仲春丁卯昌原黄一淵稽首謹跋

子梵壽謹跋于恭愚窮草堂

寶經跋二

天有日月陰陽生焉地有山川動靜辨焉人有清濁
善惡分焉三才成而造化无窮五行備而理氣多端
有或醫藥不瘳之疾病祈禳不順之災孽緣此神聖
傳授衛生之大道深究則庶免殀絕勤修則可期長
生噫患已誠之不足無患天才之未及惜來日之虛
度莫惜昨年之浪過也嘉隆間有得是經者不知衣
内之珠矣隆慶庚午吳解元詡開刊於湖南時有漏
落雍正癸丑宋公夢三徐生斗樞重鋟於關西頗有

寶經跋一

天書仙籙不敢架言然以拾聞為做工之梯航也功退之暇定心端坐叩齒嚥津各三十六叀頭脊輪眼視鼻尖鼻對臍輪引息入鼻忍忍口出又復如是自有漸進胷腹刺痛及雷鳴者皆喜兆也故朱子胎息銘有云鼻端有白我其觀之隨時隨處容與猗移靜極而噓如春沼魚動極而噏如百蟲蟄氤氳開闔其玅无窮孰其尸之不宰之功雲卧天行非予敢議守一處和千二百歲右六十四字心經銘也丹學至微都來其中務必敬勤以致莫大之功夫焉海東無名

건륭 1736~1795
가경 1796~1820

最重之蘇子瞻米元章輩皆手寫石刻而定州救疫
密州止火淮安逐魔悉斑斑於史集其夫靈驗哉兆
二眞人之親授於青城孰能如是我東方不尚道教
惟太乙所隷道流持誦此經官課以賦祿之嘉隆間
有得於燕京者翻鋟於南中近世頗有尊奉而獲效
者鎭安縣盤龍寺幹人金弘武要別刋而傳于世來
求余鈔出其正經而且懸以方言令讀者易曉余實
懵道何能鮮諸眞人旨以瀆天書耶弘武請之屢強
以管見釋而歸之其區區衛道之誠粗著于茲
太上尚鑑之哉

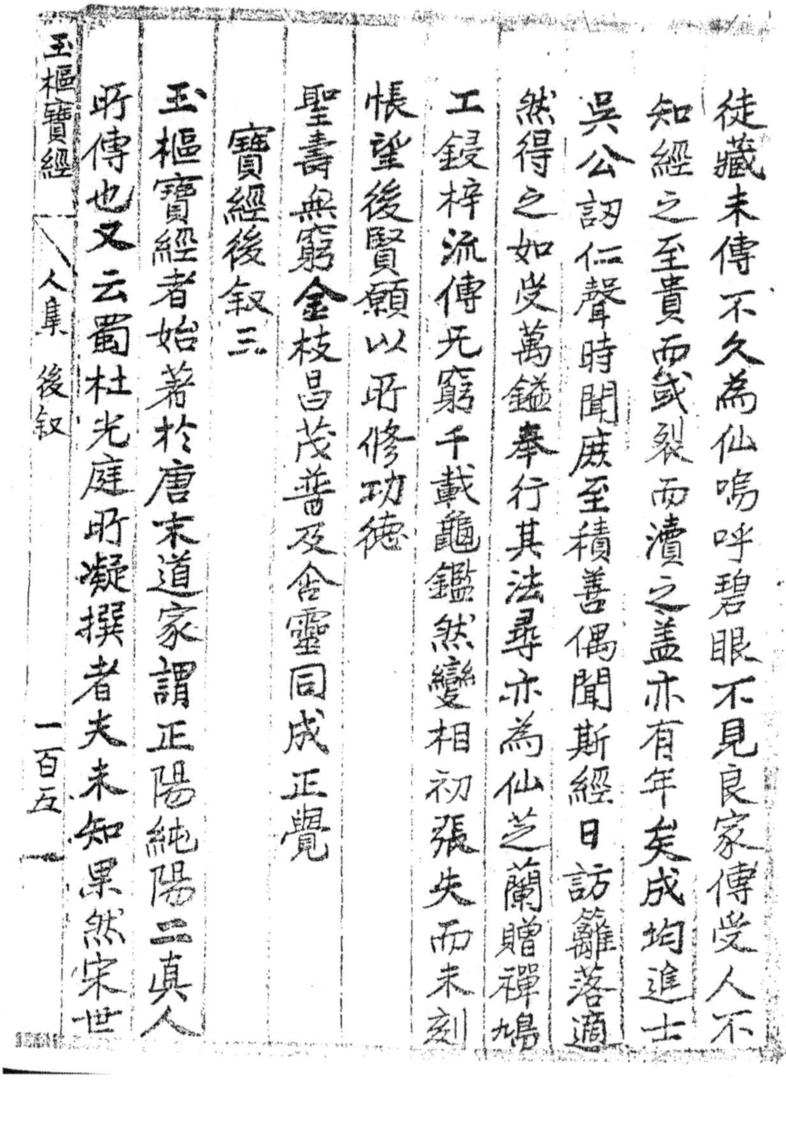

徒藏未傳不久爲仙嗚呼碧眼不見良家傳受人不
知經之至貴而或裂而瀆之蓋亦有年矣成均進士
吳公諱仁聲時聞厥至積善偶聞斯經日訪籬落適
然得之如受萬鎰奉行其法尋亦爲仙芝蘭贈禪鳩
工鋟梓流傳无窮千載龜鑑然變相初張失而未刻
悵望後賢願以所修功德
聖壽無窮金枝昌茂普及含靈同成正覺
寶經後叙三
玉樞寶經者始著於唐末道家謂正陽純陽二眞人
所傳也又云蜀杜光庭所凝撰者夫未知果然宋世

玉樞寶經 人集 後叙 一百五

徒藏未傳不久為仙嗚呼碧眼不見良家傳受人不
知經之至貴而或裂而瀆之盖亦有年矣成均進士
吳公訒仁聲時聞庶至積善偶聞斯經日訪籬落適
然得之如受萬鎰奉行其法尋亦為仙芝蘭贈禪鳩
工鋟梓流傳无窮千載龜鑑然變相初張失而未刻
悵望後賢願以所修功德
聖壽無窮金枝昌茂普及含靈同成正覺

寳經後叙三

玉樞寳經者始著於唐末道家謂正陽純陽二真人
所傳也又云蜀杜光庭所凝撰者夫未知果然宋世

光明宇宙中央界山河萬彙靈穆駒添兩匹般畫
遇真形裏面當坤會全身總轂名人無低下伴已
有首先行辯必從心得勤非借力營草堂春睡後
同志一般成

寶經後叙一

玉者天地日月之精華而萬古之大寶也樞者陰陽
造化之機軸而殺生之始由也經者人道修真之要
經而奉行之龜鑑也明以命名者以其至貴至靈至
玅也若誦此經者先讀
九天應元雷聲普化天尊說玉樞寶經謹功百徧之

七佐身賦四大隨鍊隨我句 夙悟升除虔學超数首
沐恩霆句入善增棐改邪許貴不間人鬼句三五條
約億地用博有学顒若句 明數福格通貫損益左範
右易句重示象天另付化權緯坤經乾句盖昔珎秘
口傳心昇囦敢襄累句或肯剞劂猶頗錯闕精趣莫
發句小子荒張晚受无妄期占牘謗句攄疑綞缺備
省全閲尚俟来哲句我玉我手我樞我口迺經迺守
句維天如鏡維人是映嗚呼不敬句
碧體生三位丹輪掛半層箏池分右岸治晦讓東
幡用五稽疑建增奇始筭橫博浪雷擊響天禄夜

皆天之罰也天尊之設心愛物若是乎指掌吾人從
從非之曰此經宗老雜釋非吾事也好誕者至云韓
蘇氏戲筆何固滯不思之甚也哉余亦始也惑熟讀
詳玩乃知三教一串之理源在乎天天之全體大用
在乎是經大矣哉於是乎有言樵人敬識

寶經述旨

玄之牝母釀化潛囿靈鍵莫扣 句 雷之起起代統發
施鼓萬同吹 句 亦越懵蠢自失仁憫撲火蹈刃 句 有
師斯惻體經詔墨由天匪聽 句 未始有始至道乃是
惟一而已 句 上徹九宇下開萬户無涯無路 句 心俱

無因然然因非非萬物均然達觀者能知此也三聖
人同席必相莞而弗咈矣太空寂眞如悟太玄秘元
君錬太極微夫子誠明不空玄無太極非誠明未悟
錬其歸相須于玅門非體岐三天之奧一也帝出乎
震繼乾莅九空空開基玄玄培根極極通化爲三教
本領之總主三聖人卽我天尊之三弟子也上無爲
下服勤禮也其工分代之故其說長徒爲者不訊由
不究末惟口競事也乃我天尊大發慈悲不獲已說
此經雷師述焉以闡三教同管盖爲爲不善害教者
使三教主共討之其甚不仁人未及知者當以轟警

積逮下音殆及也謂累聚也讚祭贊也相助也繽紛上純民切謂天花亂墜也旡無同

按道書以天屈西北為形也盖虛旡

也又俗加火於下為氣也見讚內

玉音章〇内音納受也謗道者死道者五倫之總名故不忠不孝獲罪於天而殺也

九陽九曜星名誦詠拜祝天下泰平大凡祈禱先祝國泰平後願家安樂

寶經音訓終

寶經要義

斯人者恒以束其役役也無方而釋老氏之脫屣也入冥虛之倪與吾夫子品教焉吾以秩秩其遜斥彼之截生道也彼方坐絕頂上下視曰愷塔菩哉此皆徒裔者爭口業非三聖人本旨也東西相反不可相

五雷斬勘章○身三 內三業慳貪嗔恚愚癡 外三業好殺刼盜邪婬 口四 妄言綺語惡口兩舌 斬 不忠不孝先誅其魂 勘 考形神也 震屍 雷誅尸形也 驅車 下音居 轂

校 上校華切考實也下音教比也檢也 考掠 下音畧笞謝也傳云下獄掠治是也考捶聲也 犢

音責髮有肉也見註內 燎 音料燒也見註內 悖 音佩又音孛逆也見義內 暴 音僕頭示合家

也見釋內

寶經切德章○剸 音宄切割截也 幣 音坒束帛之也 稽審 上音鷄詳考窮究也 萃

奏辭切衆也 佩 音倍佩服之佩也 脫 音達如物自解 質 音至物相當之也見註內

寶偈章○躡 音聶疊也蹈也 攝 天涉切總持也又收也捕也 嘯 蘇弔切吹聲也 颺 與揚

同此謂發揚其教也書云稽首揚言大風飛物也 偈 音揭梵語也

報應章上下○糾 吉黝切繩三合也又彈也上聲 掠剩 上音畧奪取也下音乘去聲

以冒鼓也頤音怡頦也頤灘瀨上音攤下音賴灘瀨也瀨吳楚謂之瀨中國謂之磧說

文云水流沙上也協音叶義亦同衆之和也蜃時刃切似蛇而無足見註內

亢陽雨澤章○亢陽上音強陰不和曰亢又慾陽曰亢陽虐魚約切酷虐也殘也函

澤雨水也又雨露也愆起虔切過期曰愆又差爽也頹音碌頹也甘澍音柱應時之雨

也厲災也又鬼無所依而為厲陰所致也出浸淫浸漬也淫溢也謂之濕灑也朗霽

謂之明朗開霽也祝融火神名也赤鼠火中獸也黎庶黎黑也此謂黑頭庶民者也

海若海神名也稽天墊溺稽音雞墊音店書云洪水滔天浩浩懷山襄陵下民昏墊謂下

民昏墊墊溺也霈音沛見讀內

免災橫章○厄災也俗書作厄級音及階次也覆音副伏也蓋也車輪上昌遮切

小為車大為車音居內氣內上音納古為出內之內見註內

染着連綿歲月人既受之即成瘟蠱癆瘵名類雖多各有形證合而言之皆尸注也故天尊上帝有好生之德波以靈符也染此證者皆當一心誦持經也依法奉行即得消災為福永無此患也

恚 音惠怒恨也

並 蒲浪切近也

乘隙 下音下迄切此謂因乘其空隙也

伺間 下去聲謂伺候其間障也

監 音鑑察也

罹 音離遭也

虺 許委切毒蟲也一名蝮又虺蜴之類也

朘 音悛縮減也董仲舒曰民日朘月削此謂病之朘削也說文作子回切然韻不載

殗殜 上於業於劫二切下直葉余㒟二切謂凡邪病在內見人狀若恐懾也

癥瘕 上知陵切下公遐切又公詐切又音賈說文作乎加切謂女病也癥瘕也又謂人腹中久病凡結成如物者也

肺痿 下音於為切謂枯死也已上見音訓內

遠行章○

騁奸 上音聽馳騁以作奸欺也

魈 音宵即山鬼也

蜮 音域短狐惡蟲狀似鱉含沙射人之影中者死

蛟 音交龍屬無角似蛇細頸四脚頸有白嬰

黿 音元似鼈而大

鼉 音駞皮可

也延寅然切大梵隱語中有華莫延由即此天延帝猷也贜音暫重賣也

蠱癆瘵章○瘟瘦病本作溫彊醫書云春傷於風者夏必病殗泄夏傷於暑者秋必痎瘧秋傷

於濕者冬必咳嗽冬傷於寒者春必病瘟皆四時不正之氣也蠱音古血蟲為蠱又腹中蟲也醫書載

蛙驚蛇疑髮癥鼈瘕凡人於飲食夢寐起居動作之際或因恚怒悲思一有感觸不能釋解皆致蠱毒亦

有故用蛇虺之類置飲食中能成禍患又有飛蠱得之卒重又俗傳神廟蠱祟臨向之處便有蠱毒若人

感此不以正氣摧則日削月朘必致困斃瘵音債瘟蠱癆瘵之病皆有其由瘵則尸注之所致也凡人

身中有三尸諸蟲與人俱生常忌血而惡能與鬼神通每接引外邪於人為害謂之尸病瀀狀不一有

飛尸伏尸遁尸沈尸風尸若停留滯隱伏數年病不能除者為伏尸又有尸氣及傳尸殗殜肺痿骨蒸

復連五種皆由虛損得之其復連之病源從腎起傳之於心則驚悸少氣夢見先亡也諸注者因感生死

之氣而名其所注者為尸注其墓注者由墳墓中悲思恚恨或臨尸哭泣致感其氣入腹毒傳五臟死魂

有咎自陳咎音白愆也過也寃枉上音遠見欺也下音徃頁屈也

官符章○焗音炒乾熬也吻音校脣邊曰吻謗補曠切也毁也訕讟音獨痛怨而謗

也詬音后恥詈也詆音邸詞也許也造音操至也見義內告姑沃切啓告也見讚

土皇章○纔才同僅也壘音累土阜也迄音脾至也砧知林切擣也

婚合章○囍艱同難也愆音騫罪也過也魅音媚精恠也癇音閒謂病人聲如五畜也

襁舉兩切以繒布為之絡負小兒語云襁負其子是也褓音保小兒被衣為褓即裼也裼音錫

鳥鼠章○妖音夭孽也孽魚列切變恠也擲音擲拋也投也據音巨依憑而據守也瞰

苦濫切俯視也豕音弛豬彘總名也孳音兹生息也喪車下音除柩也疊音貼積累

伐廟遣崇章○曰發語辭也又曰者稱也巫女巫若今之師婆也覡音檄刑人男巫

也荀子傴巫跛匡匡讀曰尪春秋作諸巫尪今是經作覡疾急也伐斬也擊扣也打也除去之

士也又太上以正一之教傳付漢天師張君賜正
一静應真君之號令正一道士習其教門徒屬也
召九靈章〇孑丹上音結回回音雷雷乃身中九靈之第六神名也德悶閂憂滿
心瞢也搶攘上千羊切下泥庚切又如羊切亂貌貫誼傳國制搶攘此謂六脈亂也
五行九曜章〇奇蹇上音羈下九輦切奇者孤陽無助也不偶也凡数之零皆曰奇蹇者
跛也難也又斗名鉤絞煞神名也嶔嵚上音欽下音嵜山不正嶔此謂星曜會合或剋或衝
則人之身嶔嵚易傾摧也
沘痾痼瘈章〇痾音阿病之深也痼久固之疾瘳音抽疾愈也弗瘳謂藥無效也四
大即人之四肢也釋氏以為地水火風所謂毛髮爪齒皮肉筋骨髓腦垢色皆歸於地唾涕膿血津液
涎沫痰淚精氣大小便利皆歸於水煖氣歸火動轉歸風此四大也五神五臟神也垛音墮積也
釁許刃切爭端曰釁仇音句讐也埒音列說文庳垣尤怨也過責也厙音舍首音獸

玉樞寶經　人集　音訓　九十九

忌而忌忌無可忌也見釋內謹守之專也微隱也眇也慤克角切誠也謹也閒音聲見註

演妙寶章〇俾併弭切使也從也躋賤西切登也升也阼在固切階也氣天地之元氣也數天地除也繫音係亦作係繫縛也囿音又此謂如苑有垣也又音斛梏姑沃切桎梏罪人之手械也

說寶經章〇蠢音春蠢動也馘音國獲也馘耳也刳音枯刳也屠也又虛其中也

學道希仙章〇監古銜切臨下也領也察也釋內降監作鑑去聲觀音官諦視也乃天尊監臨觀察也逭音換此謂超脫九玄七祖也醮音醮獻酒進爵又酹地也饋音匱進食以餉也希望也心廣體胖胖音盤朱文公熹云廣寬大也胖安舒也心無愧怍則廣大寬平而體常舒泰蓋善之實於中而形於外者親友靈寶天尊說經都境天人大衆值遇經法十惡不生動合真常之理齊同慈愛異骨成親皆親友也正一道士正則不邪一則無二此正一有道之

刑狄切號令之文也古者奏事有急則挿鷄翼謂之羽檄言如飛疾也命教召也大曰命小曰令

聳耳而默聳音悚敬畏聽之而不語也扆隱豈切屏也走音奏疾趨向也又驅而走

也摶音團聚也見釋內

心縫此道章〇刼浩刼也前古也昔往昔也心縫道心所會猶衣之集也道

理之至極三才萬物所共由者位列也又正也猶君臣之位列也意釀女亮切意之所蘊猶醞成

之也權攝也又反經合道也化躬行於上風動於下謂之化超逆也渙音喚解釋也

至道深窈章〇道音蹈理也包運天地發育萬物窈音杳渺也遠也泯音悶沒也滅也

道以誠入章〇誠真實无妄之謂也默沈靜不言之謂也柔取中和之道非柔懦

之謂也似訥下力骨切猶大辯若訥也非言之艱也似愚此盛德之貌如顏子之愚非愚

魯之謂也似拙此非真拙之謂也止至也息也靜也忌忌上平聲下去聲不誠也下文不

玉樞寶經　人集　音訓　九十八

局一作高

即寶座也昔太上道成都地神湧出玉局而作高臺是也

雷師啓白章〇面謂天尊前也即臣面君也頫顖上音甫下音信是時囟門也此謂俛

首也勃變上扶沒切色變也語云過位色勃如也長跪屈膝於地也白稟告也大

慈大聖天尊慈悲聖為廣大也覿音狄見也賾音嘖深也縷計上籠主切此謂不可

以縧纏數計也統總御也皇大也庶衆也小兆下音趙十億曰兆此言衆中卑小也趍

趍同服從也

仙勳夙世章〇登庸登進用也錄夙昧上音宿即宿昔也勳行上音訓下

胡孟切謂勳勞見於行事也崇高也著音體明也章也性霽謂天性本然之善發於容光猶

雨之止也神融神氣冲和也捶楚生箠曰箠同漢景帝定箠令杖也路溫舒傳捶楚之下何

求而不得楚荊條也又痛楚也考戮考擊也戮殺也屑先結切碎也雕丁聊切彫也撽

玉樞寶經音訓

霄字章〇爾時將顯本明先現此端 雷音磊陰陽薄震聲 鑰音藥 璿音旋亦作璇

壙音曠見註 聽去聲見釋 虩音奕恐也懼也 乾音艱燥也 祓音拂除災求福 諸音著衆也

見御序 駢音卞聯也見尊讃 盟音明正也見奏啓

在玉清天中章〇閱音悦觀也檢視也 笈音及又音挿書箱也 攷稽也察也 細

議重玄詳細評議重深之玄妙也玄者元之祖道之眞天之色九之之妙理之奥水之本也道德經

云有無同出異名謂之玄玄之又玄衆妙之門 陪臣上音裴助也 踧踖上音蹴下音積恭謹

之貌語云君在踧踖如也 宴音燕安也息也 朗誦凡誦經有持誦看誦念誦默誦天尊朗誦洞章

者其聲朗朗體雷之音也 姝音姝美好貌 導前前引也 節此以毛為之上下相重取象竹

節因以為名將命者持之以為信也 鉞音曰大斧也 旂音祈周禮蛟龍為旂 輅音路車也 臺

玉樞寶經 人集 懺禮 音訓 九十七

經已後惟願衆生萬罪併消善芽增長聞經已後惟願
衆生永斷執迷常歸正道

至心歸命禮 見上

宇宙之中莫神於聲惟我皓翁威音普振混沌未判以
前鬚鬢已白天地既生之後鬢髮仍蒼霹靂一聲魔外
長聞皆腦裂雷車數轉龍天寂聽盡心歡佛國仙宮時
聞說法三乘五性咸悟本真共乾坤而不老徧大地兮
成春大悲大願大聖大慈三十六部尊師十二萬年教
主振幽出滯無畏演法天尊
玉樞寶經禮眞懺悔 終

正道臣等無任瞻
天望
聖激切荷恩之至謹稽首四拜以
聞
善功圓滿亦降吉祥靈章
向來禮懺功德上祈
靈貺宥罪消愆同賴善功證無上道一切信禮至心稱
念
九天應元雷聲普化天尊說玉樞寶經禮真懺悔不可
思議功德聞經已後惟願衆生深入法門歸依信受聞

臣等八願追薦魂爽超度祖玄死即往生生居善道
臣等九願山河草木飛走蠢動有知無知咸遂生成
臣等十願若未來世有諸衆生作是念言咸得如意
臣等伏聞道包天地人稟陰陽覆育仰賴於慈悲過咎
許聞於省悟臣等向來朝禮高真一念祈天而讚詠五
體投地以歸依恭願
天尊大慈
天尊大聖赦臣等千生萬劫故悞无量之愆賜臣等十
方五雷正一至真之氣令臣等隨心所祝應念時成所
感者通所求者遂所禳者卻所欲者從此世他生常歸

千月輪誓於未來世永揚天尊教

臣等欣逢聖化得遇真風遂伸懺念之私復解纏身之
厄實爲幸荷難盡讚揚再運丹衷敬陳十願

臣等一願雷部按臨隨邪守護祥烟滿庭慶雲蔭軒

臣等二願禍亂不萌吉福來萃一聞是經其罪即滅

臣等三願庭户常清室家胥慶鬼精滅爽人物咸寧

臣等四願夫妻婚合嗣息多招招神攝風遂生賢子

臣等五願出入起居動作興舉口舌潛消官符永息

臣等六願疾病不生瘟瘴清淨勞瘵平復蠱毒消除

臣等七願神清氣爽心廣體胖凡邪希求悉應其感

玉樞寶經　人集　懺禮　九十五

祠妖社黨庇神奸災及孳生禍延(一作連)骨肉如犯精邪之庀

臣今上請

五方雷公將軍俯垂解謝

大道洞玄虛有願无不啓鍊質入仙眞遂成金剛體

超度三界難地獄五苦解悉歸太上經靜念稽首禮

至心稽首禮

太上无極大道三十六部尊經玄中大法師无上玉清

王統天三十六九天普化君化形十方界披髮騎麒麟

赤脚躡層冰手把九天氣嘯風鞭雷霆能以智慧力攝

伏諸魔精濟度長夜魂利益於衆生如彼銀河水千眼

瘟地瘟二十五瘟天蠱地蠱二十四蠱天瘵地瘵三十
六瘵如犯四時之厄 臣 今上請
北極四聖眞君俯垂解謝
臣 等至心歸命
九天應元雷聲普化天尊願解男女之厄齋主慮有鬼
魅冤愆咒危禁忌艱於嗣息惱及嬰兒如犯男女之厄
臣 今上請
九天衛房聖母俯垂解謝
臣 等至心歸命
九天應元雷聲普化天尊願解精邪之厄齋主慮有淫

玉樞寶經 人集 懺禮 九十四

逢刑衝運值尅戰行藏坎壈動用凶危如犯本命之厄
臣令上請
南斗六司星君俯垂解謝
臣等至心歸命
九天應元雷聲普化天尊願解五行之厄齋主慮有與
修屋舍觸犯方隅病迄衰凶災生禁忌如犯五行之厄
臣令上請
五方五老帝君俯垂解謝
臣等至心歸命
九天應元雷聲普化天尊願解四時之厄齋主慮有天

濤刼數海若失經洪水稽天民生墊溺如犯波濤之厄

臣 令上請

下元水官俯垂解謝

臣 等至心歸命

九天應元雷聲普化天尊願解一切之厄齋主處有三

災九橫六害七傷生被刑囚身拘淪殁如犯一切之厄

臣 令上請

北斗七元星君俯垂解謝

臣 等至心歸命

九天應元雷聲普化天尊願解本命之厄齋主處有年

玉樞寶經 人集 懺禮 九十三

五行奇蹇九曜欽歲太乙移文三官鼓筆如犯天羅之
厄臣今上請
上元天官俯垂解謝
臣等至心歸命
九天應元雷聲普化天尊願解地網之厄齋主慮有沈
痾伏枕痼疾纏身積時弗瘳求醫罔效如犯地網之厄
臣今上請
中元地官俯垂解謝
臣等至心歸命
九天應元雷聲普化天尊願解波濤之厄齋主慮有風

九天應元雷聲普化天尊願解災橫之厄至心朝禮

九天應元雷聲普化天尊願解本命之厄至心朝禮

九天應元雷聲普化天尊願解五行之厄至心朝禮

九天應元雷聲普化天尊願解四時之厄至心朝禮

九天應元雷聲普化天尊願解男女之厄至心朝禮

九天應元雷聲普化天尊願解精邪之厄至心朝禮

九天應元雷聲普化天尊願解一切之厄至心朝禮

九天應元雷聲普化天尊

臣　等至心歸命

九天應元雷聲普化天尊願解天羅之厄今齋主處有

九天應元雷聲普化天尊

臣 聞雲程杳邈寥八極之霞都羽節翩躚渺九天之玉府天尊開寶篆乃禦邪救患之文慈父出雲章示攝氣召真之訣配天合地保國寧家罪既消愆厄希解謝恭願大開方便廣布慈仁凡懺罹之殃禍願隨聲而超渙

臣 等謹運虔誠至心朝禮

至心朝禮

九天應元雷聲普化天尊願解天羅之厄至心朝禮

九天應元雷聲普化天尊願解地網之厄至心朝禮

九天應元雷聲普化天尊願解波濤之厄至心朝禮

至心朝禮

九天應元雷聲普化天尊願消前世今生之罪 至心朝禮

九天應元雷聲普化天尊願消故犯悞為之罪 至心朝禮

九天應元雷聲普化天尊願消三業六根之罪 至心朝禮

九天應元雷聲普化天尊願消慳貪嗔怒之罪 至心朝禮

九天應元雷聲普化天尊願消愚癡顛倒之罪 至心朝禮

九天應元雷聲普化天尊願消殺盜邪淫之罪 至心朝禮

九天應元雷聲普化天尊願消綺言妄語之罪 至心朝禮

九天應元雷聲普化天尊願消惡口兩舌之罪 至心朝禮

九天應元雷聲普化天尊願消無量無邊之罪 至心朝禮

玉樞寶經 人集 懺禮 九十一

因心立福田靡靡法輪昇七祖生天堂戒身白日騰

臣聞大道垂慈許示悔尤之路高真設教容伸謝過之

科再秉至誠重伸衷籲臣等戴髮含齒抱陰負陽感天

地覆載之恩賴日月照臨之德寒來暑往安能取四重

而去四輕見淺識微奚暇聞一言而見一行是以課眞

經之秘典答大造之深恩爰祈作善以降祥抑可轉罪

而為福首陳已往咸欲自新仰惟聖德洪容眞威烜爀

軫念黎民之苦秉除萬化之權恭對

三寶鑪前稱揚

九天書號聲聲不息念念無停法衆同音歸命至心朝禮

魔凶而作釁蚖蟲嫁聲鳥鼠送妖蠱瘵纏綿瘟瘽傳染
或婚姻之不順或子息之難招皆積惡之使然慶臨災
而莫救千愆萬過日遠月深既附隸於善惡之書實慘
舒於簡閱之筆匪憑懺悔曷邀赦原今對
道前用伸首謝伏願天垂善宥道闡慈仁九天施汗漫
之恩列聖沛汪洋之澤罪無巨細咸冀蠲除覰衆惡以
消鎔俾六根而清淨福資萬有恩被十方臣等至心稽
首禮謝
無上至尊三寶
欝欝家國盛濟濟經道與天人同其顛繆緲入大乘

禮足各長跪歸命懺悔
臣 法衆等至心歸身歸神歸命
神霄九宸上帝玉府元極高真重念 臣 等凡胎濁質走
肉行尸歷刼追今罪如山海六根三業十惡衆愆或起
念動心恣行不善違天逆地縱慾無知裸觸星辰毀呵
風雨違逆父母背負君師殺害羣生抛擲米穀嚴刑酷
法枉屈善良昧己欺心侵漁剋掠謗經毀教綺語妄言
抑斗秤之高低競綺羅之奢侈私淫暗盜誨毒助兇任
性邪爲積愆難追以致五行奇蹇九曜欽巇動止凶危
行藏坎壈沈痾伏枕痼疾纏身五行妖祟以興仇三界

至心朝禮

九光玉殿九天應元雷聲普化天尊

鬱蕭玄館九天應元雷聲普化天尊

曲密華房九天應元雷聲普化天尊

七寶層臺九天應元雷聲普化天尊

清淨廣大九天應元雷聲普化天尊

大聖大慈九天應元雷聲普化天尊

爲羣生父九天應元雷聲普化天尊

爲萬靈師九天應元雷聲普化天尊

貞明大聖九天應元雷聲普化天尊

玉樞寶經　人集　懺禮　八十九

高上神霄掌令降命真君吉集天尊

具位 臣某 重誠上啓

九天應元雷聲普化天尊恭望玉虛闡化布大慈大聖之大仁寶笈傳經示知謹知微之知止開明溪竅昭著真忌演此自然名爲玅寶伏惟貞明大聖普化至尊分形十方運心三界爲羣生父爲萬靈師宰制三十六天先於千五百刼凡運一聲而稱念悉令萬類以從仁重念 臣等歷刼塵勞今生業垢是非海濶人我山高非仗懺陳曷叨恩宥伏願不忘本誓特允微忱徑駐浮空曲垂宥録法衆虔誠至心朝禮

慈顏恭對道前至心朝禮

至心朝禮

高上神霄玉清真王長生大帝保命天尊

高上神霄玉清王青華大帝定福天尊

高上神霄可韓司丈人真君保福天尊

高上神霄應元定籍真君注命天尊

高上神霄保命化生真君注福天尊

高上神霄節度總監真君萬安天尊

高上神霄元華保生真君儲祥天尊

高上神霄掌法主籍真君和豫天尊

以清淨心發弘願普濟未來一切衆諸天諸地十方界
若有衆生聞我名應念隨聲悉超渙 臣 今際遇願瞻禮
曲密華房九光殿伏願不捨當來世盼鑾垂光燭道場
龍斿鸞輅倏飄飆三十六天同下盼稱揚讚歎不思議
臣 等一心歸命禮 臣 聞玉清神化顯貞明大聖之尊金
闕至眞持樞機二臺之政惟有玉霄一府所統三十六
天紫極五雷共秉百千萬氣天臨三界形化十方禮念
者度危消災稱揚者隨心應感敬遵科典肅致薰修今
者開建道場嚴持儀法禮瞻
宸御朝拜

臣等焚香仰奏

三寶至尊九宸上帝華臺玅閣主執威靈內院中司列班真宰 臣聞九宸御極廣濟人利物之慈列聖垂憐開懺過禳災之路師資付度今古遵承稟龠死生主張造化扣之如桴應響禱之似谷傳聲至造難窮玄恩宣布虔誠禮誦同為讚揚

樂法以為要愛經如珠玉持戒制六情念道遣所慾澹泊正氣凝蕭然神靜默天魔並敬護世世受大福

高功道衆各拜跪

九天貞明大聖主雷聲普化玅濟尊先於千五百劫前

敬禮雖簡易誠在精專仰瞻赫奕之威儼鑑潔清之薦

法衆歸依虔誠供養

東井靈源注澄泓徧九垓泠泠甘露滋周流十方界

用作潢汙薦霑濡澤萬生釂水表精衷所求常清淨

高功執花瓶啓白

秀木騫林天上雨繽紛之色瓊花絳蕚人間開艷麗之容蜀錦堆盤芳英滿座爛熳九光之殿莊嚴七寶之臺

法衆歸依虔誠供養

仙苑瓊葩盛天花散滿飛煒煒玉林花蒨燦輝朱實

散作繽紛斥諸天讚善哉隨風而寶臺所求皆如意

之飈馭仰希洪造特賜證盟恭啓虔誠宣行懺事臣無

任激切之至奏啓以聞道場衆等醽水饡花供養如法

高功執手鑪啓白

神霄在上憑寶篆以傳誠璚闕聿陳仗靈音而達信蘭

塲以建金鼎初焚願此百和之氤氳經上

九天之法界法衆歸依虔誠供養

騫樹蟠根古精英孕子華靈風布馨香採得焚金鼎

散作氤氳氣雲烟結瑞霞徑達九霄中所求皆如意

高功執水盂啓白

天源流坎靈潑挹東井之泉人心至虔淨供設中尊之

玉樞寶經 人集 懺禮 八十六

三天三寶上帝高上神霄玉清眞王長生大帝東極青
華大帝九天應元雷聲普化天尊雷師皓翁使相天君
雷伯青帝陪臣天君九天採訪使應元保運眞君玉府
上卿五雷使院眞君雷霆都司元命眞人神霄玄館妙
閣東西華臺內院中司四府六院卿師使相雷部官衆
一切威靈悉仗眞香普同供養
臣 聞神霄九氣出乎混沌之先太極一眞超彼虛無之
外是謂陰陽之妙乃爲造化之源主宰五雷發生萬物
今奏爲 入意 禱九天之上聖啓三洞之眞詮虔露丹衷
祇嚴淨宇修齋禮念懺累刼之愆非醻水饋花奉九霞

玉樞寶經禮眞懺悔人集

先天掌法臣孫元澄　纂述

龍門歸依臣趙復振　編輯

知簡三復臣金　瀹　恭校

士同衆舉步虛頌

玉清垂寶範應化統神霄至道弘修證雷樞啓泬寥

鳳扆千聖衛玄館萬眞朝歸命今虔禮心空業累消

至心敬禮

十方无量道法師三寶

眞位臣某誠惶誠恐稽首頓首百拜露香奏啓

玉樞寶經　地集　神相　人集　步虛頌　敬禮　八十五

旃檀神王寶相
玉樞寶經地集終

第十名富多那其形如猪着諸小兒眠中驚怖啼哭

第十一名曼多難提形如猫兒着諸小兒眠中喜啼

第十二名舍究尼其形如鳥着諸小兒不肯飲乳

第十三名犍吒波尼其形如雞着諸小兒咽喉聲塞寒下痢

第十四名目佉曼荼形如熏狐着諸小兒時氣熱病下痢

第十五名藍婆其形如蛇着諸小兒數噫數噦

蓋小兒之病易感危險故特舉續婚合章誦經焚符呼其鬼名以施撥奸敵伏之謀畧繼誦玉音寶章以明天尊好生之威德也

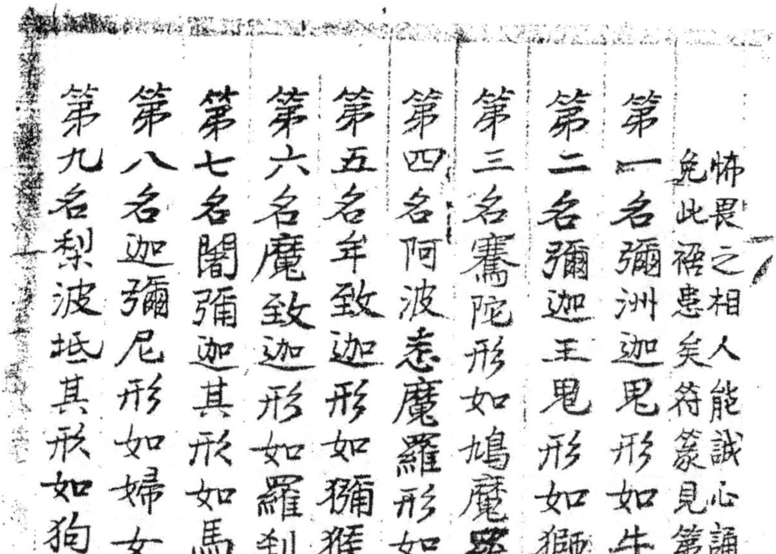

怖畏之相人能誠心誦經焚符則免此禍患矣符篆見第七原章上

第一名彌洲迦鬼形如牛着諸小兒眼睛迴轉

第二名彌迦王鬼形如獅子着諸小兒数数嘔吐

第三名騫陀形如鳩魔羅天怖諸小兒其两肩動

第四名阿波悉魔羅形如野狐着諸小兒口中出沫

第五名牟致迦形如獮猴着諸小兒把拳不展

第六名魔致迦形如羅刹女着諸小兒自嚙其舌

第七名閹彌迦其形如馬着諸小兒喜啼喜笑

第八名迦彌尼形如婦女着諸小兒樂着女人

第九名梨波坻其形如狗着諸小兒現種種雜相相雜啼

佩奉莘福
人欽畏畏
第十五章
符篆

寶經符篆終

續婚合章

天尊言凡有嬰孩在於襁褓爲旃檀神王座下一十五種鬼加諸惱害因多驚癇宜誦此經

謹按釋藏護諸童子經中載旃檀神王座下一十五種鬼怪形崇遊行世間恐怖嬰孩及小兒作諸

玉樞寶經 地集 符篆 續章 八十三

瞻星禮斗
第十三章
符篆

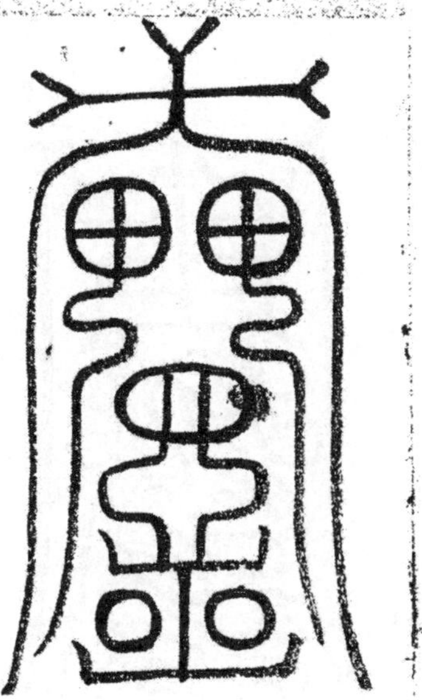

聞經滅罪
第十四章
符篆

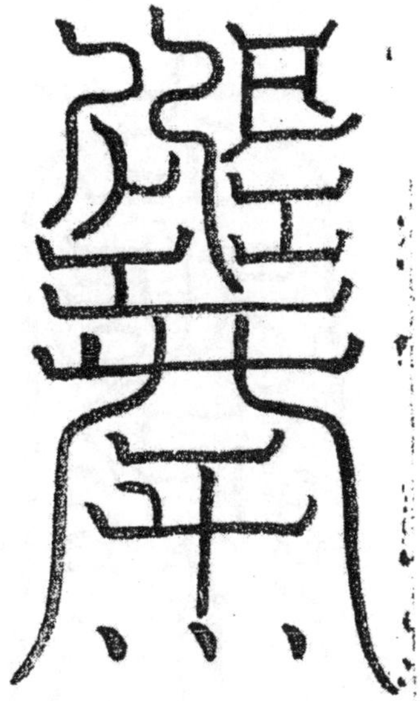

水陸行藏
第十一章
符篆

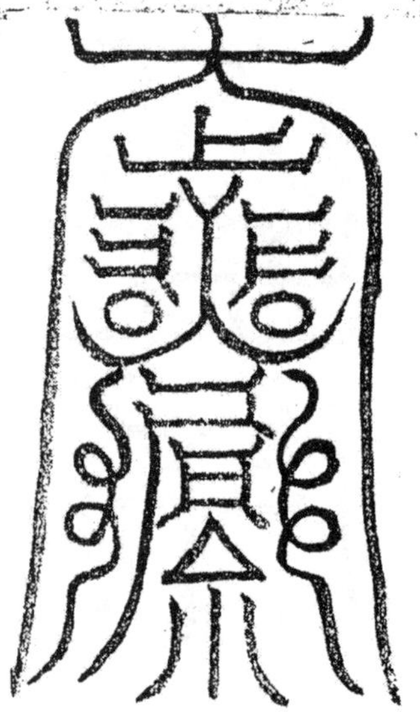

禱雨祈晴
止禳水災
火厄第十
二章符篆

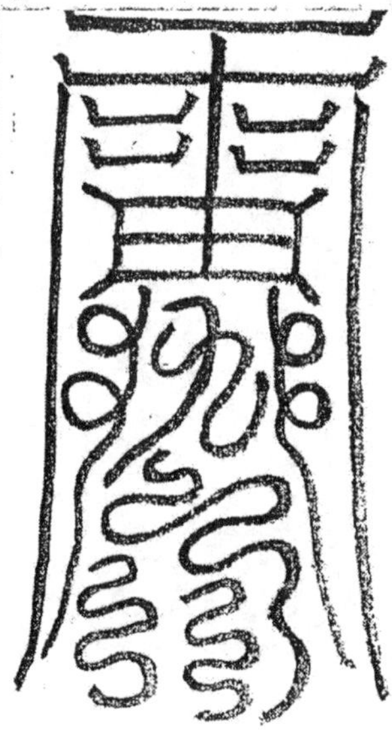

遣祟除妖
滅邪巫魔
第九章符
篆

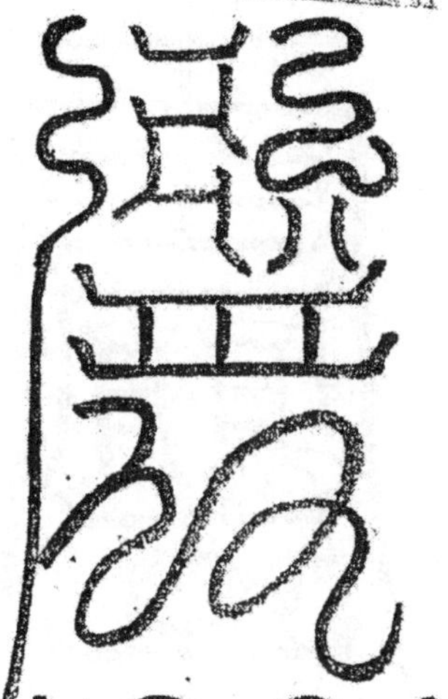

消除蠱瘵
超度祖玄
第十章符
篆

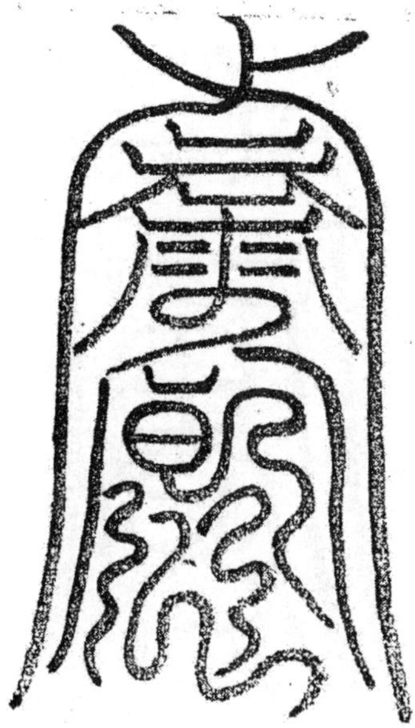

求嗣息衛產難保嬰護第七章符篆

滅鳥妖鼠怪蛇孽第八章符篆

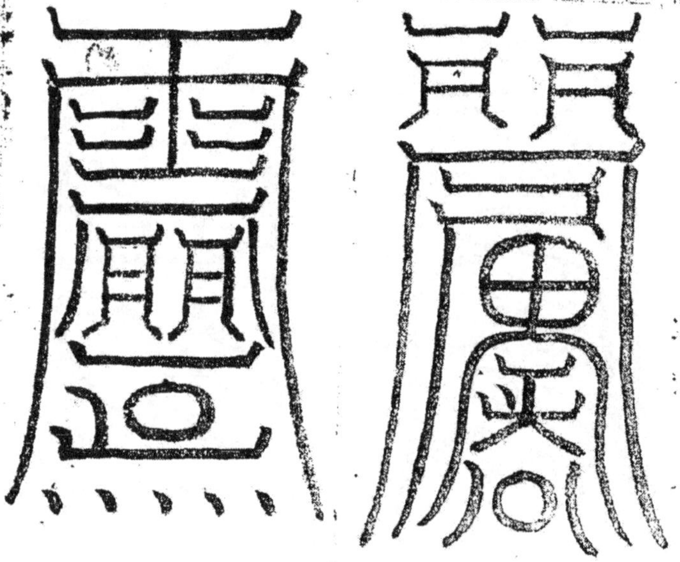

玉樞寶經 地集 符篆 八十一

消散官符口舌第五章符篆

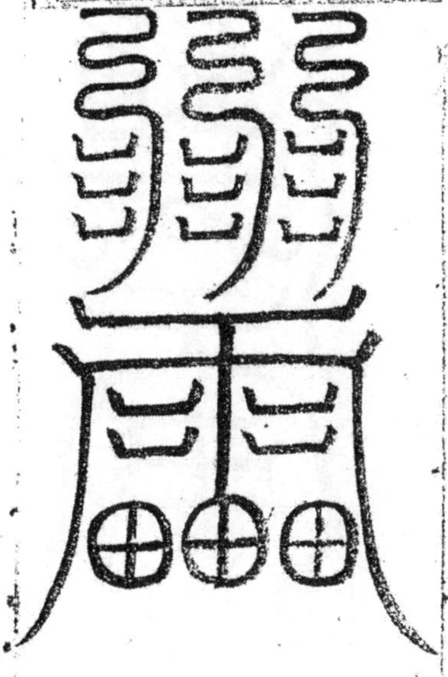

禳解土皇神煞禁忌第六章符篆

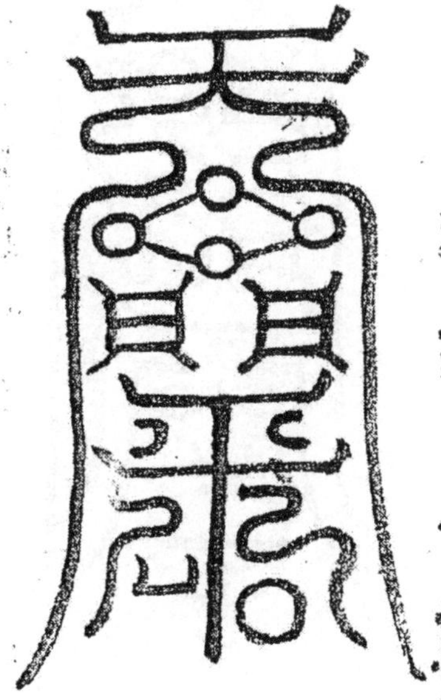

解五行九
曜剋戰刑
衝第三章
符篆

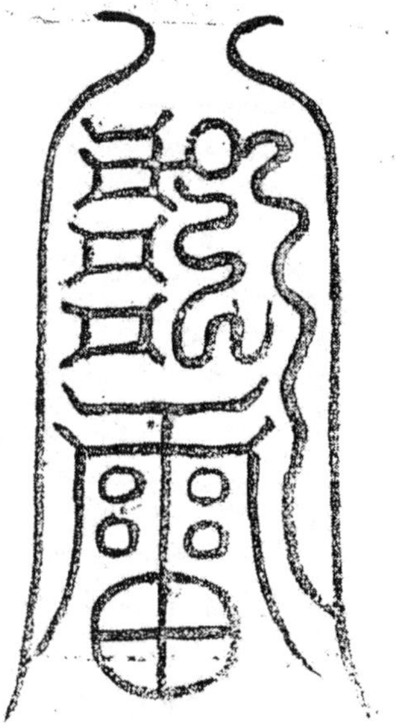

沉痾痼疾
死詛冤懟
第四章符
篆

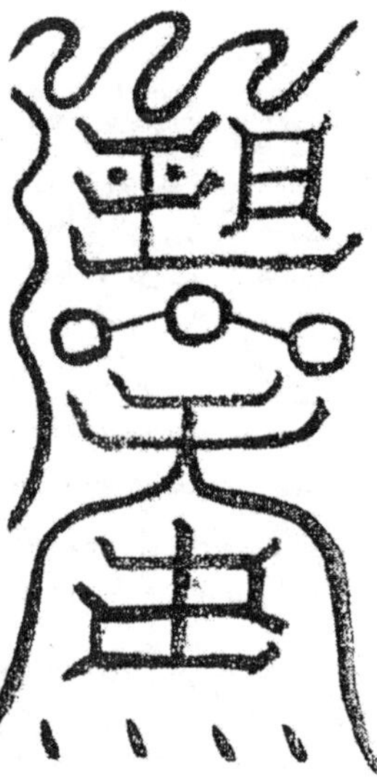

玉樞寶經　地集　符篆　八十一

天尊寶相口誦天皇神咒硃砂書之常時仍用槐黃紙貼護篆文用則展啓以後符文一體如之

學道希仙第一章符篆

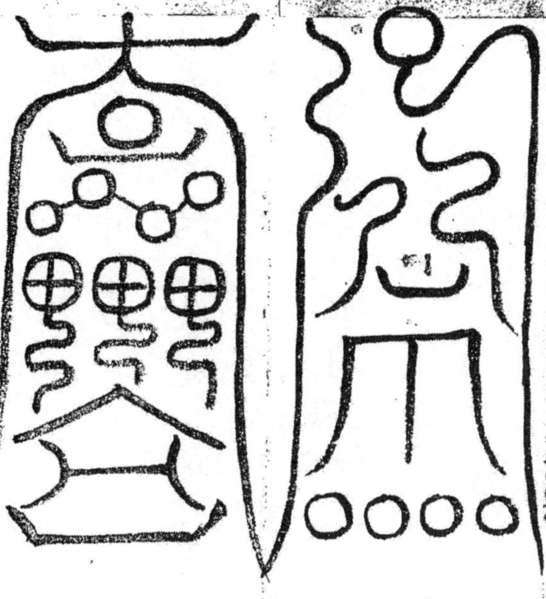

召九靈三精第二章符篆

九天雷祖普化羣生十方三界盡欽承萬福自來駢攝
伏魔精誓願度衆生 重
至心歸命禮 跪禮寶誥一遍
高上神霄玉清眞王南極長生朱陵上帝太陽九龍皇
君南昌受煉眞人玄都九嶷九炁滄水使者九天採訪
使應元保運神化昭順眞君元始祖劫一氣分眞太乙
雷聲普化天尊
符篆一十五道
凡書一篆當焚香起大敬心先誦雷祖寶誥讀自正
經首章至三重章并所祈本章讀畢然後心觀

玉樞寶經 一 地集 正經 尊言讚 歸命禮 七十九

化分形九天有命三界遵行消災謝過請福延生功圓

行滿大道證盟

吉祥靈章

向来誦經功德上祈

靈貺宥罪消愆同賴善功證無上道一切信禮至心稱

念

九天應元雷聲普化天尊説玉樞寶經不可思議功德

尊言七字念三遍

唵吽吒唎嚾嚩囉

尊言讚

二十

天侍屏大開慧眼照徹幽冥神飛秋月水結寒冰麒麟應化鸞鳳和鳴掌玉之樞司天之刑謗道者死扶教者生忠臣孝子加以祿命奸邪惡鬼特以剪形主持厄難經綸將兵九陽九曜三界分明誦詠拜祝天下泰平

註曰 修真之士晝夜磨鍊刮去塵妄磨之又磨鍊之又鍊直至色空俱泯方見本來面目

義曰 道在吾身不假外求達天知命窮神知化乃名合道

釋曰 以物觀道何道非物以道觀物何物非道推之不見其始引之不見其終道何窮紀哉

讚曰 昊天上帝讚頌九天玉音寶章

善功圓滿章

向来誦經念念存誠千眞拱聽萬聖通靈應元合氣普

玉樞寶經 地集 正經 七十八

義曰宣經讚化三界十方皆得如意夫學者得遇寶經玉篆可齋心滌慮酌水獻花如法誦之篆之則諸禍不生衆善駢集也令至士體天心而洗己心閱真文而造玄文豈可不盡力奉持以廣大其化也哉

釋曰寶經玉篆非奉三清上境之勑至玉清直王之令則不能垂示於世而化諸有情者也令經旨拔正註釋分明玉篆金章燦然爍目凡祈請之士可不洗心沐體以閱玄文也耶至士道齡職守都功位居左院用己神無結之英成天尊善化之德是日文成希列聖真之左而誦禮者不可褻瀆大則天誅小則禍及也

讚曰寶經圓滿咸稱善哉消災赦罪禍去福來

玉音章

玉山上京、金闕妙庭、管鑰星斗、出內雷霆、紫微守户、玄

十八

義曰此章天尊自言善惡功業各有所司皆讚成元化也

釋曰此章經問已畢天尊慮後學之士不知所治之屬所以列言凡所祈求諸司官將吏兵聞吾之號令咸讚元化也

讚曰設司分屬掌雷霆風火蠱瘟號令明善賞惡誅如影響九天无不順人情

報應章下

天尊說是經畢玉梵七寶層臺天花繽紛瓊香繚繞十方諸天帝君咸稱善哉天龍鬼神雷部官衆三界萬靈皆大歡喜信受奉行

註曰說經已矣諸天帝君雷部鬼神悉皆讚歎踊躍而去凡我同志信士善人得遇寶經皆洗心滌慮至誠誦禮真文則禍難不萌永保長生者也

玉樞寶經　地集　正經　七十七

音乘 俗잉
音改 俗目原

乃天尊之號令也斬鬼除妖濟物利人乃天尊利益
於衆生也銀河之水人不可見不可測之玄玄也千
眼千月輪者使諸有情歸教之士猶如天尊
之在目前也發願廣大永聞天尊之教也
讚曰 讚歎天尊誠哉是偈 普化无邊祖劫一氣

報應章上

天尊言此經傳世世人未知吾今所治九天應元府府
有九天雷門使者以糾錄典者廉訪典者佐之復有四
司一曰掠剩司二曰積逮司三曰幽枉司四曰報應司
各有大夫以掌其事吾之所理卿師使相咸讚元化
註曰 天尊自言所治之司官兵將吏善惡各付其職所以生殺之樞皆由天尊之命令三界萬靈莫不皆奉行也

天尊前而說偈曰無上玉清王統天三十六九天普化君化形十方界披髮騎麒麟赤脚躡層冰手把九天氣嘯風鞭雷霆能以智慧力攝伏諸魔精濟度長夜魂利益於衆生如彼銀河水千眼千月輪誓於未來世永敬

天尊教時雷師皓翁說是偈已

註曰 此章雷師皓翁頓有所悟故說是偈以稱敬天尊好生大德之萬一所以文義溜亮語言華澤其功德不可思議也

義曰 天尊之德無可以體雷師皓翁故以銀河喻之乃言其天尊之元氣至清至貴至聖至明者也

釋曰 雷師皓翁心服神通無以讚敬遂依此偈然我天尊所統三十六天之尊化十方世界之廣遊諸天時披紺髮而騎麒麟破九泉時赤其足而躡層冰手把九天氣者即金光明之如意也嘯風鞭雷霆

玉樞寶經 地集 正經 七十六

誥切以論雷師宜令土地司命在處守護也若人侍
奉天尊持誦經號致感聖真降庭故祥雲繚繞生奉
真詮則死歸善道更能依式篆符書屬
此經至誠佩帶諸難不生人神敬畏也

義曰 此章之意令人誠信不欺後學君
子當依經而行則庶幾其不差也

釋曰 雷師皓翁拱聽天尊至化喜不自勝於是長跪
再白天尊曰自今而後至士授經當以金帛盟
心以傳其文是經在處宜令土地司命隨所守護雷
部按臨以特稽當如此奉誦則門庭有慶祖宗超昇
佩帶之者人所欽敬鬼神畏服遇難則稱天尊之號
悉得解脫此章言往昔劫中之語非我天尊元言乃
雷師皓翁之舉也誦經君子宜從
咸聽吾命至此經不可思議也

讚曰
不貴黃金貴赤心　初真學道外魔侵
至誠肯與盟天地　魁日教君聽玉音

十六

寶偈章

於是雷師皓翁對

長生大帝所曾宣説至士授經皆當剸金致幣盟天以傳雷師皓翁長跪拜興重白天尊言是經在處當令土地司命隨所守護雷部按臨以時稽審若人家有此經至誠安奉即得祥烟滿庭慶雲蔭軒禍亂不萌吉福來萃于其亾歿不經地獄所以者何死即往生生歸善道承天尊力有此靈通出入起居珮帶此經衆人所欽鬼神所畏遇諸險難一心稱名

九天應元雷聲普化天尊悉得解脫

註曰 天尊發大慈悲説是寶經上利諸天下濟羣品至士授經必用金帛為信以質其心告盟上天然後傳付其金帛者得欲質心盟天豈較多寡金帛雖微盟約實重大聖非吝惜而不普及恐人輕慢故

玉樞寶經 地集 正經 七十五

雷所瞋魁情鬚髮不被燎去亦可歸告天尊取自聖裁萬神皆聽其命令也

義曰 三綱五常乃萬古不易之理豈容悖逆而妄行也穀乃人之命國之寶豈可不珍惜而愛護耶近世淺薄不忠不孝不義不仁嗜奢侈而惡清淡道德而習奸詐致使横禍疊至何不思之天尊幸開大路宜履之行之則諸惡不生矣

釋曰 人生天地之間稟二氣備五常履仁義而守忠孝何故恣意輕生為諸不道之事大則雷司震怒暴屍於市小則官府加刑於身是故善可為而惡不可作也雷司以不仁之人驅促依善之士自當保拔也如有稱天尊之號者則萬神無不拱聽也

讚曰 忠孝當為本陰陽卽我家要清諸惡業不必誦南華

寶經功德章

天尊言此經功德不可思議往昔刼中神霄玉清真王

乙移文郎付五雷斬勘之司先斬其神後勘其形斬神
誅䰟使之顛倒人所鄙賤人所嫌害人所怨惡以致勘
形震屍使之崩裂驅其捲水役其驅車月覈旬校復有
考掠一聞此經其罪即滅若或有人為雷所瞋其屍不
舉水火不受即稱
九天應元雷聲普化天尊作是念言萬神稽首咸聽吾
命、

註曰若有一犯理應誅滅豈雷司天府一一轟之即
令伏法遭刑刀兵水火但死於非命者皆是也
蓋人始以小惡為之不改日積月增遂成大咎罪已
彰著又不悔悟三官太乙考覈文移五雷之司先斬
神䰟伺其時至然後施行其死䰟劫聽雷司驅役攝
考也若人改過遷善歸命忠孝其罪即滅凡男女為

徒知朝眞禮斗之誠而不鮮瞻仰尊帝二星之捷經也又有天罡之星在北斗之後隨雷門開處而指雷門十二者乃十二時經吉明言所指者吉所在者凶即是雷門也學者欲朝斗瞻星法見註內見之則人壽永而福享也經云每歲二月二十日三月初三日五月二十日六月初八日八月二十七日九月十八日隨力章醮拜念本命星君懺罪悔過

讚曰 玄門之玅人言深奥 功行成時當朝九曜

五雷斬勘章

天尊言世衰道微人無德行不忠君王不孝父母不敬師長不友兄弟不誠夫婦不義朋友不畏天地不懼神明不禮三光不重五穀月三口四大秤小斗殺生害命人百己千奸私邪淫妖誣叛逆從微至著三官鼓筆太

光所不照臨難可得見矣曩亦有悞見之者令俗人脱有悞見切不可言泄則身被兵火卒形獲孝地獄生死父母受罪於三官瞻禮之法帝以每月初三日没二十七日夜刻令人知陰下中庭燒香禮誦咒曰尊帝二星北極之靈領臣朝見見郎長生福慶無窮天與長齡識心久久更念此經默有感通自當見也亦不可泄其天罡名在斗樞之內星形與破軍星相對此星紅色稍大每一時辰隨斗栖照臨地支一方位時時運轉無有傳息經云天罡所指晝夜帝輪是也雷城按地支有十二門雷欲發聲卻隨天罡具時所指方位之門乃發聲也且如天罡坐於未對指丑宮何故卻有吉凶益天罡正氣生生能殺若所指向之處即是生方故有生氣取之則可以治病補虛安神卻禍消災延生度克也所在之處則有殺氣用之可以斬鬼驅邪夷究葉暴戳凑制魔故所指者吉所在者凶也

義曰 九耀三台乃一身之主宰為萬衆之樞機也學者當依法而朝奏之無不響應

釋曰 三台之星尊之大之其[illegible]中二尊帝之星者何也乃天地之魂魄造化之樞機也夫學道之士

玉樞寶經 地集 正經 七十三

貧富生死禍福幽冥之事無不屬於北斗之總統也
太上授以天師張君北斗經訣若有危尼急告北斗
禮誦本命眞君方獲安泰又得三台生三台養三台
護也三台星有六座上中下三台名天階者即太上
卅降之道也其勢横亘北斗茅二魁星上台虚精中
台六淳下台曲生乃星君内諱也知星名者衆惡消
除諸善備至見星像者生死刑憂死元諸苦凡於靜
房端坐思三台覆頭次思两胃氣從育出與三台相
連久久思畢咏遊二七臭微微内氣開口滿咽而畢
乃咒曰節節榮榮顛乞長生太玄三台常養我形出
入徃未萬神携榮步之五年仙骨自成步之七年合
藥皆精步之七年上昇天庭急急如律合可叩頭瞻
仰拜禮百事皆遊又北年乃陰陽之精神精耀九道
光蔭九天七現二隐世人惟見七星不見尊帝二星
此二星即輔頻帝皇太尊宸君乃天地魂魄之感神
輔星主天曰常頻星主地曰空空者九天之魂精常
者九地之魄靈天休地恭空常隐藏天否地激空常
渙明變化萬氣政易陽陰四時代謝莫不由焉二星
尊貴隐伏華宸九天亦祕其靈音不行於世諸得道
高仙貴眞乃得見之其榮名遂利流俗穢濁之人星

天尊言世人欲免三災九横之厄即於靜夜稽首北辰
北辰之上上有三台其星並躔形如雙目疊為三級以
覆斗魁是名天堦若人見之生前無刑囚之憂身後不
淪沒之苦斗中復有尊帝二星大如車輪若人見之當
形住世長生神仙歸命此經授心北極即有冥感斗為
天樞中有天罡在內則為廉貞在外則為破軍雷城十
二門並隨天罡之所指罡星指丑其身在未所指者吉
所在者凶餘位皆然若人見之壽可千歲

註曰北辰北宸星也辰星五位乃帝座星也居常不動而衆星皆拱之也且北斗居天之中為天之樞紐斡運四時凡天地日月五星列曜六甲二十八宿諸仙衆真及下元生人上自天子下及黎庶壽祿

玉樞寶經 地集 正經 七十二

居赤鼠遊城驚蟄黎庶此經可以禳之海若失經魚鱉

妄行洪水稽天民生墊溺此經可以止之

註曰此章天尊憂羣生之心切切久旱久陰竇天地之氣不和乃人民之業難釋以致三界震怒水勞山崩祝融扇禍鳥鼠送妖黎庶不安若人遇此時歲宜誦此經焚此符篆晴雨得宜人民自安也

義曰陰陽失律如旱遲勢莫非皆出於天司之令蓋惡業氣不消正真之道不崇也天尊斡旋造化以生生之心長養羣品其不可讚歎耶

釋曰陰晴晦明非細事也上繫天庭下關洞府亦猶二氣之不和故也凡遇此水旱之時志士嚴置道場誦靈文焚王篆則旱可雨雨可晴矣

讚曰水旱爲災可關天地誠心誦經晴明甘霈

免災橫章

能於此經歸命投誠故得水陸平康行藏協吉

註曰 凡人出行陸行或遇賊迎兵或逢蛇虎惡蟲山魈水行或值蛟龍黿鼉鱷鰐作浪與風滯魄沈魂求生捉替或遭劫會或漂墮他方常預備纂符防之可水可火亦急誦寶號立免諸危矣

義曰 出入動靜宜慎宜謹若能平昔奉持經纂則此患何由而至也

釋曰 動靜行藏須當慎之所以吉凶悔吝生乎動是故一動只一告字其三字皆非美也出入可不謹乎 凡欲遠行必須先誦寶經佩符命則吉無不利水陸行藏世不無鬼神作耗暗潛圖

讚曰 一稱普化天尊號珮帶真王玉篆符

亢陽雨澤章

天尊言亢陽為虐雨澤愆期稽顙此經應時甘澍積陰為厲雨水浸淫稽顙此經應時朗霽祝融扇禍飛火民

音聽 原칭 俗빙
音膚
音攤 俗탄

義曰瘟蠱瘵疾有自來矣但能誠心潔己誦真文禮天尊則不罹此苦也

釋曰瘟乃不正之氣蠱乃无影之虫瘵乃難為之疾蓋此三者我天尊言有自來矣祗緣復連相染屍氣相薰塚訟相呼之所致也復連者乃天之大尼也世人不知禳解故有絕門亾殁者塚訟者七祖瘂怨之所致也屍氣者地上原有遠年棺柩化成小虫飛入飲食之中或在器皿之內食之令人作蠱凡人還居當誦經焚符以勸之

讚曰天地瘟蠱瘵疾太苦禍有其由亦人自取若誦玄文可拔七祖白馬將軍能為作主

遠行章

天尊言若或有人治裝遠行賊盜騁奸五兵加害陸行則虎狼魑魅磨其牙水行則蛟龍鼉鼉張其頭或灘瀨有幽枉之魂或風濤有劫數之會前亾後化捉生代死

蠱音古
瘵音債

恚音惠 俗에原혜
滄浪切 俗음
下迮切 俗子

十

蠱癆瘵章

天尊言天瘟地瘟二十五瘟天蠱地蠱二十四蠱天瘵地瘵三十六瘵能誦此經即使瘟瘟清淨蠱毒消除癆瘵平復亦有其由或者先亡復連或者伏屍故氣或者塚訟墓注或者死魂染惹或者屍氣感招凡此鬼神或悲思或恚恨牽連執證僣緣注射束隙伺間乃得其便故此經者上通三天下徹九泉可以追薦魂爽超度祖玄太上遣素車白馬大將軍以鑑之

註曰凡人患瘟蠱瘵者皆有所致甚至滅絕一門牽連六親若誠心誦經焚燒符篆則雷司差素車白馬之將以援之使人不陷此苦也

如風火有廟可伐有壇可擊有妖可除有祟可遣季世末法多諸巫覡邪法流行陰肆壓禱是故上清乃有天延禁鬼錄奸之庭帝赦束妖考邪之房能誦此經其應如響

註曰經中凡二十一段之天尊言惟此章云天尊曰蓋稱揚雷公將軍使者判官發號施令應響咸德故不直言也巫覡之徒務行邪術妄搆妖言壓禱夫婦令離盡媢女流苟合值此妖巫誦寶經梵符篆則雷司剿除應報如響人得安寧

義曰天地无私惟德是輔善惡之報動如影響學道之士體天心而明己心則禍患蠲消福祿臻矣分或以不正之術壞人倫而犯天律誦此經梵此符則立應如響豈不敬乎畏乎

讚曰雷司明善惡善拔惡當誅邪法相侵害惟多誦玉樞

註曰蓋此等之家不崇綱常理道不畏天地神明口
味厭穢羶羶身履邪淫殺盗不遵公法惟務私
桀肆毒逞凶恣行不善是致鬼妒神憎妖邪競起若
能悔過首謝誦經焚符即得禍亂不生人物安寧也

義曰壁壞盗入業重鬼來致使六畜興災家神不利
天尊不以小故亦垂大恩多誦經文其禍止矣

釋曰正氣如天邪魔敢犯蓋因世人治家不理干瀆
神魂以致六神不居則邪氣乘間而入或鼠精
蛇魅拋擲驚形血食無時甚至柔昧家人其禍不測
或盗人家財物移東易西皆此類也致使弔客喪門
抉靈肆志即誦寶經焚玉
符則人物俱得以安寧也

讚曰自作惡時邪亦依我行善處即天行
世人忽有如斯難宜篆靈符誦寶經

伐廟遣祟章

天尊曰九天雷公將軍五方雷公將軍八方雲雷將軍
五方蠻雷使者雷部總兵神將莫賺判官發號施令疾

玉樞寶經 一八 地集 正經 六十九

叱音劾 俗사
早音除 俗서

知而空於勘合之私其悞多矣如或犯之夫北妻南
子息艱得宜誦寶經焚靈符以釋之則自然和睦子
孫昌泰也

讚曰 夫婦人倫事兒男骨肉恩
要令家道睦歸敬玉樞文

鳥鼠章

天尊言若人居止鳥鼠送妖蛇蟲嫁孽拋磚擲瓦驚鷄
弄狗邀求祭祀以至影響夢逼及於奸盜而敢據其所
居以爲巢穴遂使生人被惑庭户不清夜嘯於樑晝瞰
其室牛馬犬豕亦遭瘟疫禍連骨肉災及孳生淫祠妖
社黨庇神奸弔客頻仍喪車疊出若誦此經即使鬼精
滅爽人物咸寧

獨若欲求男即誦此經當有九天監生大神招神攝煞

遂生賢子於其生產之時太乙在門司命在庭或有冤

愆或有鬼魅或有禁忌或有兇兇致令難產讀誦此經

即得九天衛房聖母默與抱送故能臨盆有慶坐草無

虞凡有嬰孩在於襁褓爲旃檀神王座下一十五種鬼

加諸惱害因多驚癇宜誦此經

註曰、世人婚合育產皆有神煞不知方向不避太歲偶犯之其禍不淺急宜誦經焚符以禱禳之則自安榮也

義曰凶吉兩途互相昔之如或不諧不育天尊之號宜誦之必自然而消釋矣

釋曰九天之大前釋立矣此章謂人間婚姻子嗣係於天尊所屬子嗣娉嫁養育非小事也世俗罔

玉樞寶經 一 地集 正經 六十八

註曰凡人動作興工不無有犯神煞其禍立至大則喪命小則官非可不慎歟依儀書篆行持誦經祈禱則百無所忌也

義曰天尊惜羣生至於如斯也雖云生亦土而死亦土殊不知土之為害大尤甚也蓋土宜靜不宜動之謂也

釋曰天覆其地人孰不知蓋我天尊為九天之尊統制三界而九人壘皇君眷屬家臣諸多惡煞害人不輕天尊用玉文寶篆以鎮禳之使世間上士下愚凡動作之時百無禁忌也

讚曰萬物皆從戊己來偶然相犯即為災若非普化真文力處處皆為白骨堆

婚合章

天尊言世人夫婦其於婚合或犯咸池或犯天狗三刑
六害隔角交加孤陰寡陽天羅地網囍於嗣息多是孤

纔音才

釋曰天尊發願廣大施化無方此章專言諸官符者蓋此神易犯難釋以致庶人一或干之則赤白
口舌乘勢而生也而世人何不預
誦寶經焚玉篆則此禍自滅矣
讚曰天符地符人不可觸欲釋訟凶經篆三告

六

土皇章

天尊言、土皇九壘、其司千二百神、土侯土伯、土公土母、
土子土孫、土家眷屬、若太歲若將軍、若鶴神若太白、若
九良、若劍鋒、若雌雄、若金神、若火血、若月黃、若撞命、若
三煞、若七煞、若黃幡豹尾、若蜚廉刀砧、如是等土家神
煞、若人興修卜築、一或犯之、即致病患、以迄喪亡、纔誦
此經、則萬神皆起、天無忌、地無忌、陰陽無忌、百無禁忌

校脣切

官符章

天尊言天官符地官符年月日時各有官符方隅向背各有官符大則官符小則口舌是有赤白口舌之神以主之凡諸動作興舉出入起居不知避忌如遇官符口舌則使人聾聒曉夜煎熇多招脣吻面是背非動致口牙盟神詛佛始于謗讟終于詬詆由是獄訟生焉刑憲存焉若欲脫之即誦此經遂得口舌全消官符永息

註曰此章天尊言諸官符赤口白舌之神者乃天省下之惡曜也蓋因世人不修正道不畏公法瀆雷褻雨故遣此神以撓之若人犯者急誦此經梵諸符篆即時消滅

義曰人之行藏各有可否但自不能識其機而造其悝也如或犯之此經能免也

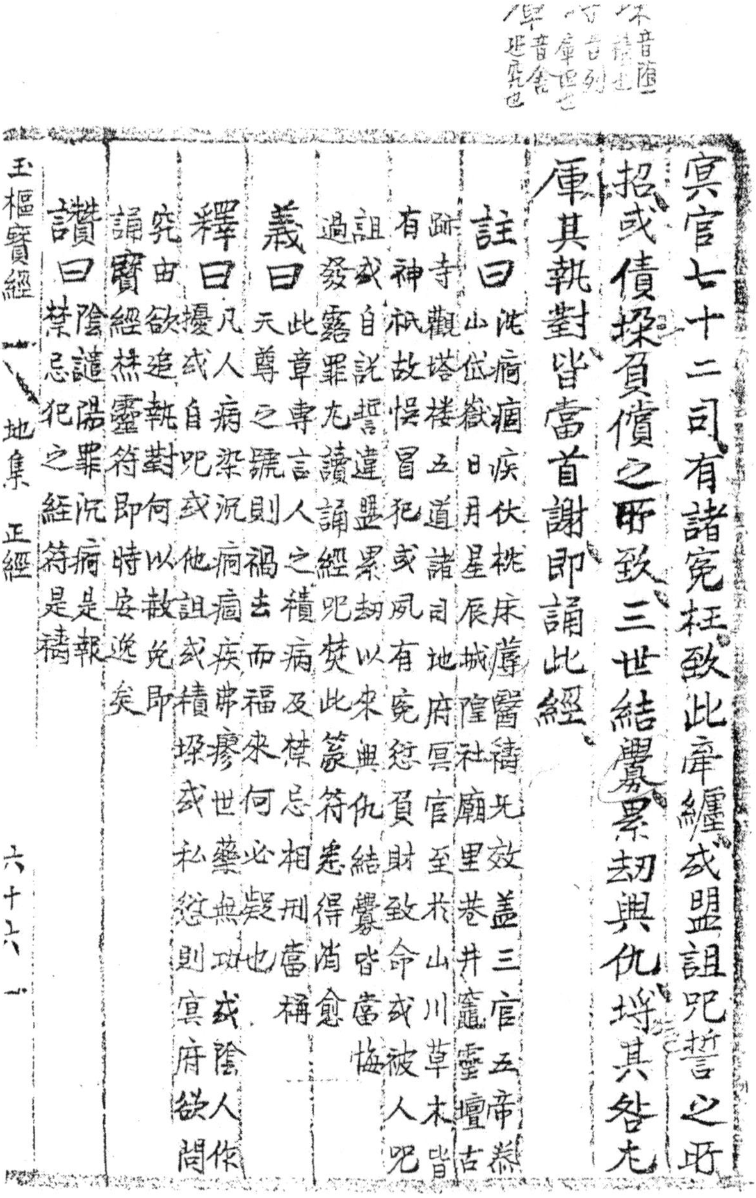

冥官七十二司有諸冤枉致此牽纏或盟詛咒誓之所
招或債探負償之所致三世結釁累刼與仇媾其咎尤
庫其執對皆當首謝即誦此經

註曰 沈痾痼疾伏枕床蓐醫禱無效蓋三官五帝嶽
山岱嶽日月星辰城隍社廟里巷井竈壹壇古
跡寺觀塔樓五道諸司地府冥官至於山川草木皆
有神祇故慢冒犯或夙有冤愆負財致命或被人咒
詛或自說誓違盟累刼以來與仇結釁皆當悔
過發露罪尤讀誦經咒焚此篆符悉得消愈

義曰 此章專言人之積病及禁忌相刑當稱
天尊之號則禍去而福來何必疑也

釋曰 凡人病染沉痾痼疾帯瘳世藥無功或陰人作
擾或自咒或他詛或積垛或私愆則冥府欲問

究由欲追執對何以赦免即
誦寶經焚靈符即時安逸矣

讚曰 陰譴陽罪沉痾是報
禁忌犯之經符是禱

玉樞寶經 一 地集 正經 六十六 一

痾音阿

四

釋曰此言人之五行不利九曜作擾是也所以諸多神煞皆聽我天尊之物如或有人遭此禍患誦此經則天尊命本人之家司命六神上請天官解天厄地官解地厄水官解水厄五帝解五方厄四聖解四時厄南辰解本命厄北斗解一切厄蓋緣此三官五帝四聖南斗北辰亦乃天尊之有司也故云上請者欲人知天尊之所司之廣設也

讚曰地網天羅不可逃凶星臨併若為消誠心誦取天尊號玉篆金符急急燒

沉痾痼疾章

天尊言沉痾伏枕痼疾壓身積時不瘳求醫罔效五神无主四大不收或是五帝三官之前泰山五道之前日月星辰之前山林艸木之前靈壇古跡之前城隍社廟之前里巷井竈之前寺觀塔樓之前或地府三十六獄

三

五行九曜章

天尊言若或有人五行奇蹇九曜嵗歲年逢刑衝運值剋戰孤辰寡宿羊刃劒鋒劫殺亡神鬼門鉤絞祿遭破敗馬落空亡動用凶危行藏坎壈即誦此經上請天官解天厄地官解地厄水官解水厄五帝解五方厄四聖解四時厄南辰解本命厄北斗解一切厄

註曰凡人五行不遇九曜失度又值刑衝及諸神煞動用行藏皆不順和大則天譴地責喪身殞命皆由三官五帝四聖二斗以主之歸命此經誦咒焚符一切厄難皆能解釋

義曰三界之中為人最靈不知向上一步致使星辰戰剋行止轗軻急宜歸奉真文則三元五帝以消其罪也此章天尊令人知忌避而欲禳之也

玉樞寶經 地集 正經 六十五

主註曰九靈者人身中之本神也天生者玄牝也無英者嬰兒也玄珠者谷神也正中者泥丸夫人也子丹者靈臺神也回回者貴券神也丹元者心神也太淵者胃宫列女水府神也靈童者主制五臟神也台光者男女構精胞胎始榮也爽靈者魂也坐精者魄也凡為人既知身中有此神靈何不時時呼召煉成一家則學道希仙無諸障礙也若五心煩懣六脈搶攘誦此經則身中諸神咸得以寧則使人安逸也

義曰三精九靈非外物也任我本家慎勿放出當令常侍左右朝真禮聖則易見而易得也此乃天尊恐人不知大道所在故以此指之也

釋曰天有九曜人有九靈天有三台人有三魂天之九曜失度三台遷位則水旱陰晦入之九靈失守三魂妄行則災禍生矣如有此疾者至心誦經焚符則三魂安九靈息五心靜六脈和四肢泰百節無恙也

讚曰九靈九靈是我之精時時呼召永保長生

音結

音雷

千羊切　攘汝羊切　亂也

二

釋曰天尊降監之日恐世人不知誤犯天律天尊惜羣生之命至扵一如此如或學道希仙之士酌水獻花或親友或道士一誦此經其得仙班有位天府標名或有下愚忽起誠心課誦此經使人心廣體胖或有孝子順孫齋心滌慮延值壇墇讀誦此經即得超昇形以釋三災逭九玄眥得如願無不感應

讚曰誠不用物以氣相蘇一稱尊號天地回春

召九靈章

天尊言身中九靈何不召之一曰天生二曰無英三曰玄珠四曰正中五曰子丹六曰回回七曰丹元八曰太淵九曰靈童召之則吉身中三精何不呼之一曰台光二曰爽靈三曰幽精呼之則慶五心煩懣六脈搶攘四肢失甯百節告急宜誦此經

玉樞寶經　一　地集　正經　六十四　一

於里社醮水饋花課誦此經或一過或三五過乃至數十百過即得神清氣爽心廣體胖凡所希求悉應其感

註曰 天尊號貞明大聖夫貞者貞觀其天地貞觀其吉凶而乃天地變化聖人效之吉凶垂象聖人則之大易乾元亨利貞貞者四時為冬四方為北冬亦屬之北天一生水壬癸清之祖氣也天尊每月初六及辛日下降初六六者六陽降而生乾六陰升而生坤消息升降周流六虛以為道極聖功生焉神明出焉蓋天地生數一成數六天地得潤澤濟世辛日天之水數天數當先一號辛辛數乾天也天一生水皆先天一氣之義萬天者自大羅清微禹餘大赤三境之天周遍諸天無不監觀其天人功過至于三界無不浮遊察錄其萬靈功過也若人誦此經者凡所希求悉應其感

義曰 天尊言有情無情有知無知咸得成真以宣大化自見其功德不可稱量也所之必應奉道之人可不勉哉

玉樞寶經註解地集

海瓊白真人　註解

祖天師張真君　義著

五雷使者張天君　釋訓

純陽孚佑帝君　讚頌

下經

學道希仙章

天尊言吾是九天貞明大聖每月初六及旬中辛日監觀萬天浮遊三界若或有人欲學道欲希仙欲遑九玄欲釋三災當命正一道士或自同親友於樓觀於家庭

玉樞寶經天集終

狼星號樞星貪狼配天元乃七政之首也如樞密院
亦朝綱之樞機也總國之機密政務掌殺伐之目也
玉樞之經乃天府之雷文也如有不順之物當剋
心斬首皆在雷司之主令也以彰顯其天之威矣

義曰 天尊以好生之心為心化形十方不使一物不
被其澤也如有毀謗道者雷司馘首剋心宜矣

釋曰 此章天尊發廣大之願明矣天尊念念生生無
文可明故出玉樞之靈文以化衆生其或衆生
得化成真之後一稱我天尊之號纂天尊之符至於
世間山河草木飛走蠢動但稟二氣之物即當悚甬
而聽毋敢少息如有不順
者雷司不容碎為微塵也

讚曰 天尊天尊發願廣大
毀謗玄文雷司瞋害

玉樞寶經 天集 正經 六十二

蠢音春俗준
䤠音摑俗괵
刲音枯

天尊言、吾今所說、即是玉樞寶經、若未來世、有諸衆生、
得聞吾名、但冥心默想、作是念言、
九天應元雷聲普化天尊、或一聲、或五七聲、或千百聲、
吾即化形十方、運心三界、使稱名者、咸得如意、十方三
界諸天諸地、日月星辰、山河草木、飛走蠢動、若有知若
無知、天龍鬼神、聞諸衆生一稱吾名、如有不順者、馘(괵)首
刲(규)心化爲微塵、

註曰夫玉樞者即玉清之氣也玉爲至尊元始天尊稱玉清昊天上帝稱玉皇太上道君稱玉晨太上老君稱高上玉帝三清之都號玉京神霄真王稱玉清玉者寶中之尊貴也樞者天之樞經也雷霆者天地之樞機天樞地機樞陰機陽一天本陽曰樞者乃顛倒之理也雖曰天陽地陰蓋天一生水也北斗貪

以學道之人當默而思之

義曰 天地生物皆得二氣之成形清氣多而賢淑濁氣重而妄惡豈非風土之不齊稟受之自異者也

釋曰 夫風土之不齊實氣數之所繫也是故我天尊舉此一章列大道之後者何也蓋世人失於調養肆意輕生孰不知輕清之氣為天重濁之氣為地凡為人身得天氣成精成津成液得地氣成骨成肉成筋者也既稟二氣而生何故有脩短賢愚之分耶豈非風土之厚薄陰陽之偏塞耶天之命如指氣之數如聞言人人不可逃天命而越氣數惟我學道之士尊崇此經則出於天命而拔乎氣數之外也我天尊說是言畢而班卿師使相諸天帝君雷部皓翁蹁躍讚歎至於天龍鬼神亦皆不知手舞足蹈之悅也

讚曰 風土所宜亦由氣血水各有源人皆有劫輕清還玄重濁不白道本無二此心似月

說寶經章

之異之天地神其機使人不知則曰自然使知其不知則亦曰自然自然之玅雖玅於知而所以玅則自乎不知然於道則未始有以愚之濁之諸天聞已四衆咸悅

註曰凡人生處若土厚水深地氣多寒萬物晩成造化之功厚故多壽也若土薄水淺地氣多熱萬物速成造化之功薄故多夭也此風土不同稟受之異也若人稟胎氣清者為人慈善端正忠孝智慧聰明樂善慕道之人也稟氣濁者為人兇惡邪佞狠毒愚癡悖逆無道不仁不義之人也智愚不同清濁之異也氣數所囿如花木之開發亦各有時皆稟天地之氣天命所梏乃天命施於桎梏不善之人長淪惡趣若得真道也愚者可以智慧門化之濁者可以清淨門化之愚者常自昏昏濁者常自冥冥此乃自然而然也皆風土稟受之分配定矣蓋天地之生殺萬物亦隨其四時之氣候也若志人得五行之氣陰陽之精修之鍊之以保固其身命使與天地同久日月齊明愚人只知聲色滋味而不知反其害其命也是

囿 音又 俗弁

八

也入必要知止守必要知謹用必要知微能知微者則九炁之光現矣能知謹者則萬靈之聖全矣能知止者則三元之神安矣神安則智必備智備則靈光生靈光生則本元之炁合矣故名之曰真忘惟其忘而不忘忘无可忘者即是真一之大道也

讚曰 守一守一當用謹默無我無人卻有一賊若還捉住湛然凝碧

演玅寶章

天尊言吾今於世何以利生為諸天人演此玅寶得悟之者俾躋仙階學道之士信有氣數夫風土不同則稟受自異故謂之氣智愚不同則清濁自異故謂之數數繫乎命氣繫乎天氣數所囿天命所梏若得真道愚可以智濁可以清惟命俾之愚昏昏濁冥冥亦風土稟受

玉樞寶經 天集 正經 六十

即我我即道彼此相忘於無忘可忘之中此所謂至道也至道在天地之間而反不知其道之所在要知
道者則凡有情之物我蠢動無情之山河草木豈出於至純而不雜之外也其惟抱一為天下式者知此
凡人修真鍊道惟守一而不雜則進德死魔昇舉有日矣

義曰 此章乃玉清真王入道守道體道之端緒也奉玉樞大教之志士於此再三硏窮自有所得即玉清真王之語不虛設也

釋曰 大道無言有言言非道是故我天尊言前章至道涯窈不可得聞也若此之論後人皆不被天尊
之化其道有起有止無見無聞起止聞見皆由心造昔我天尊九氣生而九氣成有何見耶有何聞耶此
章天尊教學道修真之方用功守成之路必以己誠而合天地之誠也蓋誠者一也天道一而二二生三
三生萬物莫不自誠一而來者人能用誠而入用默而守用柔而用然後得誠者似愚得默者似訥得柔
者似拙誠默柔為體為用愚訥拙為道為玄如是玄可與道混然忘形忘我忘忘此乃道之實而真之妙

也至於忘忘非至道乎

道在天地天地不知有情無情惟一無二

註曰 道者乃三界所遊之路也然入則有由守必有方其用固有理也蓋道乃天地無為之稱即人之真常也誠者端恪不離無妄之理也故惟以無妄之誠而入於真常之道然真常之道恪者自得故默識心融而後能守雍容不迫而後能用夫入不能守則非所謂入守不能用則非所謂守故用真實者如愚而默雍和而不剛愚是亦如拙者何異焉然其為愚訥拙也特如之而已亦既真愚訥拙哉人能入之守之用之如是者則不特可與忘物而亦可以忘我至於物我俱忘亦忘其所謂忘矣何言乎忘形我者心不之動湛然常寂無彼此之間也知者識之明而見之真之謂也入道而知止守道而知謹則固縮於道而不離用道而知微則能反約而不惑於遠大此其道體之本原在是而一心之妙用所由生也則凡所謂無所不通無所不知乃本性之所具者至此亦復全於我矣原其所自則又皆本諸知止知止而後有定定而後能安靜定日久聰明日全天光內燭心純乎道道與道合真析不知孰為道孰為我但覺其道

無其我既忘我矣則無色相無我相無人相渾我物人已而忘之矣非所謂忘忘乎入道者知止
守道者知謹用道者知微止者安其所而不遷之謂知止即大學知止而後有定之
義守即執守之義所謂執天之行是也謹則守之固也微對顯而言即知微之顯之義能知微則
慧光生能知謹則聖智全能知止則泰定安微者顯之幾既知微
則光輝發越慧性日通所謂生也聖智之分以始終條理而言知謹則聖無不通智無不照所謂全也泰即天
君泰然之謂定即知止而後有定之謂非他歧所能感也安即靜而後能安非情緣識境所能搖也泰定
安則聖智全聖智全則慧光生慧光生則與道為一是
名真忘惟其忘而不忘忘無可忘無可忘者即是至道
此緻上言其相因之效心之坦然為泰心之有守為定心之不搖為安履之為聖知之為智融之為慧燭之為
光既登此岸則照無所照覺無所覺幻身滅幻心亦滅幻心滅幻塵亦滅非滅非幻非幻非滅所謂忘無可忘

勿骨切 俗字

忘 上平声不記 下去声遺

七

義曰 大道無形無我無彼有無無有即是真道也有為有形道在何處入道之士當於無無處着脚

釋曰 言無所言行無所行學無所學識無所識是曰至道

讚曰 道道道道說着可笑天地我人一家一竅

道以誠入章

天尊言道者以誠而入以默而守以柔而用 大道汎兮無形無情入之有門守之有要用之有樞故首揭以為言誠者直實无妄之謂妄去則真還真還則誠復入道之門也默則默識之默道不可以知知言言真會道真故守道之要也柔者懦弱謙卑之謂知雄守雌知白守黑專氣致柔以道為體以柔為用也 用誠似愚用默似訥用柔似拙 即大智若愚大辯若訥大勇若怯者 夫如是則可與忘形可與忘我可與忘忘 如是即指誠默柔三者而言謂如是則內觀其心心無其心外觀諸形形無其形遠觀諸物物無其物近觀諸我我

玉樞寶經 天皇 正經 五十八

九氣之物有能歸吾化稱吾名者皆能起死回生或不信從者我當以元始一氣化成九氣以復其初也

天尊謂諸天帝君曰爾等當淨心吾今爲汝等開大道之要緒也

讚曰 道乃天地心愚癡不解尋破衣要縫補須用水磨鍼

至道深窈章

天尊言爾諸天人欲聞至道至道深窈不在其他爾既欲聞無聞者是無聞無見即是真道聞見亦泯惟爾而已爾尚非有何況于道不聞而聞何道可談

註曰 至道者不在其他在自己也爾既欲聞若明自己之道即是不必聞也是云無聞者是無聞無見即是真道無聞他人之説自己有見即是真道聞見亦泯皆不必聞見矣人若謂非有既不聞道而欲聞不可與談道矣

音卟

廣大願願於未來世一切衆生天龍鬼神一稱吾名悉使超澳如所否者吾當以身身之爾等洗心爲爾宣說

註曰 心縫此道者謂如栽段布帛若不縫就焉能爲衣且天地一點元氣散徧太虛六合人稟父母一點元氣在身即是祖宗之遺體也若修之智慧定觀清淨之心收聚七寶結成還丹是謂以心縫合成其大道而位證上真又以天地化醇之氣天道混合沖和之妙釀成巨功遂權大化提挈天地隱顯莫測天尊於大羅元始天尊前發廣大願願一切衆生天龍鬼神一稱名者悉使超澳如所否者天尊當以身身之此是見天尊普護人天發弘誓願也

義曰 幸得人身不可挫過當守正道而誦是經日就月將與道合體非小補哉

釋曰 得道之難合道之不易也我天尊昔於千五百劫之初心先合此道即九氣之生形也故稱曰直王遂掌大化我天尊曾向大羅元始天尊前以九天不雜之真發三乘無邊之願期在未來之世但受

為明證之臣遂列大道之堦天尊以善惡兩途諭諸天眞復引雷部鬼神晝勞夕役週而復始無有休息耶言肩雲謂其奔走四方摶雲作陣之勞雕雪者其冒凍衆風凝雨作花之苦也至於入海撤其龍走林命其鵝東休西止東伏西興無有息時此善惡之因故明矣天尊是時語雷師曰吾得權大化位上眞蓋心先縫此道故得如是也爾等欲昇仙陔贊化玄文以吾之功為功則道自成矣爾今聽旁諸天帝君聞如是說皆聳耳而敬聽也天尊之威儀不可宣說即有神風綺雲清朗郁靄天尊與九氣復合為一寂然不動也

讚曰 善惡兩途神如影響 善為天眞惡為魍魎

心縫此道章

天尊言吾昔於千五百劫以先心縫此道遂位上眞意釀此功遂權大化嘗於大羅元始天尊前以清淨心發

扆 隱岂切

所坐九鳳丹霞之扆，手擧金光明之如意，琅風清微綺

雲郁靡，天尊寂然良久。

註曰：雷司布令，行事疾如風火，不可留停，降澤之處，有方震雷之聲，有數可旱即旱，可雨即雨，必奉帝勅。具雷司所行鬼神何以致也？蓋此等之人居塵世之上，不忠不孝不仁不義不禮，三光不修，五常不惜，五穀所以身殁之後，聽我雷司之驅役，實此等罪報也。聞天尊所說善惡因緣，雷師皓翁及諸天諸仙啓耳怵懼，天尊所坐之時，其神風琅琅然而清微欝欝然而華麗，沈静良久，欲對仙家再演玄文也。

義曰：善根宜種，惡業莫生，天眞尚然累功積行，何況後學君子，可不盡心乎？

釋曰：雷師皓翁與天地同體，日月齊明，是以天尊言儲勳夙世，有大功於初始之先，行既累著，而得精氣遂化成形，故得玉府進用，護宫有名矣。今又掌善司惡，分化濟人，其功不少，所以盡心於火部者，乃雷師皓翁之本精也。加之日積月增，名高行顯，以全元氣，則性靈神融之，不虛言也。以是能與高上眞王

覡 刑狄切 俗격

者 音體 俗쳬

恭聽之

讚曰勅然長跪上啓真宗諸司院府臺閣尊崇三十六呂雲雷雨風何神不備何聖不從職專生殺事在吉凶欲聞至說必啓丹衷仁哉仁哉雷師皓翁

仙勳夙世章

天尊言雷師皓翁爾等仙卿儲勳夙世累行眛生故得
玉府登庸纘宮簡錄今茲勳行視夙昨多爾其悉力雷
司委心火部日復日歲復歲勳崇行著性霽神融克證
高眞卽階紗道惟是雷部鬼神晝勞夕役動有摭楚犬
則考戮胥雲雕雪無有已時檄龍命鴉此息彼作彼呼
因故爾其耳焉雷師皓翁及諸天諸仙聳耳而默天尊

司北帝雷霆司北斗征伐司北斗防衛司玉府雷霆
九司及諸曹院子司凡世間亢陽考虐風雨不時干
戈妄動饑饉荐臻皆請命玉府經由玉樞大市分野
兼判三司將兵三界鬼神功過巨濟黎民應雷霆諸
司院府並佐玉樞之政稟聽施行至於雷霆斧鉞慶
賞刑威有條不紊悉有分司或曰兼司行司巡察官
司皆設曹局官僚任職是以玉霄
一府總司五雷天臨三界者也

義曰天尊以瓊書瑶笈故化天真雷師默會天尊之旨上請方便之門一時君臣體異心同無非活羣生之經路也誦經君子至此當以雷師之心為心其功有自歸矣

釋曰時我天尊登寶臺察羣品似言不語適雷師皓翁職專雷府班趣天真以已心而論上心故白之於天尊之前我天尊德化无邊真元有自具玄書秘籙不可條請故啓三十六天東西二臺府院諸司之政莫不皆總之於玉霄一府其雷師皓翁以此舉而發我天尊之未宣者雷師啓白天尊至大至聖心及萬品臣以微陋之材以何緣由得侍玉宸顧告天尊明我前劫以贊元化并玉霄一府之事當屏氣而

註曰九靈者人身中之本神也天生者玄牝也無英者嬰兒也玄珠者谷神也正中者泥丸夫人也子丹者靈臺神也回回者貴券神也丹元者心神也太淵者腎宮列女水府神也靈童者主制五臟神也台光者男女媾精胞胎始榮也爽靈者魂也坐精者魄也凡為人既知身中有此神靈何不時時呼召煉成一家則學道希仙無諸障得也若五心煩懣六脈搶攘誦此經則身中諸神咸得以寧則使人安逸也

義曰三精九靈非外物也住我本家慎勿放出當令常侍左右朝真禮聖則易見而易得也此乃天尊恐人不知大道所在故以此指之也

釋曰天有九曜人有九靈天有三台人有三魂天之九曜失度三台遷位則水旱陰晦入之九靈失守三魂妄行則災禍生矣如有此危者至心誦經焚符則三魂安九靈息五心靜六脈和四肢泰百節無恙也

讚曰九靈九靈是我之精時時呼召永保長生

頫顖音信　覿音積　賾音嘖

時有雷師皓翁，於仙衆中，越班而出，面天尊前，頫顖作禮，勅變長跪，上白天尊言：天尊大慈，天尊大聖，爲群生父，爲萬靈師，今者諸天咸此良覿，適見天尊閱寶笈，攷瓊書於中，秘賾不可縷計，惟有玉霄一府，所統三十六天，内院中司，東西華臺，玄館紗閣，四府六院，及諸有司，各分曹局，所以總司五雷，天臨三界者也，天尊至皇心親庶政，此等小兆，以何因緣得以趨服，願告欲聞。

註曰：雷師皓翁，乃帝宸元老卿師重臣也，玉霄府郎高上神霄天中玉清真王府居三十六天之上天中有五殿，東曰蘂珠，西曰碧玉，北曰青華，南曰凝神，中曰長生，又有太乙內院，可韓中司，東西二臺，四曹四局，外有大梵紫微之閣，仙都火雷之館，皆有玉府左玄右玄，金闕侍中，僕射上相，真仙真伯，卿監侍

玉樞寶經　天集　正經　五十四

音路

三

仙姝散花旋繞復相引領遊戲翠宮羣仙導前先節後

鉞龍旂鸞輅飄飄太空僊集于玉梵七寶層臺

註曰 自浮黎元始天尊生九子玉清真王化生雷聲
普化天尊天尊以歷劫應化隨時示號本元始
祖劫一炁分真乃玉清真王九霄主宰一月四辰監
觀萬天浮遊三界九州萬國賞善録愆是為普化至
大至
貴也

義曰 天即我我即天發願廣大化形十方凡諸衆生
能歸心向道我當以身身之非天尊普化而何

釋曰 天无私日月垂明天有德人物與生是故我天
尊代天行道德施三界使清者為聖濁者入清

凡諸有身有形者俾
躋仙除共成一炁

讚曰 好生之德不能量闡教諸天及十方
高處玉清治雷府萬神朝衆禮真王

雷師啓白章

蹴踖 蹴積

音及 及書籍

二

之時雷帝親擊本部雷鼓一下卽時雷公雷神與發雷聲也

義曰聲乃炁之用炁乃聲之令明是辨非震萌起蟄非雷之令何能生也

釋曰聲者令也聽也天无聲雷霆不行地无聲草木不萌人无聲清濁不明所以聲為一身之本乃陰陽之元氣也

讚曰廣宣帝德起羣生三界英靈側耳聽莫道老天无一語須知曰令有雷鳴

在玉清天中章

普化天尊在玉清天中與十方諸天帝君會於玉虛九光之殿鬱蕭彌羅之館紫極曲密之房閬太幽碧瑤之笈啟洞微明晨之書交頭接耳細議重玄諸多陪臣左右蹴踖天尊宴坐朗誦洞章諸天帝君長吟步虛緑女

火雷三十二曰內鑑雷三十三曰外鑑雷三十四曰神府天樞雷三十五曰大梵斗樞雷三十六曰玉晨雷有三十六神曩嘗陳之於太上之前雷法有七十二階天地賞善罰惡發生萬物皆雷也雖陰陽之激剥亦由神人之興動雷鳴則雨降矣

義曰雷之為雷大矣哉故三界十方天聖地真各司有焉惟九天玉清真王總治其令也

釋曰雷者類也是以出萬類而起群品也孰不知雷乃陰陽二炁之激剥卻有邪不臧惡誅邪驅風役雨者何也凡俗先知豈識元始生殺之機玉清真王之妙用也

讚曰二炁之正五行之令斬鬼誅邪天人響應

聲

註曰聲者天地之仁聲也春分五日雷乃發聲可聞百里震九天而動九地驚四海而翻四瀆太上曰吾不發陰陽之聲吾之大音無以召故鼓之以雷霆以聲召氣也雷帝之前有雷鼓三十六面凡行雷

歘音亳

天尊臨蒞之都君師使相列職分司主天之災福持
物之權衡掌物掌人司生司殺撿押啓閉管鑰生成
上自天皇下至地帝非雷霆无以行其令大而生死
小而枯榮非雷霆无以主其政雷霆政令其所隸焉
三清上聖雷霆祖也十極至尊雷霆本也昊天玉皇
上帝號令雷霆也㙂土皇地祇節制雷霆也北極紫
微大帝掌握五雷也五雷者天雷地雷水雷龍雷社
令雷又有十雷一曰玉樞雷二曰神霄雷三曰大洞
雷四曰仙都雷五曰北極雷六曰太乙雷七曰紫府
雷八曰玉晨雷九曰太霄雷十曰太極雷又有三十
六雷一曰玉樞雷二曰玉府雷三曰玉柱雷四曰上
清大洞雷五曰火輪雷六曰灌斗雷七曰風火雷八
曰飛捷雷九曰北極雷十曰紫微璇樞雷十一曰神
霄雷十二曰仙部雷十三曰太乙轟天雷十四曰紫
府雷十五曰鐵甲雷十六曰邵陽雷十七曰歘火雷
十八曰社令蠻雷十九曰地祇鴉雷二十曰三界雷
二十一曰斬壙雷二十二曰大威雷二十三曰六波
雷二十四曰青草雷二十五曰八卦雷二十六曰混
元鷹犬雷二十七曰嘯命風雷二十八曰火雲雷二
十九曰禹步大統攝雷三十曰太極雷三十一曰劍

玉樞寶經 一 天集 正經 五十二

義曰天地二炁陰陽五行上布下流無一物不承天命而得陰陽之炁以所生也故曰應元何疑哉

釋曰天陽地陰理之然也蓋我天尊生乎陽而居於天具健而剛也所以萬物生乎地莫不皆聽命於天尊使物物各得其宜世人不知其故而本元皆出乎天尊之餘炁也天尊欲人人皆為天尊者何故惜其炁而應其本元之妙道也

讚曰一炁雖分陰與陽玉清高處化真王上天下地能相合闡教分形徧十方

雷

註曰陰陽二炁結而成雷既有雷霆遂分部隸九天雷祖因之以剖析為五屬神霄真王用之以宰御三界真王所居神霄玉府其道在于巽巽者天中之地也東南乃太陽之炁結清朗光元始父祖化神霄玉清真王玉府在碧霄梵氣之中去雷城二千三百里雷城高八十一丈左有玉樞五雷使院右有玉府五雷使院天有四方四隅分為九霄惟此一霄居於梵炁之中在心曰神故曰神霄乃真王按治之所

雷字章

爾時九天、

註曰九天者四方四維中央乃統三十六天之總司也始因東南九氣而生正出雷門所以掌三十六雷之令受諸司府院之印生善殺惡以順人情蓋以九天之名者取其陽剛而不泯者之謂也

義曰九天雖曰乾數陽剛而不柔實乃九炁之生處也於是結英聚靈成我玉清真王之化形也

釋曰是時九炁成形結爲九天天九天乃在三十六天之上十方三界之祖炁也所以用九之故其炁元本乎三清之體而用乎九天之名宜矣

讚曰九天九天玄之又玄忽爾我後倏焉我前

應元、

註曰仰惟元始祖劫一氣分真玉清真王應元之體

玉樞寶經　天集　正經　五十一

曰天不言以雷代言也普者上天下地四維八荒无
形有形也化者天道陰陽運行則為化又自无而有
自有而无則為化萬物生息則為化老子云我无為
而民自化又云以德化是也天尊者至大至貴之称
也說者讚揚也闡教也解隱釋與也玉者天地日月
之精華陰陽水火之結秀也潤而温寶而貴萬載之
不可朽滅也樞者機也軸也乃生殺之始由也
寶者珍重也經者徑也乃修真大道之要路也

義曰斯經以玉樞而名者乃天地之消息陰陽之動
靜也九數乃乾元用九之說而普化天尊居其
上為三界之尊
十方之靈明矣

釋曰天尊發願廣大化及羣生其德不可量而機不
可測也故以雷聲代化玉樞為衡則善善惡惡
殺殺生生皆聽於九氣之真王所以三界萬
靈十方諸天莫不皆讚我天尊之元化也

讚曰祖炁氤氳滿太虛九天元是九天居驟雷役雨
飛金篆活物生人備玉樞三界有情同得道十
方無路不通車大哉普化
明元始日月齊光信不誣

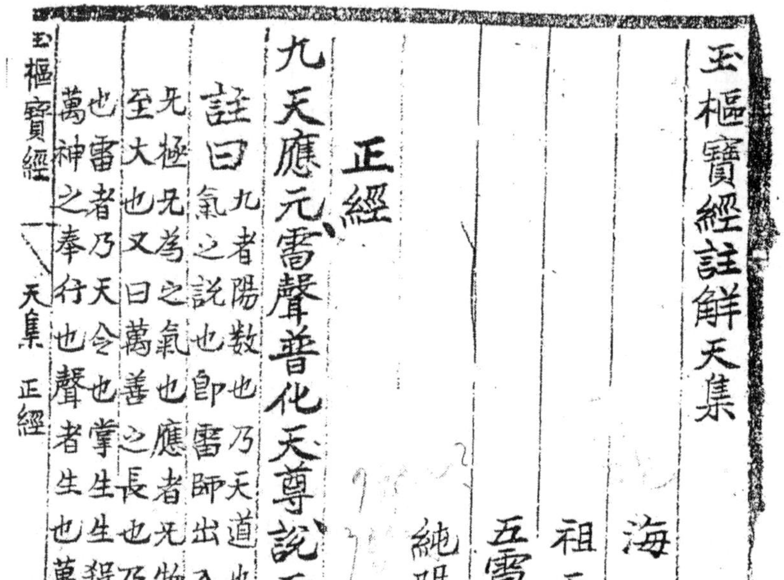
玉樞寶經註解天集

海瓊白真人　註解

祖天師張真君　義著

五雷使者張天君　繹訓

純陽孚佑帝君　讚頌

正經

九天應元雷聲普化天尊説玉樞寶經

註曰九者陽数也乃天道也主於震宮故東南有九氣之説也即雷師出入之地也天者至大至聖无極无為之氣也應者无物不承天命而生也元者至大也又曰萬善之長也乃四時之首也五行之先也雷者乃天令也掌生生殺殺之權動静人莫可測萬神之奉行也聲者生也萬物得雷震聲而萌也又

玉樞寶經　天集　正經　五十一

紫檀香○白檀香○萬壽線香○降眞香○俞丹四
錢九分蘇合香三戔青木香安息香犀角鎊白檀香
各二錢四分麝香羚羊角各一錢二分棗膏和丸小
豆大端午臘日合製聽用能辟邪瘴痛○炎帝神農
氏辟穀方茯苓用水洗去黑皮搗末浸酒封固百日
日服匙寸匕服不斷一年易髓二年換骨三年腸化
爲筋亦可成仙○丸子大聖讀書九敗龜板酥炙白
龍骨研末入鷄腹煮一宿遠志去心苗九節菖蒲去
毛各等分細末煉蜜和丸每兩作十丸每服一丸日
三溫酒化下一方散服

玉清聖境元始天尊、

上清眞境靈寶天尊、

太清仙境道德天尊、

三清三境天尊、（他本此位在玉清聖境元始天尊之先恐是）

九天應元雷聲普化天尊、（他本此位上九天應元四字脫未詳孰是）

九天應元府眞靈聖衆大道不可思議功德、

啓請頌（齋期每月初六及辛日　聖誕六月二十四日）

神霄雷祖帝、九天普化君、談道跌九鳳、披髮（一本持法）騎麒麟、統攝聖嶽將、掌令判雷霆、三辛逢初六、察人善惡情、消災并度厄、稱名誦寶經、

玉樞寶經　歸命禮　奏啓文　睿號　頌　四十九

飛行殿前無敵蔣元帥　文昌閣下無敵韓元帥
大羅境下無敵查元帥　恭望仙慈五百靈官
秦車白馬大將軍聞法歡喜盡牽降臨

焚香奏啟文

三寶至尊神霄玉府玉樞經內無鞅真靈伏望證盟容
伸誦詠以今太歲某旦某節良辰奉道某籙弟子臣　姓名伏為保安
某事三寶慈儉不為天下先足卓某人看誦玉樞寶經仰祈時
和歲豐民安國泰次願降福延生禳災謝過更及天龍
鬼神四生六途普天率土受澤霑恩如上勝因仰祈
昭貺仍念九天天尊諱號○讀至昭貺繼讀開經咒及開經讚後仍念諱號

掌天下害人案鄭元帥　掌天下奸險案楊元帥

掌天下盜竊案溫元帥　掌天下邪謀案袁元帥

掌天下搖亂案千元帥　掌天下毀僧案鍾元帥

掌天下謗道案木元帥　掌天下婚娶案鄧元帥

掌天下文易案馬元帥　掌天下齋醮案陀元帥

掌天下施捨案左元帥　掌天下樹木案秦元帥

掌天下花艸案主元帥　掌天下禽鳥案夏元帥

掌天下獸畜案運元帥　掌天下魚鼈案京元帥

掌天下蟲蟻案鳳元帥　天王殿前無敵王元帥

顯聖殿前無敵馮元帥　炳靈殿前無敵許元帥

玉樞寶經　歸命禮　四十八

飛天巡觀都總管薛元帥
飛天慢脚都頭領昜元帥
飛天駕霧都頭領奇元帥
飛天捉妖都頭領梅元帥
飛天軀魔都頭領引元帥
飛天多耳都頭領風元帥
飛天海口都頭領焦元帥
掌天下不忠案哱元帥
掌天下不仁案巴元帥
掌天下不廉案介元帥

飛天急脚都頭領亢元帥
飛天憑風都頭領右元帥
飛天喫鬼都頭領斤元帥
飛天斬怪都頭領盛元帥
飛天廬目都頭領李元帥
飛天長舌都頭領狄元帥
掌天下不孝案沈元帥
掌天下不悌案丁元帥
掌天下不慈案黑元帥
掌天下殺生案張元帥

玉樞寶經　歸命禮

飛天火砲手三界總管石元帥

飛天步兵手三界總管施元帥

飛天黄面将三界伏魔朱元帥

飛天白面将三界伏魔孫元帥

飛天三目将三界伏魔陳元帥

飛天三臂将三界伏魔余元帥

飛天雙頭将三界伏魔彪元帥

飛天長鬚将三界伏魔朱元帥

飛天巡海都總管龍元帥

飛天巡河都總管西門元帥

飛天馬兵手三界總管林元帥

飛天青面将三界伏魔邵元帥

飛天赤面将三界伏魔馬元帥

飛天黑面将三界伏魔廖元帥

飛天四目将三界伏魔邱元帥

飛天四臂将三界伏魔曾元帥

飛天三頭将三界伏魔哈元帥

飛天巡山都總管岳元帥

飛天巡江都總管黄元帥

飛天巡寺都總管杜元帥

四十七

夜遊罰惡刁元帥　夜遊罰惡魯元帥　夜遊罰惡岑元帥

夜遊罰惡錫元帥　夜遊罰惡赤元帥　夜遊罰惡華元帥

夜遊罰惡米元帥　夜遊罰惡定元帥　夜遊罰惡爾元帥

夜遊罰惡閬元帥　貪狼奏事呂元帥　巨門奏事趙元帥

祿存奏事胡元帥　文曲奏事丁元帥　廉貞奏事江元帥

武曲奏事包元帥　破軍奏事葛元帥　飛天大刀手三界總管楊元帥

飛天金創手三界總管羅元帥　飛天雙鞭手三界總管鄢元帥

飛天潤斧手三界總管程元帥　飛天金鍵手三界總管梁元帥

飛天鐵棒手三界總管宮元帥　飛天神劍手三界總管公孫元帥

飛天神叉手三界總管丁元帥　飛天弓箭手三界總管楊元帥

日遊守辰莊元帥
日遊守巳倪元帥
日遊守午始元帥

日遊守未攻元帥
日遊守申祿元帥
日遊守酉羲元帥

日遊守戌殷元帥
日遊守亥端元帥
子宮正刻勾元帥

丑宮正刻匀元帥
寅宮正刻菊元帥
卯宮正刻均元帥

辰宮正刻埧元帥
巳宮正刻地元帥
午宮正刻堤元帥

未宮正刻壚元帥
申宮正刻瀕元帥
酉宮正刻沂元帥

戌宮正刻湯元帥
亥宮正刻灢元帥
夜遊賞善耿元帥

夜遊賞善王元帥
夜遊賞善許元帥
夜遊賞善馮元帥

夜遊賞善汀元帥
夜遊賞善宁元帥
夜遊賞善麻元帥

夜遊賞善鳩元帥
夜遊賞善李元帥
夜遊賞善孫元帥

玉樞寶經 歸命禮 四十六

辛亥宮 閫元帥
壬子宮 蓬元帥
癸丑宮 肖元帥

甲寅宮 午元帥
乙卯宮 奠元帥
丙辰宮 野元帥

丁巳宮 徐元帥
戊午宮 屠元帥
己未宮 關元帥

庚申宮 罡元帥
辛酉宮 凉元帥
壬戌宮 休元帥

癸亥宮 除元帥
乾方主者 雲元帥
坎方主者 基元帥

艮方主者 祈元帥
震方主者 木元帥
巽方主者 来元帥

離方主者 真元帥
坤方主者 野元帥
兌方主者 洛元帥

南斗掌軍 [illegible]元帥
北斗掌軍 [illegible]元帥
中斗掌軍 [illegible]元帥

東斗掌軍 [illegible]元帥
西斗掌軍 靇元帥
日遊守子 寶元帥

日遊守丑 化元帥
日遊守寅 器元帥
日遊守卯 罔元帥

辛巳宮萊元帥　壬午宮燕元帥　癸未宮西元帥
甲申宮明元帥　乙酉宮文元帥　丙戌宮張元帥
丁亥宮伯元帥　戊子宮本元帥　己丑宮冰元帥
庚寅宮樊元帥　辛卯宮施元帥　壬辰宮寧元帥
癸巳宮漯元帥　甲午宮有元帥　乙未宮靳元帥
丙申宮呼元帥　丁酉宮足元帥　戊戌宮胥元帥
己亥宮蘇元帥　庚子宮疋元帥　辛丑宮祝元帥
壬寅宮卜元帥　癸卯宮申元帥　甲辰宮袁元帥
乙巳宮太元帥　丙午宮焦元帥　丁未宮葉元帥
戊申宮朱元帥　己酉宮玉元帥　庚戌宮朗元帥

正癸宮鄭元帥
正寅宮鼎元帥
正巳宮洒元帥
正申宮禾元帥
正亥宮植元帥
丙寅宮順元帥
己巳宮木元帥
壬申宮正元帥
乙亥宮分元帥
戊寅宮廖元帥

正子宮竺元帥
正卯宮房元帥
正許午宮進元帥
正酉宮監元帥
甲子宮丁元帥
丁卯宮耳元帥
庚午宮法元帥
癸酉宮多元帥
丙子宮金元帥
己卯宮石元帥

正丑宮坡元帥
正辰宮李元帥
正未宮邦元帥
正戌宮國元帥
乙丑宮馬元帥
戊辰宮關元帥
辛未宮平元帥
甲戌宮定元帥
丁丑宮舒元帥
庚辰宮點元帥

晚朝鎮殿王元帥　晚朝奇靈江元帥　晚朝文明班元帥
晚朝全仁宋元帥　晚朝純忠陸元帥　晚朝監邦花元帥
晚朝奉法馬元帥　晚朝護駕趙元帥　晚朝照遠蔡元帥
晚朝光仁何元帥　晚朝太量劉元帥　晚朝護威高元帥
晚朝耀德成元帥　晚朝本忠殷元帥　晚朝太歲郭元帥
晚朝成仁徐元帥　晚朝追烈余元帥　晚朝寶明韓元帥
晚朝遠光晉元帥　晚朝武惠祖元帥　晚朝知亭林元帥
正宮甲荀元帥　正宮乙褚元帥　正宮丙關元帥
正宮丁竇元帥　正宮戊劉元帥　正宮己張元帥
正宮庚余元帥　正宮辛宮元帥　正宮壬韋元帥

玉樞寶經　一　歸命禮　四十四

中朝驃騎周元帥
中朝神鷹鄧元帥
中朝屈敵王元帥
中朝義勇屈元帥
中朝明惠王元帥
中朝剛仁熱元帥
中朝昭遠張元帥
中朝貫虹穆元帥
中朝揚武秦元帥
中朝武寧胡元帥
中朝多耳高元帥
中朝三目龐元帥
中朝背劍蔣元帥
中朝橫刀曹元帥
中朝白戟漢元帥
中朝忠孝吳元帥
中朝遜義温元帥
中朝威靈邱元帥
中朝仁遠毛元帥
中朝高華鄗元帥
中朝赤光冉元帥
晚朝總領翟元帥
晚朝佐感鄂元帥
晚朝奏疏薩元帥
晚朝降魔喬元帥
晚朝煉義許元帥
晚朝靈遠卞元帥
晚朝彪囊陰元帥
晚朝雙鞭鄉元帥
晚朝長鎗趙元帥

玉樞寶經　　歸命禮　　四十三

早朝強毅劉元帥
早朝忠襄鄭元帥
早朝定遠郭元帥
早朝感化馬元帥
早朝壯同岳元帥
早朝明威章元帥
早朝重義盧元帥
中朝秉義賈元帥
中朝勇烈丁元帥
中朝建報萬元帥

早朝威烈馬元帥
早朝武謨尤元帥
早朝建威伍元帥
早朝智孝周元帥
早朝正甫鄂元帥
早朝鷹績耿元帥
早朝保民陶元帥
中朝鼓善郎元帥
中朝果猛郁元帥
中朝檢籍宗元帥

早朝表義陳元帥
早朝通遠威元帥
早朝誠意辛元帥
早朝京江王元帥
早朝靈威李元帥
早朝修誠袁元帥
早朝靈感完元帥
中朝懷威蕭元帥
中朝正山錢元帥
中朝護法馮元帥

地別首領 宣元帥
地裂首領 都元帥
地睒首領 丁元帥
地失首領 郎元帥
地翼首領 羽元帥
地煞裨將 朗元帥
地煞裨將 車元帥
早朝明德 劉元帥
早朝懷寧 耿元帥
早朝靖遠 高元帥

地兵首領 眞元帥
地進首領 包元帥
地冲首領 支元帥
地遁首領 衢元帥
地煞裨將 疾元帥
地煞裨將 肖元帥
地煞裨將 翟元帥
早朝畢義 張元帥
早朝忠智 金元帥
早朝保國 呼元帥

地擊首領 鬪元帥
地窮首領 酉元帥
地刑首領 業元帥
地總首領 牢元帥
地煞裨將 牛元帥
地煞裨將 葛元帥
地煞裨將 朱元帥
早朝仁威 徐元帥
早朝威烈 許元帥
早朝奉法 丁元帥

玉樞寶經　歸命禮

地哭首領寧元帥
地輪首領卜元帥
地困首領烟元帥
地痛首領蕭元帥
地貪首領休元帥
地厄首領秦元帥
地塵首領坯元帥
地幻首領盆元帥
地舌首領公元帥
地分首領華元帥

地囚首領湯元帥
地滚首領袁元帥
地罪首領青元帥
地荒首領更元帥
地慳首領馬元帥
地坑首領鄭元帥
地空首領成元帥
地隐首領可元帥
地良首領二元帥
地合首領段元帥

地獄首領班元帥
地陷首領自元帥
地苦首領伏元帥
地破首領曽元帥
地解首領呃元帥
地貫首領奉元帥
地孤首領畜元帥
地非首領本元帥
地柔首領冉元帥
地離首領開元帥

四十二

天罡裨將火元帥
地智首領氐元帥
地瘟首領行元帥
地長首領元元帥
地走首領昇元帥
地畜首領薄元帥
地虐首領因元帥
地禽首領卓元帥
地怪首領陰元帥
地才首領光元帥

地魁首領姚元帥
地法首領生元帥
地急首領共元帥
地短首領分元帥
地公首領田元帥
地亂首領益元帥
地毒首領兆元帥
地獸首領紅元帥
地巧首領展元帥
地血首領巴元帥

地煞首領耿元帥
地病首領虎元帥
地緩首領卞元帥
地行首領領元帥
地滅首領山元帥
地暴首領花元帥
地惡首領乙元帥
地賊首領方元帥
地拙首領安元帥
地嚎首領毛元帥

玉樞寶經　歸命禮　四十一

天孤首領父元帥
天藝首領明元帥
天都首領君元帥
天通首領得元帥
天綴首領孫元帥
天德首領祥元帥
天交首領成元帥
天巧首領卯元帥
天龠首領魚元帥
天罡裨將風元帥

天壽首領吉元帥
天文首領昌元帥
天蓬首領遠元帥
天行首領喬元帥
天廚首領百元帥
天喜首領下元帥
天定首領許元帥
天恩首領恒元帥
天獸首領莫元帥
天罡裨將雷元帥

天祿首領正元帥
天驛首領柳元帥
天牢首領居元帥
天急首領邦元帥
天貨首領高元帥
天福首領支元帥
天志首領井元帥
天赦首領佳元帥
天幻首領曾元帥
天罡裨將水元帥

輔皇定遠毛元帥
猛烈進業尤元帥
輔國揚威張元帥
飛天勇烈徐元帥
罡班第二千元帥
罡班第五蚕元帥
罡班第八八元帥
天魁首領鳴元帥
天法首領同元帥
天富首領首元帥

忠孝雙全周元帥
猛威進德王元帥
懷仁守義湯元帥
敢死先登李元帥
罡班第三羊元帥
罡班第六子元帥
罡班第九土元帥
天罡首領哈元帥
天殺首領甫元帥
天貴首領太元帥

神威不測黃元帥
英明果敢岳元帥
定霸除奸楊元帥
罡班第一守元帥
罡班第四火元帥
罡班第七罡元帥
罡班第十木元帥
天智首領巧元帥
天威首領斗元帥
天空首領鎮元帥

三元主將馮元帥
水府主將邱元帥
火官守壇曹元帥
木官裨將周元帥
西天門下尉遲元帥
英銳無私裴元帥
錦帆耀武甘元帥
常勝將軍趙元帥
三山定志張元帥
飛行除祟紀元帥

北極先行程元帥
火府主將青元帥
金宮掌陰韓元帥
征遼護國薛元帥
降妖盪兇秦元帥
白袍明武羅元帥
忠義配享張天王
擄江鎮國潘元帥
關帝駕下廖元帥
飛行斬妖藺元帥

東岳神威丙元帥
水宮降魔關元帥
土宮現生孔元帥
威鎮三山薛元帥
三界急行謝元帥
除奸護國楊元帥
虎牢武威呂元帥
正直果毅魯元帥
飛行盪兇逢元帥
忠襄威武劉元帥

玉樞寶經 歸命禮 四十

帥、監生高元帥、恭望仙慈俯賜感應、在天爲星宿在地爲嶽瀆

生則爲聖賢、死則爲神明

至心歸命禮 此五百神位號原本不載而謹依別錄焉

執法無私王元帥　東岳太保温元帥　飛天神王馬元帥

黑虎降魔趙元帥　精忠報國岳元帥　判雷主者鄧元帥

運雷主者辛元帥　篤雷主者張元帥　驗雷主者陶元帥

雷府都督龐元帥　雷府都督劉元帥　雷府都督苟元帥

雷府都督畢元帥　雷兵統領彭元帥　雷兵統領韓元帥

雷兵統領許元帥　雷兵統領典元帥　斗口執事趙元帥

斗口飛行馬元帥　斗口威靈佟元帥　斗口奏事紀元帥

清微教主祖元君、清微教主魏元君、洞玄傳教
馬元君、混元教主路真君、混元教主葛真君、神
霄傳教鍾離真仙、神霄傳教呂真仙、火德謝天君
玉府劉天君、寧大天君、任大天君、雷門茍元
帥、雷門畢元帥、靈官馬元帥、都督趙元帥、虎
立王元帥、虎立高元帥、混元龐元帥、仁聖康元
帥、太歲殷元帥、考校党元帥、酆都孟元帥、翊
靈温元帥、糾察王副帥、先鋒李元帥、猛烈鐵元
帥、風輪周元帥、地祇楊元帥、朗靈關元帥、忠
翊張元帥、洞神劉元帥、豁落王元帥、神雷石元

玉樞寶經 歸命禮 三十九

鳳、三十六天之上、閬寶笈玫瓊書千五百劫之先、位上

眞權大化、手舉金光如意、宣說玉樞寶經、不順化作微

塵、發號疾如風火、以清淨心而弘大願、以智慧力而伏

諸魔、總司五雷、運心三界、羣生父、萬靈師、大聖大慈、至

皇至道、九天應元雷聲普化天尊、

至心歸命禮 此四十八神位號原本列書

萬法教主、 東華教主、 大法天師、 神功妙濟許眞

君、 弘濟丘天師、 許靜張天師、 旌陽許眞君、 海

瓊白眞人、 洛陽薩眞人、 主雷鄧天君、 判府辛天

君、 飛捷張天君、 月孛朱天君、 洞玄教主辛祖師

湛寂真常道恢漠大神通玉皇大天尊玄穹高上帝

至心歸命禮此禮一本在善功圓滿亦降吉祥靈章下乃禮真懺悔終章故下重出

宇宙之中莫神於聲惟我皓翁咸音普振混沌未判之前鬅鬙已白天地既生之後鬢髮仍蒼霹靂一聲魔外衣聞皆腦裂雷聲教轉龍天寂聽盡心歡佛國仙宮時聞說法三乘五性咸悟本真共乾坤而不老徧大地而成春大悲大願大聖大慈三十六部真師十二萬年教主振幽出滯无畏演法天尊

至心歸命禮

九天應元府無上玉清王化形而滿十方談道而跌九

玉樞寶經　一　歸命禮　三十八

爾雷霆之祖大悲大願大聖大慈上清真境靈寶天尊

至心歸命禮

隨方設教歷劫度人為皇者師帝者師王者師假名易號立天之道地之道人之道隱聖顯凡總千二百之官君包萬億重之梵氣化行今古著道德凡五千言主握陰陽命雷霆用九五數大悲大願大聖大慈太清仙境道德天尊

至心歸命禮

太上彌羅無上天妙有玄真境渺渺紫金闕太微玉清宮無極無上聖廓落發光明寂寂浩無宗玄範總十方

二

至心歸命禮

三界之上梵氣彌羅上極無上天中之天鬱羅蕭臺玉山上京渺渺金闕森羅淨霐玄元一氣混沌之先寶珠之中玄之又玄開明三景化生諸天億萬天眞無鞅數衆旋斗曆箕四度五常巍巍大範萬道之宗大羅玉清虛無自然大悲大願大聖大慈玉清聖境元始天尊

至心歸命禮

居上清境號靈寶君祖劫化生九萬九千餘梵氣赤書煥發六百八十八眞文因混沌赤文而開九霄紀元洞玉曆而分五劫天經地緯巍乎造化之宗樞陰機陽卓

玉樞寶經 八咒 經讚 歸命禮 三十七

開經玄蘊咒即天皇神咒

儀文序次此咒讚在奏啟文下膺號上

天皇天皇普化十方無禱不應無求不禳醞陽醞陰萬古寶光順吾者亨逆吾者亾玉文寶篆誦之吉昌司命守護不得隱藏急急如 九天普化玉清真王律令

開經讚

善哉普化君昔在玉清天宴坐七寶臺普集諸天仙玉樞至道旨細議說重玄雷師親請問天尊金口宣清淨廣大願利益有無邊真總道惟一秘賾不可傳天龍鬼神衆悉使超渙然知微慧先生知謹聖智全功德不思議報應顯因緣冥心今課誦頻頤三寶前

雷神隱名唏𤼵哽嚌囕㖞嚀唷吽啵咭唎嘘哼啞嗶嘶

嘪哆喏嚜嚁唏咈唌嚀嚾嘏嚌呼嚨吃嚶囉囉嚅準敕

奉行洞慧爻徹五氣𩐀騰金光速現覆護眞人

祝香神咒

香乃玉華散景九氣含烟香雲密羅逕衢

九天侍香金童傳言玉女爲臣通奏上聞

帝前令臣所啟咸賜如言道由心學心假香傳香爇玉

鑪心存

帝前眞靈下盼仙旆臨軒令臣關告逕達

九天

玉樞寶經 八咒 三十六

天地正明，穢氣分散，洞中玄虛，晃朗太元，八方威神，使我自然，靈寶符命，普告九天，乾羅答那，洞罡太玄，斬妖縛邪，度鬼萬千，中山神咒，元始玉文，持誦一遍，卻病延年，按行五嶽，八海知聞，魔王束手，侍衛我軒，凶穢消蕩，道氣常存。

金光神咒　內帝至囑三十六雷隱名未授職人不可輕誦

天地玄宗，萬氣之根，廣修億劫，證我神通，三界內外，惟道獨尊，體有金光，覆映吾身，視之不見，聽之不聞，包羅天地，養育羣生，受持萬遍，身有光明，三界侍衛，五帝司迎，萬神朝禮，役使雷庭，鬼妖喪膽，情怪亡形，內有霹靂

三　四　五

鍊液道氣長存
淨身神呪
靈寶天尊安慰身形弟子魂魄五臟玄冥青龍白虎隊
仗紛紜朱雀玄武侍衛吾身
安土地神呪
元始安鎮普告萬靈嶽瀆真官土地祇靈左社右稷不
得妄驚回向正道內外澄清各安方位備守壇庭太上
有命搜捕邪精護法神王保衛誦經歸依大道元亨利
貞
淨天地解穢神呪 主穢以三山訣擎水盂遶壇灑水以淨壇界

一
二

百遍畢開讀正經九章然後誦昕祈本章乃書本章
符篆二道一道向天焚之一道并天皇神咒佩帶誠
心課誦一七三七七七七武至百日壇畢之後心常觀
天尊寶相口時念天皇神咒以存處誠衛道之心焉

淨心神咒

太上台星、應變無停、驅邪縛魅、保命護身、智慧明淨、心
神安寧、三魂永久、魄無喪傾、

淨口神咒

丹朱口神、吐穢除氛、舌神正倫、通命養神、羅千齒神、卻
邪衛眞、喉神虎賁、氣神引津、心神丹元、令我通眞、思神

玉樞寶經儀文

凡此誦禮必先齋戒（洗心曰齋遠慾曰戒）嚴整衣冠澄心定氣叩齒演音然後朗誦慎勿輕慢交談接語務在端肅念念無違隨願禱祝先祝

國泰平後願身康寧非理勿求自然感應大則開建道壇小則淨掃堂舍設花水盤案焚香作禮息機絕念正氣諷聲存想

天尊威光赫奕雷部諸眞官將擁護在壇次上香左右定心九拜叩齒三通如法精實起敬起誠先念諸神咒至心歸命禮奏啓文開經咒七遍九天睿號謹功

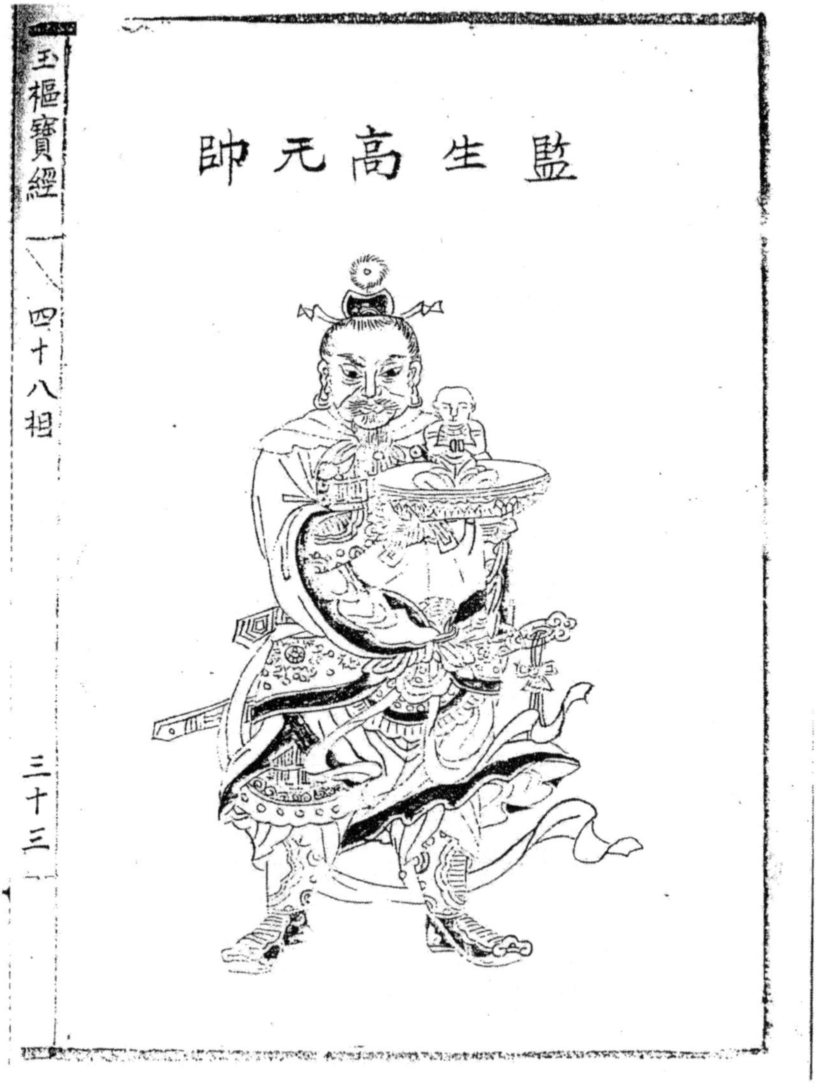
監生高元帥
玉樞寶經
四十八相
三十三

神雷石元師

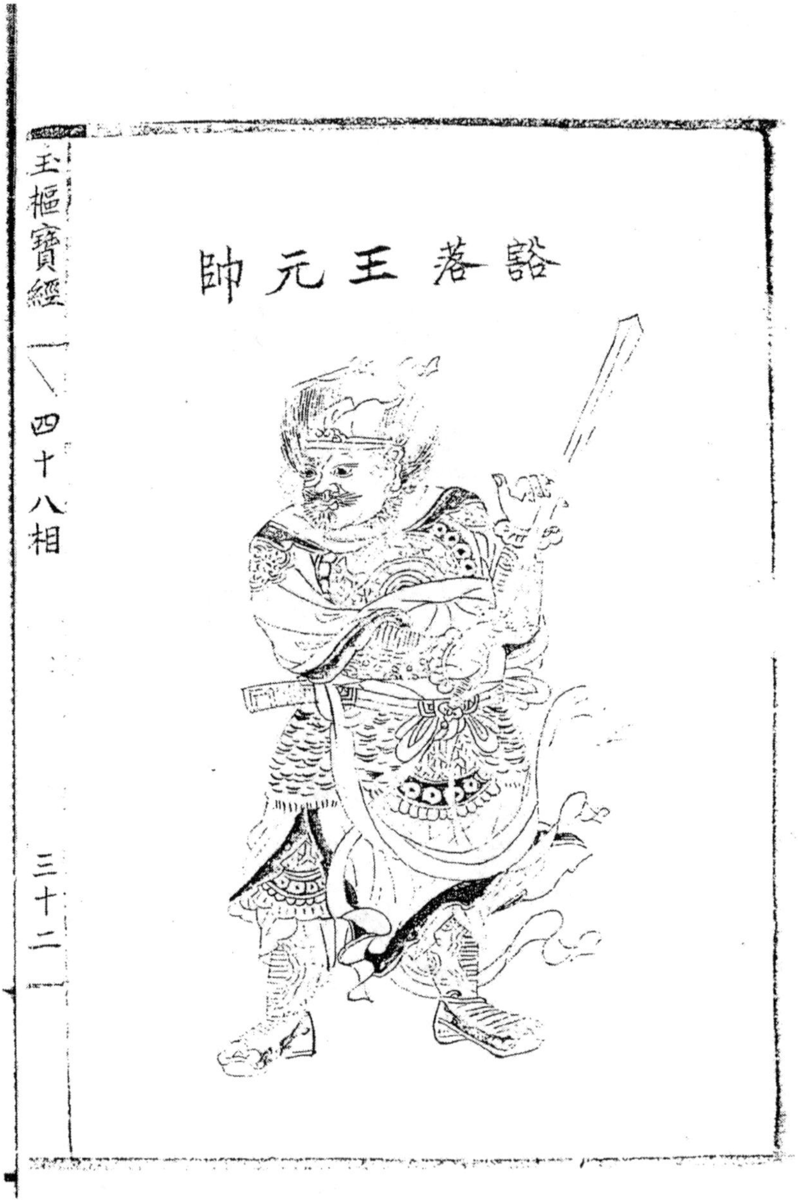
豁落王元帥
玉樞寶經
四十八相
三十二

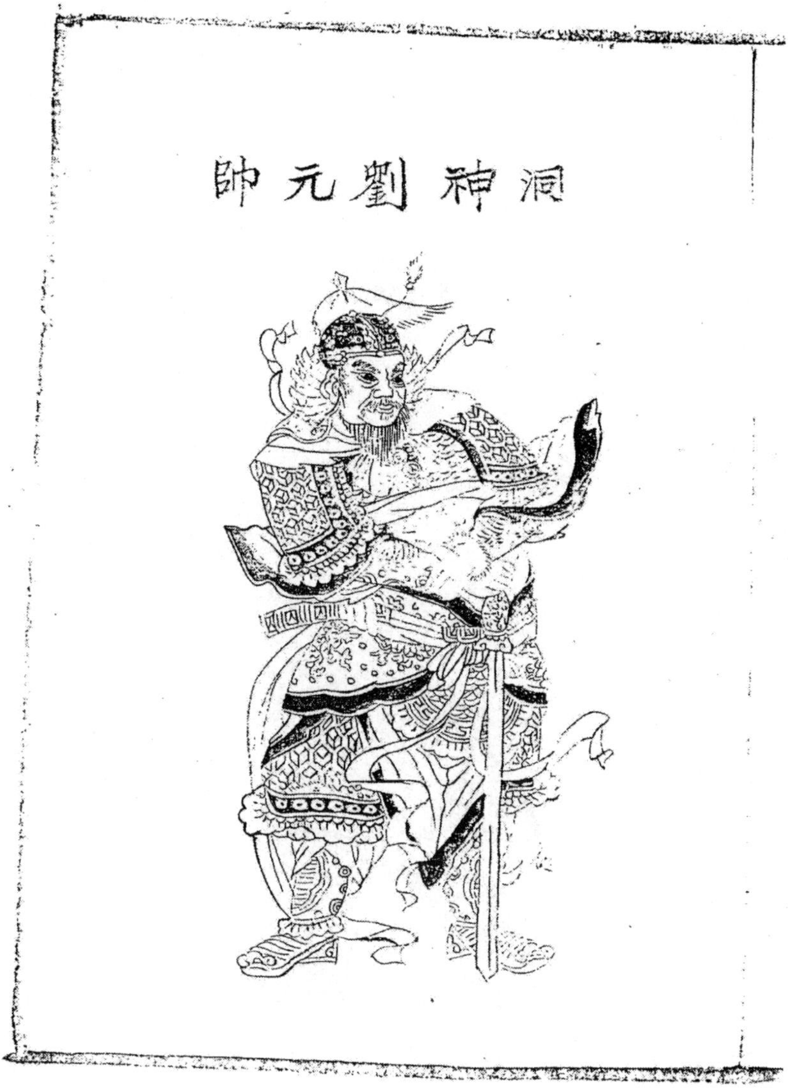
洞神劉元帥

忠翊張元帥
玉樞寶經
四十八相
三十一

朗靈關元帥

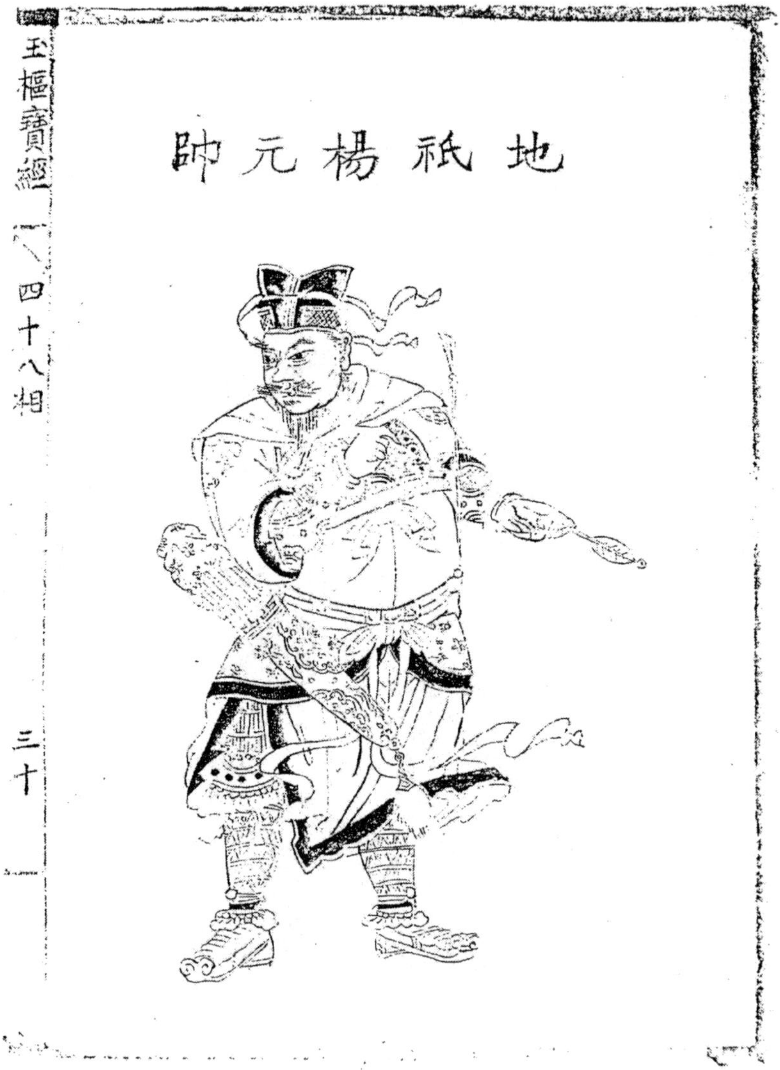
玉樞寶經 四十八相 三十
地祇楊元帥

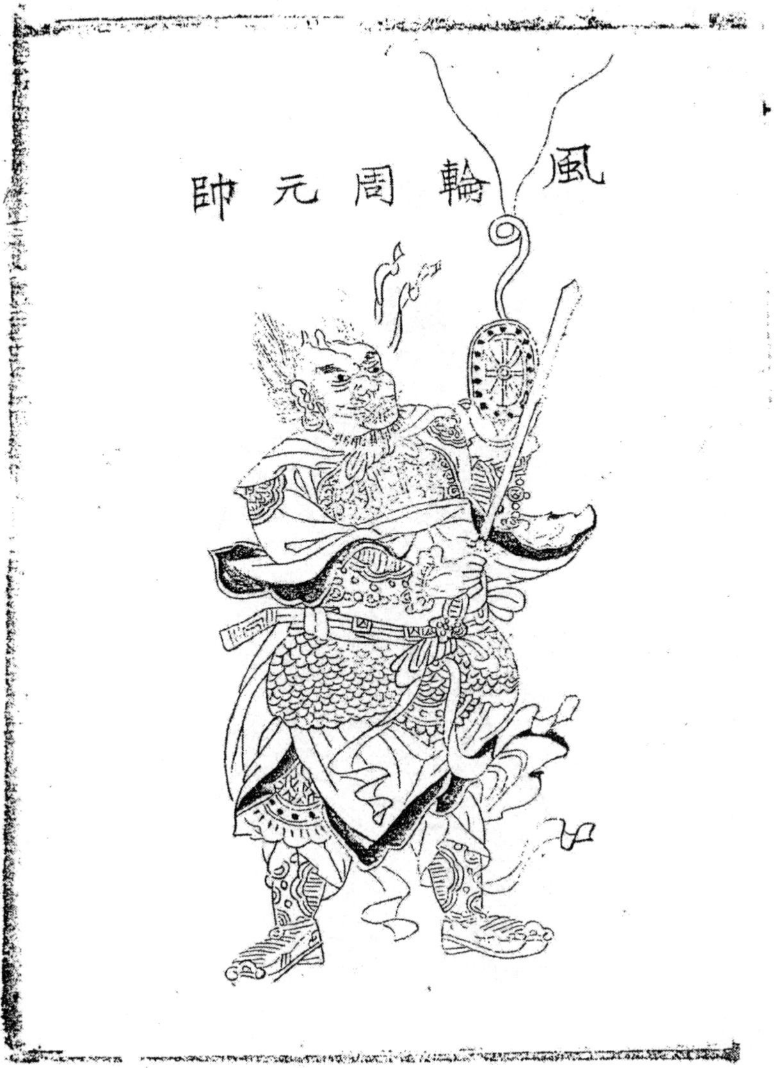
風輪周元帥

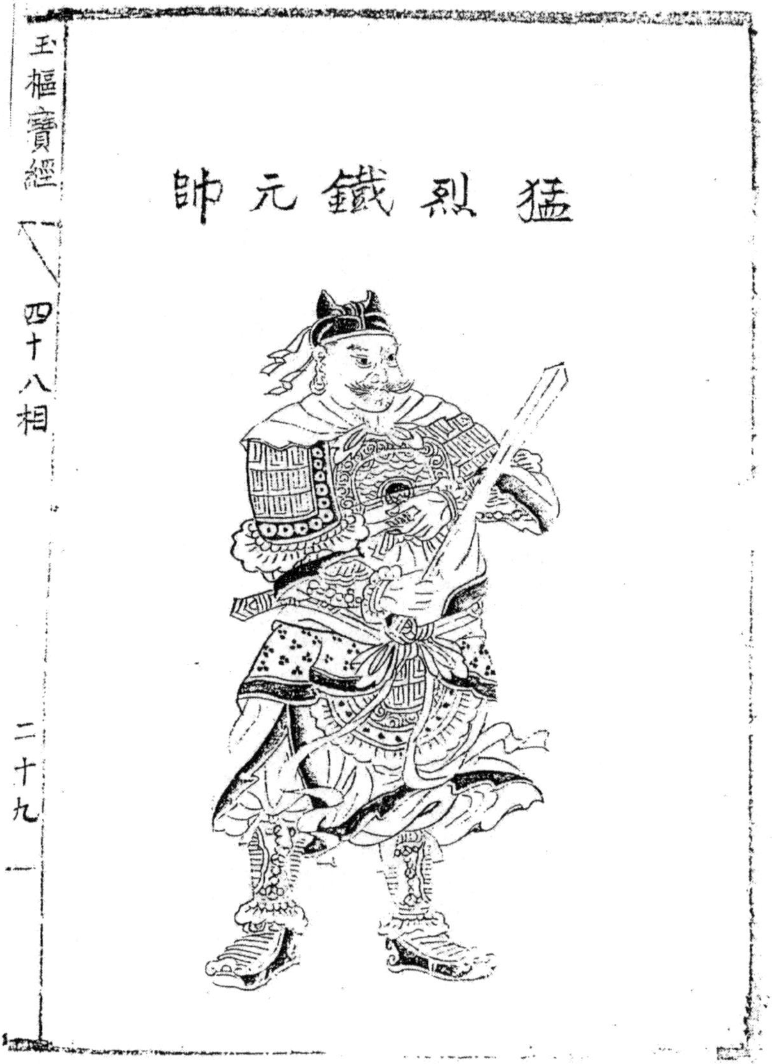
猛烈鐵元帥
玉樞寶經
四十八相
二十九

先鋒李元帥

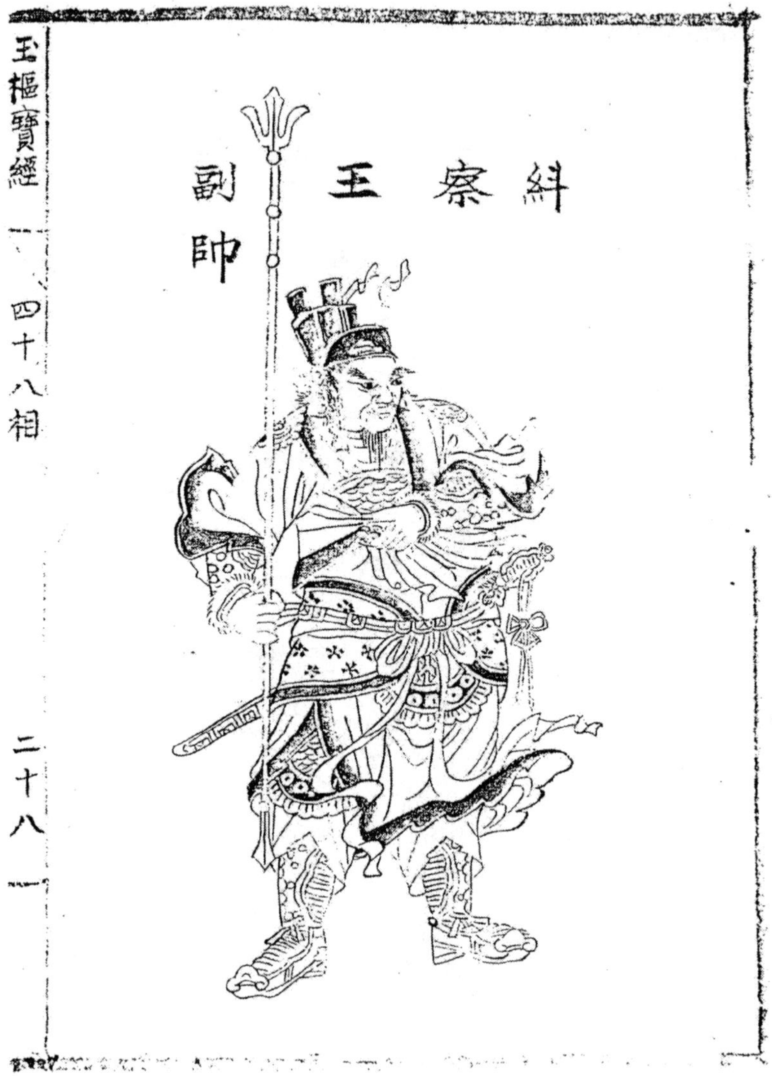
玉樞寶經
四十八相
二十八
糾察王副帥

翊靈溫元帥

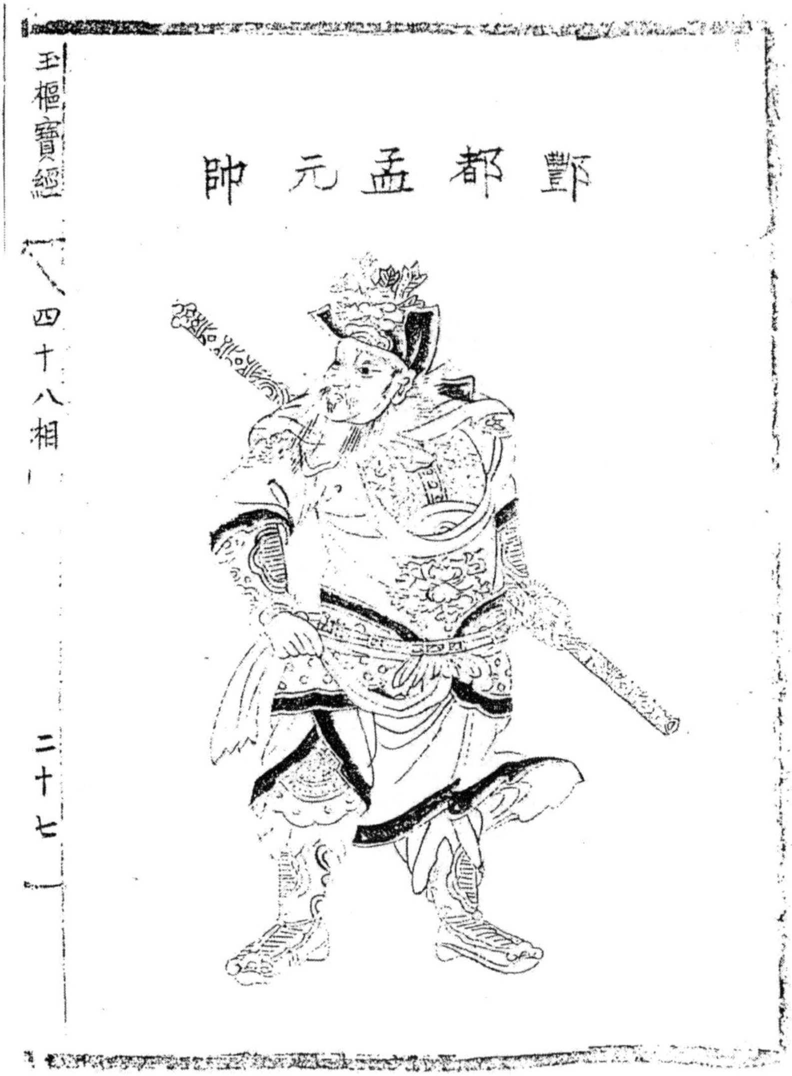

玉樞寶經
四十八相
二十七
酆都孟元帥

考校党元帥

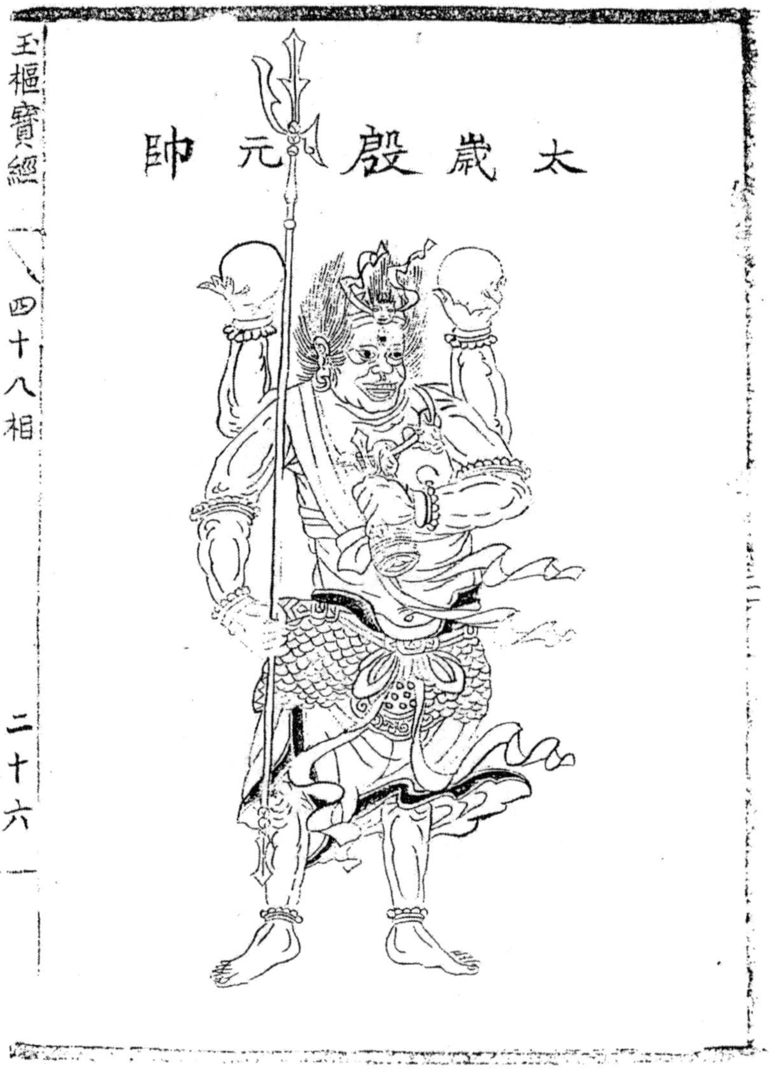
太歲殷元帥
玉樞寶經
四十八相
二十六

仁聖康元帥

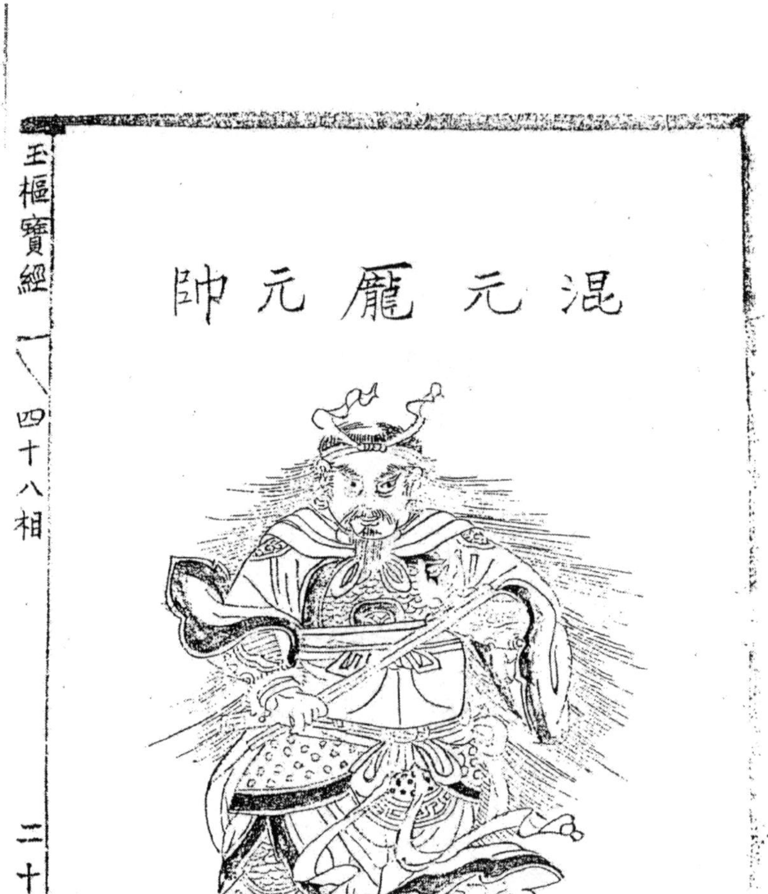
玉樞寶經
四十八相
二十五
混元龐元帥

虎丘王元帥
虎丘高元帥

玉樞寶經
四十八相
二十四
都督趙元帥

靈官
馬元帥

雷門畢元帥
玉樞寶經
四十八相
二十三

雷門苟元帥

寧大天君
任大天君
玉樞寶經
四十八相
二十二

玉府劉天君

火德謝天君
玉樞寶經 二 四十八相 二十一

神霄傳教鍾離真仙
神霄傳教呂真仙

混元教主路真君
混元教主葛真君
玉樞寶經
二十

洞玄傳教馬元君

清微教主祖元君
清微教主魏元君
玉樞寶經
十九

洞玄教主辛祖師

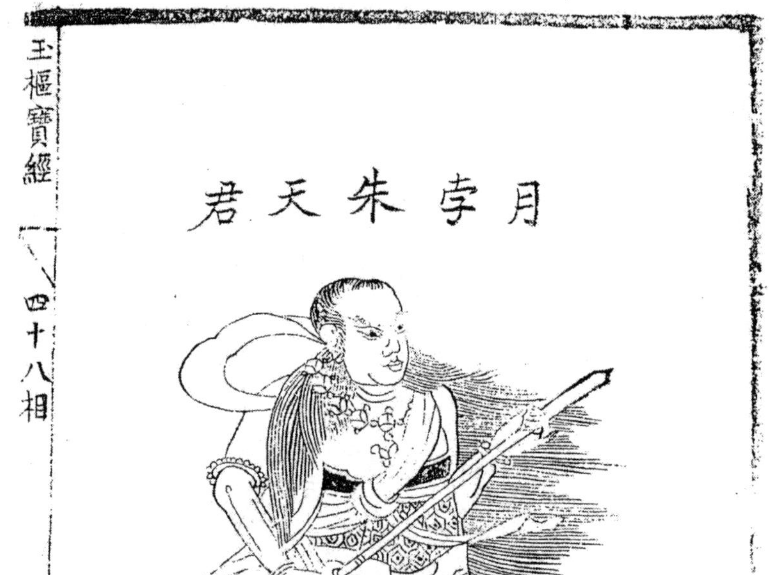
月孛朱天君
玉樞寶經
四十八相
十八

飛捷張天君

判府辛天君
玉樞寶經
四十八相
十七

主雷鄧天君

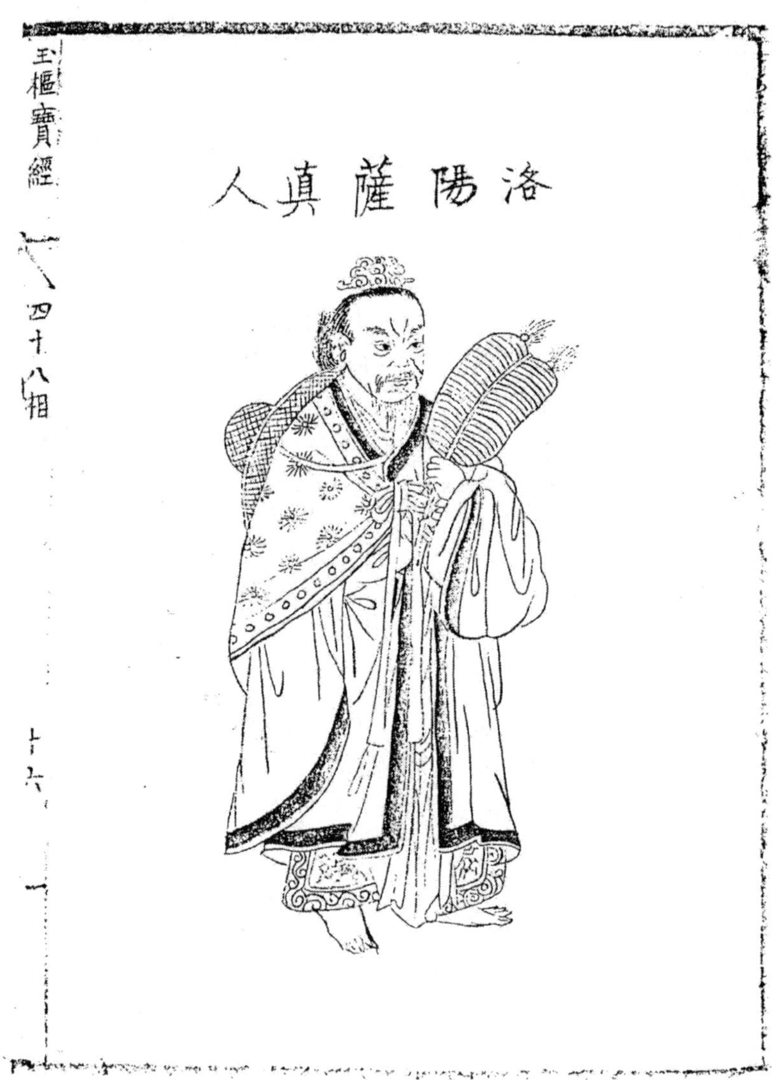

洛陽薩真人
玉樞寶經
四十八相
十六

海瓊白真人

旌陽許眞君
玉樞寶經
四十八相
十五

許靜張天師

弘濟丘天師
玉樞寶經
四十八相
十四

神功玅濟許眞君

大法天師
玉樞寶經
四十八相
十三

東華教主

萬法教主
玉樞寶經
衍圖贊
十二

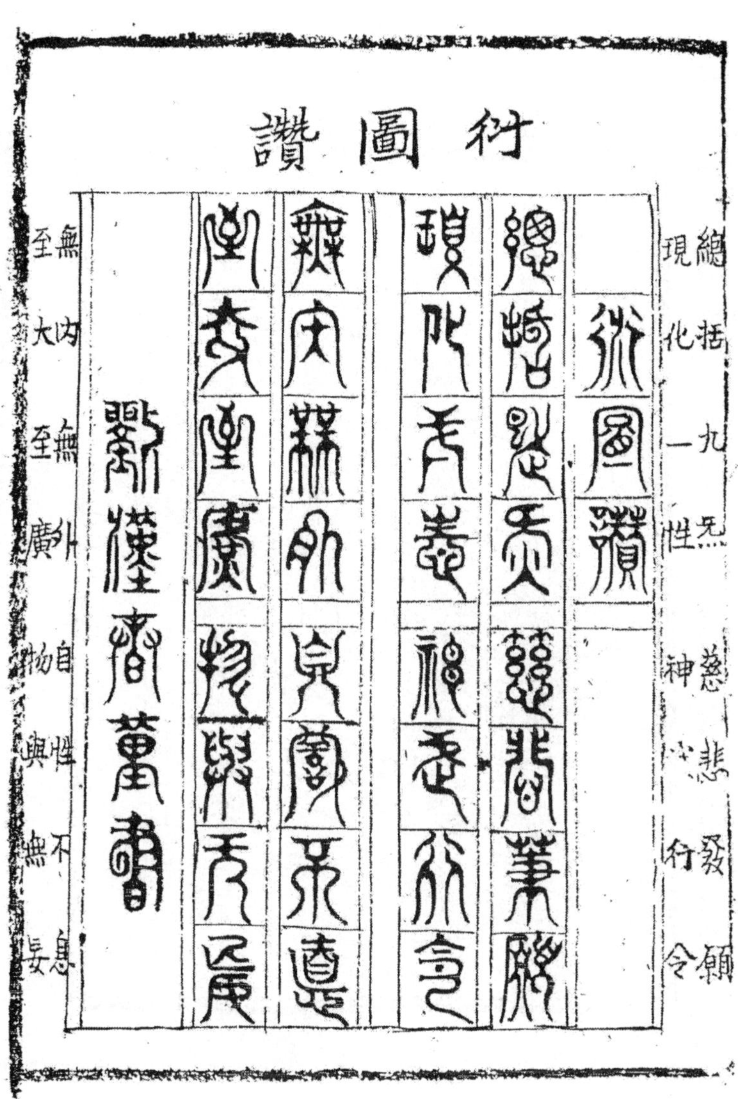

衍圖讚

總括九炁　慈悲發願
現化一性　神火行令
無內無外　自性不息
至大至廣　物與無妄

劉樸[illegible]董書

九天應元雷聲普化天尊寶相
玉樞寶經
寶壐 寶相
十一

神霄真王玉文寶璽

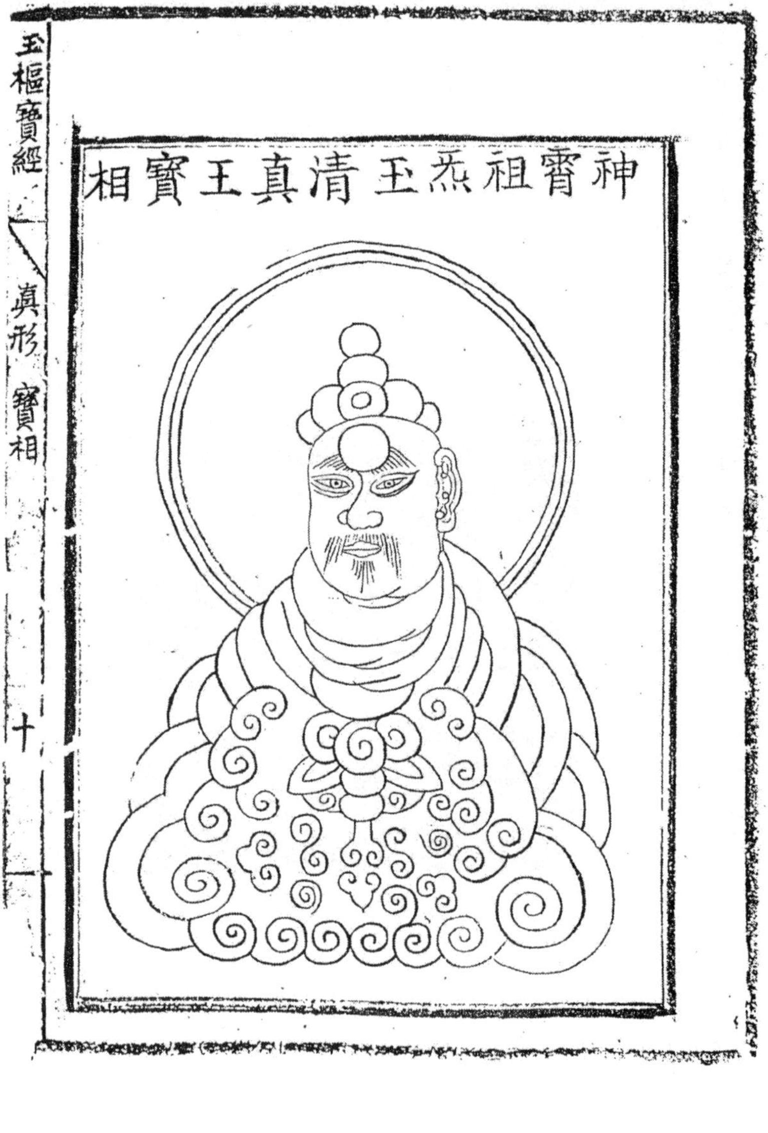
玉樞寶經
真形 寶相
十
神霄祖炁玉清真王寶相

神霄九炁真王真形圖

雷之炁即中天大魁之炁大魁一號貪狼上居北斗陽明太尉府應號玉皇九晨君乃摩利支天母後生九子之第三子也主鎮中天之中夫中央數係乎五其炁數皆五故其炁降鍾于五雷其同生九苞上有天皇紫微下有巨門祿存文曲廉貞武曲破軍天皇紫微復分餘暉爲左輔右弼以總領玄黃正炁應號九皇晨君也

乎太乙之庭其高上則爲之府其廣漠則爲之城設官
分職隸將統兵監觀萬國磅礴一靈總而爲都司則雷
局分治散而爲五方則雷神有名故凡雨暘旱潦水火
刀兵城隍社稷江海丘陵鄉邦瘟疫國土蝗蝻大則日
月星辰霜雪風露之數小則山河草木昆蟲鳥獸之名
皆隸于神霄而屬之玉清一出於真王之命真王統三
界而御萬靈賞善伐惡發號設令而兼掌生殺行恩布
威以伐逆祟以誅凶星萬神稽首羣物聽命震爲雷宫
巽爲雷門大曰雷小曰霆雷主善霆主惡雷霆上則灌
斗下則伏淵以風爲媒以電爲妻以雲爲奴以雨爲子

神霄九炁真王真形圖說 真王圖說及真形寶相寶璽 天尊寶相謹依別本添載

昊天金闕至尊玉皇上帝敎示曰

摩利攴(音樸)天母有大神力在昔龍漢初年浮黎始劫虛無之表混沌之先浩炁結成太乙下降應號玉清神母元君自然聖胎化生九子主上九霄其長則元始天尊統主萬道其末則神霄真王總司五雷夫元炁未判未始有雷太虛既開太極始立太極之數五五居乎中中黃正氣同乎一初散在萬殊遂分陰陽陰陽之炁激而成雷其中有神主之則神霄真王也夫雷之爲物恍恍惚惚雷之爲神杳杳冥冥聚乎太無之房歸

殷敬受此經濁者變而清愚者勉而賢無復有慢天之不言而恣行其不善也玉樞命名之義金篆奉行之法前人之釋已明不必架論也又曰衆生昏癡雖讀此經之文而常以天事爲幽遠難信故徒知鬼神之爲上帝而不知上帝之實爲天尊也抑雖知天尊之爲上帝而亦不知天尊上帝之命令自有諄諄焉綣綣焉懲惡護善之不已也豈不大哀乎哉余晚遇是經奉讀有年嘗窺之所悟也有如是者故謹撮其要義敢書于卷端以勸夫後士之如我鹵薄者讀無所疑臆而一變可以至道也云爾瀛壺玄檜子識

證讚終

可漫傳亦不可無述是以雷師皓翁奉承天尊之教退
而記之著爲此經蔵之玄奥守之珍秘其傳於人世則
未知始於何代也謹稽經文至要而至博綸綸浩浩不
可尚已其正經第七章一百四十一字實輸五千言道
德其下經第四章一百三十八字可抵八萬㫖禪藏其
十四章十八條目儒門之禮制三千亦不外是矣其他
章之訓亦莫非日用劌切之事也可不敬哉可不信哉
至於篆待十五章皆九天深秘之文而雷師之昭瀆繹
標用者也亦可不慎奉而佩服也耶又有真仙互相註
解經旨燦然可得人曉而户奉凡我同胞之人自今以

故皇天時發雷霆大施神威鼓以興之警以動之小而嗔遮大而藏滅天果無言乎然爲惡不悛者則亦以爲雷是適然耳何其可哀也哉先哲有言曰天語之至小而人不可聞者理也天語之至大而萬物同聽者雷也誠哉是言也余續之曰理者所以發其雷也雷者所以行其理也合以言之皆上帝之玉音也欽惟我普化天尊任一天九氣之化主三界萬彙之權大德曰生神武曰威開神霄應元之府設五雷正法之司將軍使者斜錄廉訪諸神分掌庶績而使雷師皓翁統率焉天尊之所自任如是其廣大雖欲不言其可得乎天尊之言不

玉樞寶經證讚

天不言何有是經也天無體而鬼神著造化之迹天有心而上帝任主宰之名天果言乎果不言乎蓋人之生也莫不稟受於造化而有主宰者必命令焉凡四大七佐三綱六紀許多之善皆命令也無命令無稟受無稟受人不生天若不言其命令以賜與者果誰爲也化生之初人無知覺故自不能聞於天天豈真無言乎人之賦氣也清微而濁衆故賢者少愚者多蒙不端長逾靡其爲惡甚者慢天而笑之曰彼蒼蒼之上果有鬼神乎果有上帝乎吾未知也而肆然而無忌憚者滔滔是矣

玉樞寶經　證讚　六

玉樞寶經天地人集目錄終

吉祥靈章、　　尊言

尊言讚　　至心歸命禮

符篆一十五道　　續婚合章

旛檀神王寶相

玉樞寶經人集目錄

士同衆舉步虛頌　　至心敬禮

高功執手鑪啓白　　高功執水盂啟白

高功執花瓶啓白　　高功道衆各拜跪

至心朝禮二　　歸命懺悔

至心朝禮二　　至心歸命

玉樞寶經天集目錄

序說　原序

證讚 此下真王圖說及真形寶相寶圖與雷聲普化天尊寶相原本不載故不入目錄　寶相 四十八相 附寶牌

儀文 八咒 經讚 歸命禮今姑不立各目 奏啟文及膺號下啟請頌　衍圖讚 在四十八相之上

九天膺號 此下有丹藥丸諸方不立各目　雷字章

在玉清天中章　雷師啓白章

仙勳夙世章　心縫此道章

至道深窈章　道以誠入章

演妙寶章　說寶經章

玉樞寶經地集目錄

玉樞寶經　目錄　四

玉樞寶經原序

天君泰然百體從令元氣布行以齊七政四象咸道萬邦咸寧君臣際會靈臺緯經四德正中繼繼承承璇璣運氣闔闢衛榮開方釋鎖白雲捲空糲粺凝御金蟬化形惟卽互隔鍊擅丹宮益壽延年化身長生存保心身大聖日用思慮未起鬼神莫量道德廣大閑邪存誠心不在道道在心工不入汚穢不戮其躬精神守護心力氣靈能使不善不敢侵攻萬紫山先造化興功

原序終

玉樞寶經原序

天君恭然百體從令元氣布行以齊七政四象成道萬邦咸寧君臣際會靈臺緯經四德正中繼繼承承璇璣運氣闔闢衛榮開方釋鎖白雲捲空糲粺禦金蟬化形惟即互隔鍊擅丹宮益壽延年化身長生存保心身大聖日用思慮未起鬼神莫量道德廣大閑邪存誠心不在道道在心工不入污穢不褻其躬精神守護心力氣靈能使不善不敢侵攻萬祟山先造化興功

原序終

玉樞寶經　序　三

寶經御製序說終

玉樞寶經 序 二

奇蹇疾病之沉綿獄訟之困苦婚姻嗣續之多艱與修卜算之有犯而致殃鳥鼠蛇蟲之送妖而嫁孽淫巫邪覡之魘禱水浮陸走之弗寧旱乾水溢之爲害此經皆能祓除而消滅之是卽天地鼓雷霆以生萬物之意也而其經之大旨乃謂無聞無見爲眞道忘無可忘爲至道知其不知爲自然則又專以寂靜爲入道之門盖人惟欲動情勝故罪惡日積而災厄隨之經之所云得非欲學道者主靜愼動以爲祈福禳災之本乎朕以爲是經亦可以化誘羣蒙使之避凶趨吉以同躋於仁壽之域也故因重鋟而序諸其端

玉樞寶經序

大明世宗肅皇帝御製序

易曰動萬物者莫疾乎雷雷於卦爲震蓋一陽生於二
陰之下靜極而動其聲虩虩故聞者莫不震驚然時其
聲之發也勾者以萌蟄者以奮若動若植各遂其生是
其發育之仁實存乎擊搏之中而天地之心於是乎可
見矣朕觀玉樞寶經以爲
九天應元雷聲普化天尊上居玉清之境總司五雷攝
伏諸魔以清淨之心法廣大之願凡来世衆生有學道
希仙釋災解厄者但能作念稱名有感必應如命數之

玉樞寶經

《玉枢宝经》鸡龙山本[68]

(朝鲜刊刻，1888)

68 《玉枢宝经》鸡龙山本属私藏影印版(具重会)

凡誦經者切須齋戒嚴整衣冠澄心定氣叩齒演音然後朗誦慎勿輕慢交談接語務在端肅念念無違隨願禱祝自然感應先念

淨心神咒

太上台星　應變無停　驅邪縛魅
保命護身　智慧明淨　心神安寧
三魂永久　魄無喪傾　急急如律令

49

淨口神咒

丹朱口神　吐穢除氛　舌神正倫

50

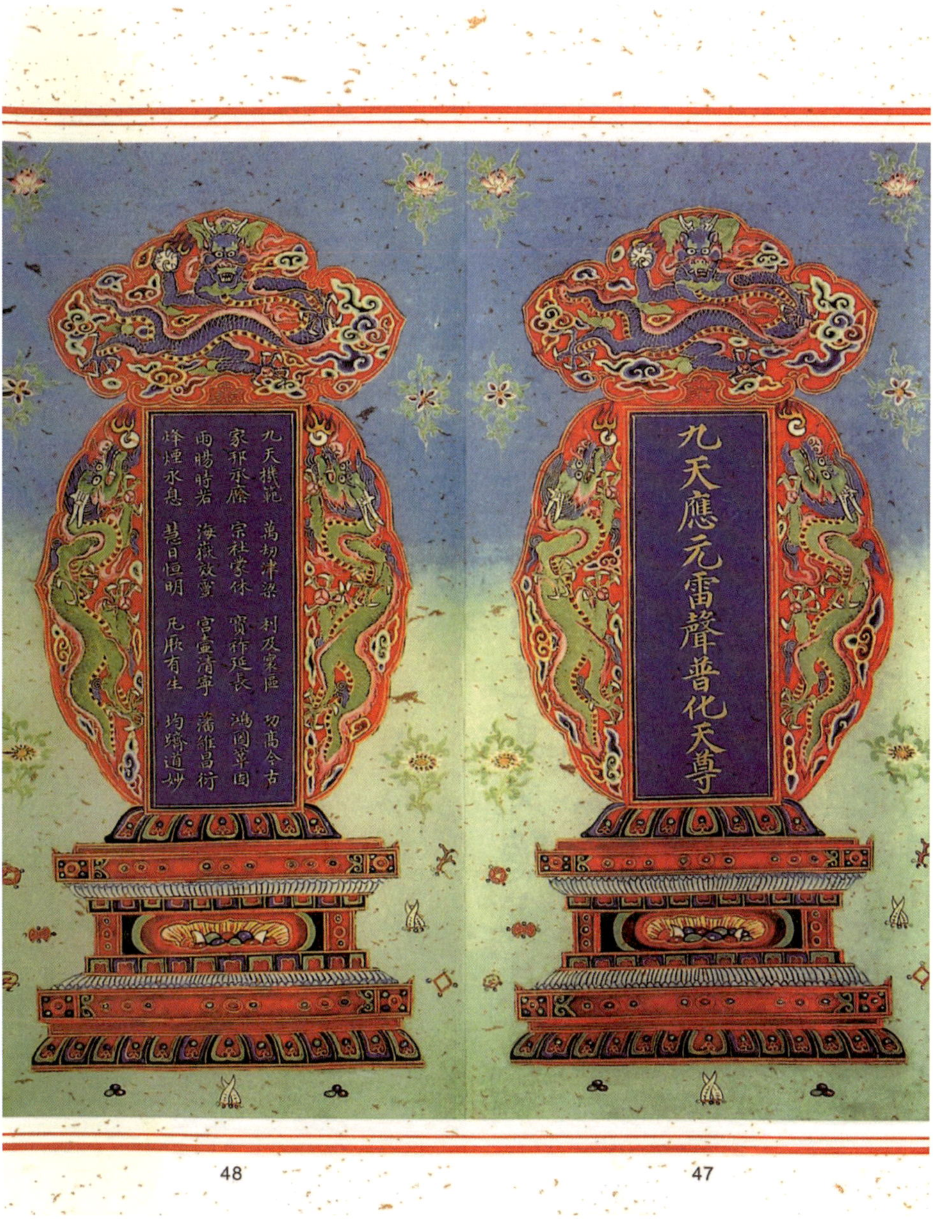

九天應元雷聲普化天尊
九天樴範　萬劫津梁　利及寰區　切高今古
家邦承蔭　宗社常休　寶祚延長　鴻圖鞏固
雨暘時若　海嶽效靈　宮壼清寧　藩維昌衍
烽煙永息　慧日恒明　凡厥有生　均躋道妙
48
47

猛烈鐵元帥
先鋒李元帥
46
45

糾察王副帥
翊靈温元帥
44
43

考校党元帥
酆都孟元帥
42
41

40　　39

忠靖張元帥
朗靈關元帥
38
37

地祇楊元帥
風輪周元帥
36
35

監生高元帥
神雷石元帥
34
33

洞神劉元帥
齡落王元帥
32
31

混元龍元帥
虎丘王高二元帥
30
29

28　　27

雷門畢元帥
雷門苟元帥
26
25

王府劉天君
甯任二大天君
23
24

22 21

洞玄教主馬元君
混元教主路真君
混元教主葛真君
20
19

洞玄教主辛祖師
清微教主祖元君
清微教主魏天君
18
17

月孛朱天君
飛捷張天君
16
15

14　　13

12　　11

10 9

東華教主
萬法教主
8
7

6 5

2
1

《九天应元雷声普化天尊玉枢宝经注》彩绘本[69]

（明嘉靖六年，1527）

69 天理大学图书馆所藏本为底本的北京白云观流通复制本

图像篇